図解で早わかり

改訂新版

介護保険・障害者福祉のしくみ

行政書士
若林 美佳 [監修]

三修社

本書に関するお問い合わせについて

　本書の記述の正誤に関するお問い合わせにつきましては、お手数ですが、小社あてに郵便・ファックス・メールでお願いします。大変恐縮ですが、お電話でのお問い合わせはお受けしておりません。内容によっては、お問い合わせをお受けしてから回答をご送付するまでに１週間から２週間程度を要する場合があります。

　なお、本書でとりあげていない事項についてのご質問、個別の案件についてのご相談、監修者紹介の可否については回答をさせていただくことができません。あらかじめご了承ください。

はじめに

　日本は、高齢化社会が進行しており、高齢者に対する福祉のあり方は重要な社会問題です。また、障害者福祉においても、ノーマライゼーションという考え方が導入され、福祉のあり方が大きく変わろうとしています。これらの制度は、それぞれの目的を達成するため、対象となる高齢者や障害者に対するサービスを規定してきました。医療技術の進歩から障害者も長生きすることができるようになるなど、介護保険制度か障害者福祉制度のどちらかだけを理解していては、十分なサービスの提供ができない場合もあります。そのため、介護保険制度や障害者福祉制度について、横断的に理解し、どちらの制度も十分に使用できるようにすることも大切になってきます。

　本書は、介護保険制度と障害者福祉に関する制度について、基本的な理解ができるように解説しています。まず、各制度について全体像を解説し、提供されるサービスについて詳細に説明しています。それぞれのサービスの特徴を把握し、その違いを理解することは、各制度の理解に役立ちます。さらに、共生型サービス、サービス事業を開始するための法律知識、介護保険と関係する医療保険のしくみ、についても詳細な解説をしています。

　本書は、財務状況の公表義務化、科学的介護情報システム「LIFE」の推進、地域包括支援センターの業務体制の整備、介護職員等に関する処遇改善加算の一本化などを定めた令和6年の介護保険法改正や介護報酬改定に対応しています。また、グループホーム制度の見直し、地域の相談支援体制整備、就労選択支援制度の新設、医療保護入院の見直し、難病患者等への療養生活支援の強化などを定めた令和6年の障害者総合支援法の改正にも対応しています。本書をご活用いただき、皆様のお役に立てていただければ監修者として幸いです。

監修者　行政書士　若林　美佳

CONTENTS

はじめに

PART 1　介護保険のしくみ

1　介護保険制度の全体像	10
2　介護保険の保険者と被保険者	12
3　介護保険事業（支援）計画	16
4　介護保険制度の改正	18
5　介護保険のサービスを受けるための手続き	24
6　要介護認定	26
7　要介護認定の申請を受けるための手続き	32
8　ケアプランの作成	34
9　利用者の負担する費用	38
10　介護給付と予防給付	42
11　地域包括ケアシステム	46
12　地域支援事業によるサービスを利用した場合	48
13　どんな施設や住まいがあるのか	50
14　共生型サービス	54
15　介護保険と医療保険の関係	58
16　介護保険と各種制度の優先関係	60
17　保険外サービスの活用と混合介護	64
Column　令和6年介護保険法改正の見送りが決定した事項	66

PART 2　介護保険と関係する医療保険のしくみ

1	療養の給付と療養費	68
2	保険外併用療養費	70
3	高額療養費	72
4	高額医療・高額介護合算療養費制度	76
5	入院時食事療養費・生活療養費	78
6	訪問看護療養費と移送費	80
7	後期高齢者医療制度	82

資料 健康保険（協会、東京都）・厚生年金保険標準報酬額月額保険料額表 84

PART 3　事業者が提供するサービスの種類

1	居宅介護支援・介護予防支援	86
2	訪問介護・訪問入浴介護・居宅療養管理指導	88
3	訪問看護	90
4	訪問リハビリテーション	92
5	通所介護と通所リハビリテーション	94
6	短期入所生活介護と短期入所療養介護	96
7	特定施設入居者生活介護	98
8	福祉用具	100
9	住宅改修	104
10	地域密着型サービス	106

11 介護予防・日常生活支援総合事業（総合事業）	112
12 包括的支援事業	114
13 任意事業	116
Column　民間の介護保険も活用されている	118

PART 4　介護サービス事業を開始するための法律知識

1 事業者	120
2 指定を受けるサービスの種類と手続きの流れ	126
3 介護報酬	130
4 介護サービス情報公表システム	134
5 介護サービスについて苦情がある場合の不服申立て	136
Column　介護施設で起きる事故の種類	138

PART 5　障害福祉サービスのしくみと利用法

1 障害者に関する法律	140
2 障害者基本法と障害者基本計画	142
3 障害者の対象	144
4 障害者総合支援法等の改正	146
5 障害者総合支援法に基づく支援	152
6 障害福祉サービスの利用手続きと障害支援区分	156
7 サービス等利用計画の作成	162
8 モニタリング	164
9 サービスを利用するときの費用	166

10	医療型個別減免	168
11	食費・光熱水費など軽減措置	170
12	高額障害福祉サービス等給付費	174
13	支給決定や障害支援区分の認定に不服がある場合	176
Column	障害者手帳はどんな場合に交付されるのか	178

PART 6　障害福祉サービスの内容

1	サービスの利用	180
2	居宅介護	184
3	重度訪問介護	186
4	同行援護	188
5	行動援護	190
6	重度障害者等包括支援	192
7	短期入所	194
8	療養介護	196
9	生活介護	198
10	自立訓練	200
11	就労支援	202
12	施設入所支援	206
13	共同生活援助	208
14	自立生活援助・就労定着支援	210
15	医療支援のサービス	212
16	育成医療	214

17	更生医療	216
18	精神通院医療	218
19	補装具等の支援	220
20	相談支援のサービス	224
21	地域生活支援事業	226
22	相談支援事業	230
23	協議会や基幹相談支援センターの役割	232
24	成年後見制度利用支援事業	234
25	意思疎通支援事業	236
26	日常生活用具給付等事業	238
27	障害者総合支援法の居住サポート事業	240
28	障害児に対するサービス	242
29	障害児の日常生活に関する相談	248
Column	地域活動支援センターの活動	250

PART 7　障害福祉サービス事業を開始するための法律知識

1	障害福祉サービス事業開始の手続き	252
2	サービスを提供する事業者の種類	254
3	事業者になるための基準	256
4	サービス管理責任者	260
5	事業者の法定代理受領制度	262

PART 1

介護保険のしくみ

PART1

1

介護保険のしくみ

介護保険制度の全体像

事業者は、要介護・要支援の認定を受けた者にサービスを提供する

■ 介護保険とは

介護保険制度は、被保険者が、介護を必要とする状態になったときに必要なサービスが提供される公的社会保険制度です。

健康保険や国民健康保険などの医療保険の場合には、保険の適用のある治療を受けると、病院の窓口で保険証を提出すれば、誰でも保険の適用を受けることができます。医療保険とは、加入者が収入に応じて保険料を出し合って、病気になったりケガをしたときに、保険から医療費を支払う制度です。日本の場合は、国民全員が公的医療保険制度に加入するため、国民皆保険と言われています。

一方、介護保険の場合、誰にでも介護サービスが提供される、というわけではありません。事業者は、市町村へ申請を行った申請者のうち、要介護・要支援の認定を受けた者に対してサービスを提供することになります。市町村（正確には介護認定審査会）に介護サービスを受ける必要がないと判断された場合、要介護・要支援の認定を受けることができず、介護保険を利用したサービスを受けることはできません。認定を受けると、介護が必要な要介護状態にある場合には要介護1〜5、要介護ほどではないが支援が必要な要支援状態にある場合には要支援1・2という区分にさらに分けられます。認定を受けた人が実際に受けることのできるサービスは、その区分によって異なりますが、大きく分けると介護給付と予防給付に分けられます。また、要介護・要支援に認定されずに自立と認定された場合は、市町村独自の事業サービスを受けることが可能です。

どんな相談窓口があるのか

介護サービスの利用について、市区町村に地域福祉課などの担当部署が置かれ、さまざまな相談に応じている。また、要介護・要支援状態の予防や、状態の悪化防止を目的に行う地域支援事業の一環として、地域包括支援センターを設置している。

10

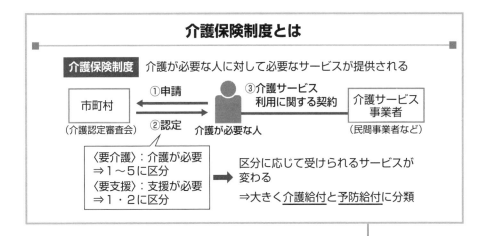

■ なぜ介護保険制度ができたのか

　日本では、高齢化が急速に進んでいます。厚生労働省の統計によると、1950年時点で5％に満たなかった65歳以上の高齢者割合が、2023年では29.1％になっており、過去最高となっています。そして、これからさらに高齢者の割合は上昇するものと考えられています。このような社会状況において、高齢者の適切な介護を保障するため、介護保険制度ができました。

　介護保険制度は、利用者の意思決定を尊重することに目的があります。従来、介護サービスの提供においては、措置制度がとられていました。措置制度とは、利用者が介護サービスの利用を申請した場合、市区町村が必要な介護サービスの内容や施設などを判断し、その市区町村の判断通りの措置をとるという制度でした。その場合は、介護サービスの内容などについて利用者の意思がほとんど反映されない制度になっていました。

　そこで、介護保険制度では、契約制度を用いています。契約制度は、利用者が介護サービスを受ける際に、自ら事業者と契約を締結するという制度です。そのため、利用者の意思が十分に反映されます。また、介護保険制度は、介護サービス事業者として民間企業による運営を認め、競争原理も働いています。

介護保険制度が創設されるまで

介護保険制度が創設される前までは、家族で高齢者の介護を行うという家庭が多くあった。しかし、女性の社会進出や親の共働きの増加、核家族化など社会のあり方が大きく変化し、高齢者の介護を担う家族がいなくなるという状態が生じるようになり、介護保険制度の創設が必要になった。

日本の高齢化の進展

高齢社会白書によると、2070年には約2.6人に1人が65歳以上、約4人に1人が75歳以上になると推計されている。

PART1 2

介護保険のしくみ

介護保険の保険者と被保険者

第1号被保険者と第2号被保険者の特徴を知る

市区町村が保険者である理由

介護保険サービスの利用者が求めるサービスの内容は地域に応じて差がある。そのため、その地域の住民に最も身近な行政主体である市区町村が、一体的に介護保険サービスの提供を担うことが望ましいと考えられた。

■ 保険者とは

　介護保険の保険者とは、介護保険サービスを提供する主体のことです。介護保険の保険者は、市町村（東京都の場合は特別区）です。介護保険サービスは、公的費用により運営されているため、財政を管理する市区町村が、あわせてサービスを提供する主体にもなっているということです。実際に介護保険サービスを利用する人にとって、比較的アクセスが容易であることからも、地域に根付いた市区町村が、保険者としての役割を担っているともいえます。

　市区町村は、保険者として以下のような業務を行っています。

・被保険者に関する介護保険を受給する資格などについての管理

・要介護・要支援認定の判定

・介護保険給付の支給

・市区町村介護保険事業計画の設定

　また、介護保険料の金額を設定し、実際に保険料を被保険者から徴収する業務に関しても、市区町村が行います。

　介護保険を利用する人にとって、市区町村が、保険者であることは、アクセスの面ではメリットが大きいといえます。しかし、市町村は地域によって規模もさまざまであるため、人員の確保や財政的事情が厳しい市区町村の場合には、必要十分な介護保険サービスの運営が難しくなるおそれがあるというデメリットがあります。そこで、特に介護保険制度を運営することが困難な市区町村については、要介護認定の判定業務などについて、都道府県に委託することが認められています。

第1号被保険者と第2号被保険者の特色

	第1号被保険者	第2号被保険者
対象者	65歳以上の人	40〜64歳の 医療保険加入者とその被扶養者
介護保険サービスを 利用できる人	要介護・要支援認定を 受けた人	特定疾病によって要介護・ 要支援状態になった人
保険料を徴収する機関	市区町村	医療保険者
保険料の納付方法	年金額が 18万円以上：特別徴収 18万円未満：普通徴収	介護保険料を上乗せされた 状態で医療保険に納付
保険料の金額の 定め方	所得段階で分けられた 定額保険料 （市区町村が設定）	〈各医療保険〉 　標準報酬月額×介護保険料率 〈国民健康保険〉 　所得割・均等割など前年の 　所得に応じて算出

　介護保険制度においては、確実に保険料を徴収することが、制度を根底から支える前提になっています。そこで、保険料の徴収事務についても、市区町村の負担を軽減する制度が設けられています。まず、後述の第1号被保険者の保険料について、被保険者に対して、保険料の支払いを直接的に求めるのではなく、日本年金機構などの年金保険者が、老齢年金の額から介護保険料に相当する金額を天引きするという方法を用いることができます。また、第2号被保険者についても、その被保険者が、たとえば国民健康保険の被保険者である場合には、市区町村が国民健康保険の医療保険者として、医療保険料と一体で介護保険料の納付を求めることが可能です。

■ 被保険者とは

　介護保険の被保険者とは、介護保険料を支払い、介護サービスを利用することができる人のことです。介護保険法は、被保

**他の市区町村
から転入した者**

他の市区町村から転入して、介護保険施設などに入所する者については、住所変更前の市区町村が保険者になる点に注意が必要である。これを介護保険の住所地特例という。

PART 1　介護保険のしくみ　　13

険者について、第1号被保険者と第2号被保険者に分類しています。いずれの被保険者であっても、被保険者が実際に介護保険のサービスを受けるには、要介護・要支援の認定を受けなければなりません。

① 第1号被保険者

　第1号被保険者とは、保険者である市区町村に住所を持つ65歳以上の人を指します。介護保険の保険者は市区町村ですから、65歳になった人は自分の住んでいる市区町村の第1号被保険者となります。生活保護を受給している65歳以上の人の場合には、生活扶助として、介護保険料相当分が上乗せして支給され、介護保険サービスを利用することが可能です。実際に介護保険サービスを利用した場合には、利用者負担額分について介護扶助費が支給されます。

② 第2号被保険者

　第2号被保険者とは、保険者である市区町村に住所を持つ40〜64歳で、医療保険に加入している人とその被扶養者になります。医療保険に加入している人やその被扶養者が40歳になると、自分の住んでいる市区町村の第2号被保険者となります。医療保険加入者であることが要件であるため、生活保護受給者は第2号被保険者になることはできません。この場合、生活保護における介護扶助として、介護保険サービスを受けることが可能になります。

　また、第2号被保険者で介護保険の給付を受ける場合にも、第1号被保険者と同様、要支援・要介護の認定を受けてはじめて給付を受けることができます。しかし、第1号被保険者とは異なり、加齢に伴って生じる心身の変化が原因である一定の疾病（特定疾病）により、要介護・要支援状態になった人に限って、介護保険サービスの利用が可能になります。特定疾病には16種類の疾病があります。たとえば、末期ガン、初老期に発症する認知症、関節リウマチなどです。

第1号被保険者

第1号被保険者として、介護保険サービスを受給するためには、要介護・要支援のいずれかに認定される必要がある。しかし、第2号被保険者と異なり、要介護・要支援状態に陥った原因である疾病などを問わない点が特徴的である。

被保険者が負担する保険料の金額についても、通常、第1号被保険者の場合と異なるため注意が必要です。第1号被保険者の場合、保険料の算定を行うのは市区町村ですので、被保険者が住んでいる市区町村によって金額が異なります。これに対して、第2号被保険者の保険料については、市区町村によって差はありません。第2号被保険者が負担すべき保険料の総額を第2号被保険者の総数で割ることで、全国ベースの保険料が算出されるからです。その保険料は各医療保険者が医療保険料と同時に徴収し、社会保険診療報酬支払基金に納付します。そこから市区町村へ交付されるしくみになっています。

■ 介護保険が適用されない人もいる

介護保険制度では、40歳～64歳までの医療保険に加入している人や65歳以上の人は、特別な手続をしなくても自動的に住所地の保険者に加入することになっています。しかし、中には法令により、この条件に該当していても介護保険の適用を受けないとされている人がいます。障害者総合支援法に規定されている指定障害者支援施設に入所している障害者や「適用除外施設」に入所している人です。これらの施設に入所している場合、居宅での介護を支援することを目的としている介護保険のサービスを利用する機会はあまりありません。また、それぞれの施設では生活援助など必要なサービスを提供していることが多いため、適用除外という扱いになっています。具体的には次のような施設が適用除外施設とされています。

① 重度の知的障害や重度の肢体不自由が重複している児童を入所させる医療型障害児入所施設
② 独立行政法人国立重度知的障害者総合施設のぞみの園法の規定により設置される施設
③ 国立ハンセン病療養所
④ 生活保護法に定める救護施設　など

> **第2号被保険者の費用の負担率**
>
> 第2号被保険者は、2024年度から2026年度までの期間について、27％の割合で費用を負担する。つまり、介護費用全体の50％を国などの税金でまかない、27％を第2号被保険者、23％を第1号被保険者の保険料でまかなうということである。

PART1
3

介護保険のしくみ

介護保険事業（支援）計画

市町村は介護サービスの量の見込みなどを介護保険事業計画に記載を行わなければならない

■ 介護保険事業計画とは

　介護保険事業計画とは、市町村が定める介護保険サービスに関する基本的な方向性を示した計画を指します。介護保険事業計画において必ず記載しなければならないおもな事項は、以下のとおりです。

① 　日常生活圏域（地理的条件・人口・交通事情などを考慮して決定する、介護サービス提供のための施設整備などの際に基準として用いる地域住民の生活範囲）の設定

② 　年度ごとにおける種類ごとの介護保険サービスの量に関する見込み（日常生活圏域ごとに記載）

③ 　年度ごとにおける認知症対応型共同生活介護、地域密着型特定施設入居者生活介護、地域密着型介護老人福祉施設入所者生活介護に関する必要定員総数（日常生活圏域ごとに記載）

④ 　年度ごとにおける地域支援事業の量に関する見込み

　介護保険事業計画では、上記項目の他、見込まれる介護保険サービスの量を確保するための方策、介護保険サービスの円滑な提供に関する事業についての事項を示すことが求められています。介護保険事業計画は3年ごとに見直されており、2024年現在は第9期（2024～2026年度）に該当します。2015年度に開始された第6期以降は、団塊の世代が介護保険サービスの主要な利用者になる2025年に向けた円滑な介護保険サービスの提供体制の構築をめざして、中・長期的な視点から、介護保険事業計画の策定が行われています。

介護保険事業計画が機能する場面

介護保険サービスの提供を希望する事業者は、原則として拒否事由に該当しない限り、事業者指定の申請などが拒否されることはない。しかし、介護保険事業計画に定められている介護保険サービスの量の見込みに達しており、介護保険事業計画の遂行に支障が生じる場合は、例外的に事業者指定の申請が拒否されることがある。

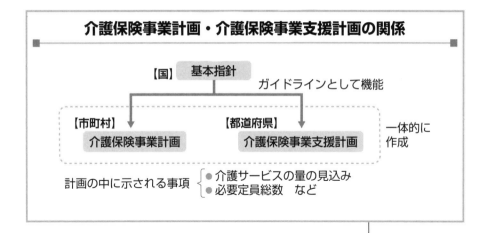

■ 介護保険事業支援計画とは

　介護保険事業支援計画とは、都道府県が策定する介護保険サービスに関する基本的な方向性を示した計画を指します。市町村が策定する介護保険事業計画と一体的に作成されることが求められており、介護保険事業計画と同様、3年ごとに見直されています。おもな記載内容は、以下のとおりです。

① 老人福祉圏域（老人福祉施設の設置・整備の際に用いられる比較的広域の範囲）の設定
② 年度ごとにおける介護老人福祉施設などに関する必要入所定員総数の設定（老人福祉圏域ごとに記載）
③ 介護保険事業計画をふまえ、年度ごとにおける種類ごとの介護保険サービスの量に関する見込み（老人福祉圏域ごとに記載）

■ 両計画と基本指針との関係

　両計画の策定の際にガイドラインの役割を担うのが基本指針です。基本指針では、高齢社会における適切な介護保険サービス体制の確保や、そのための方策の推進の必要を示しており、両計画は基本指針に沿った計画を策定する必要があります。

両計画と基本指針

ここでの「両計画」は、介護保険事業計画と介護保険事業支援計画のことである。また、基本指針とは、国が定める介護保険サービスの円滑な提供に関する基本的な指針である。

PART1
4
介護保険のしくみ

介護保険制度の改正

約３年ごとに制度が見直されている

■ なぜ制度の見直しをするのか

　介護保険の利用者は、基本的に必要と思われるサービスを自ら選択することができます。そのため、介護保険において利用者のニーズは重要な要素といえます。現在、深刻な超高齢社会を迎えている我が国において、介護施設に長期間滞在する利用者が増加しています。一方、介護サービスにより必要なケアを受けながらも、住み慣れた地域で可能な限り生活を続けたいと考える利用者も少なくありません。

　このように、高齢者が置かれている社会的状況や、利用者のニーズの動向に合わせて、利用者の長期療養に備えた制度を設計したり、地域全体で利用者を支えるしくみを整備する必要があります。そのため、介護保険制度は、必要に応じて定期的に見直すこと（法改正など）が不可欠です。

　また、介護サービス事業者が、実際には介護サービスを提供していないにもかかわらず、介護報酬を請求するなど、不正を働くことも少なくありません。そのため、定期的に介護保険制度を見直すことで、介護サービス事業者に対する適切な規制を可能にし、不正を防止するという役割も期待できます。

■ ３年ごとに制度の見直しをする

　介護保険制度は2000年から導入され、介護保険法附則には、制度の開始から５年をめどに、制度の必要な見直しを実施するとの規定がありました。この規定を受けて、2006年に地域密着型サービスの導入などを含む大幅な法改正が行われました。

超高齢社会

高齢化率（65歳以上の人口の割合）が７％を超えた社会を高齢化社会、14％を超えた社会を高齢社会、21％を超えた社会を超高齢社会という。日本の高齢化率は約30％なので、超高齢社会にあてはまる。

介護保険制度の見直し

| 介護保険制度 | 利用者のニーズや介護サービス事業者の不正防止など必要に応じて、制度の見直しが必要になる |

★2006年以降は、約3年ごとに制度の見直しが行われている

∵ 市町村介護保険事業計画の見直し（3年ごと）に対応しているため

⇒3年ごとに区切ると、2024年～2027年は「第9期」にあたる

| 介護報酬 | ⇒ 介護保険制度の定期的な見直しと同様に、定期的に改定され、介護報酬の引上げ・引下げが行われる |

現在では、約3年ごとに制度の見直しが実施されています。介護保険の保険者である市町村は市町村介護保険事業計画を策定します。この市町村介護保険事業計画の見直しが3年ごとに行われるため、それにあわせて介護保険制度も見直しが行われているのです。

介護保険制度が開始された2000年から3年ごとに区切ると、2024年から2027年は第9期に該当します。この第9期に向けた制度の見直しにあわせて、2024年施行の介護保険法改正では、地域包括支援センターの体制整備等、介護サービス事業者に対する財務諸表等の報告の義務付け（財務諸表等の見える化）などの改正が行われました。

■ 介護報酬も定期的に改定される

介護保険制度の定期的な見直しと同様に、介護報酬も定期的に改定されます。介護報酬は介護サービスごとに決定されますが、1単位10円（原則）として決定される介護サービスの価格は、利用者の利用頻度やサービス内容と、実際に介護サービスを提供する事業者の人員の確保など、状況の変化に応じて、当初定めていた価格が実情に見合わなくなることも少なくありません。そこで、介護サービスの利用者の総数や、介護サービス

保険者

保険に関する事業を運営する主体（運営主体）のこと。介護保険の運営主体は市町村であり、市町村が介護保険の保険者と位置付けられている。

PART 1　介護保険のしくみ　19

を提供する事業者の総数などを考慮し、現在の介護報酬では不均衡が生じる場合は、定期的に介護報酬の引上げや引下げが行われています。

■ どんな改正が行われたのか

　今回の改正（2024年度介護報酬改定、2023年介護保険法改正）のポイントとしては、まず、認知症の対応力向上や質の高い公正中立なケアマネジメントなど、地域の実情に応じた柔軟かつ効率的な取組みを推進する「地域包括ケアシステムの深化・推進」が挙げられます。また、多職種連携やLIFEを活用した質の高い介護など、データの活用等を推進する「自立支援・重度化防止に向けた対応」もポイントのひとつです。

　さらに、介護職員の処遇改善や生産性の向上等を通じた働きやすい職場環境づくり等を推進する「良質な介護サービスの効率的な提供に向けた働きやすい職場づくり」、すべての世代にとって安心できる制度を構築するための「制度の安定性・持続可能性の確保」もポイントとして挙げられます。

　その他には、通所系サービスにおける送迎に係る取扱いの明確化や、基準費用額（居住費）の見直し等も挙げることができます（一部を除き2024年4月より施行）。

■ 財務状況の公表を義務化

　すべての介護サービス事業者を対象として、財務状況の公表が義務付けられることになりました。

　また、介護サービス事業者の経営情報の調査および分析等を目的として、毎会計年度終了後に、経営情報を都道府県知事に報告することが義務付けられました。都道府県知事は、報告を受けた経営情報の調査・分析を行い、厚生労働大臣に報告を行います。厚生労働大臣は、収集したデータベースの整備を行い、国民にグルーピングした経営情報の分析結果を公表します。

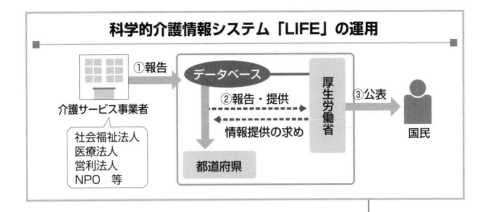

■ 科学的介護情報システム「LIFE」の推進

　LIFEを活用した科学的介護を推進し、質の高い情報の収集と分析を行うためのLIFE導入事業所における入力負担の軽減の観点から、科学的介護推進体制加算が見直されました。具体的には、LIFEへのデータ提出頻度について、他のLIFE関連加算とあわせて、少なくとも「6月（6か月）に1回」から「3月（3か月）に1回」に見直されました。その他、入力項目の定義の明確化や他の加算と共通する項目の選択肢の統一化の他、同じ利用者に複数の加算を算定する場合にデータ提出のタイミングを統一できるようになります。また、アウトカム評価の充実のための加算等の見直しも行われました。

> **アウトカム評価**
> 在宅復帰など、サービスによりもたらされた利用者の状態変化等の結果のこと。

■ 特定施設入居者生活介護等の人員基準の緩和

　介護サービスの質の確保および職員の負担軽減のために、テクノロジーの活用等を行い、生産性の向上に先進的に取り組んでいる特定施設について、人員配置基準の特例的な柔軟化が行われました。現行では、特定施設ごとに配置すべき看護職員および介護職員の合計数について、常勤換算方法で、要介護者である利用者数が3名（要支援者の場合は10名）またはその端数を増すごとに看護職員および介護職員の合計数が1名以上であ

ることが求められていますが、一定の要件を満たす場合は、看護職員および介護職員の合計数が「0.9名以上」に緩和されるという特例的な基準が新設されました。一定の要件とは、①利用者の安全並びに介護サービスの質の確保および職員の負担軽減に資する方策を検討するための委員会において必要な安全対策を検討していること、②見守り機器等のテクノロジーを複数活用していること、③職員間の適切な役割分担の取組み等をしていること、④これらの取組みにより介護サービスの質の確保および職員の負担軽減が行われていることがデータにより確認されること、を満たしている場合になります。

■ 地域包括支援センターの業務体制の整備

　地域住民の複雑かつ複合化したニーズへの対応や、認知症の高齢者を抱える家族への支援の充実など、地域の拠点である地域包括支援センターの業務は増えており、地域住民からの期待も大きいことから、地域包括支援センターの業務体制の整備が求められていました。そこで、最も業務負担が大きいとされている総合相談支援業務について、業務の一部を居宅介護支援事業所（ケアマネ事業所）に委託することが可能になりました。

■ 居宅介護支援事業所も介護予防支援が可能になった

　要支援者に対する介護予防支援の業務についても、居宅介護支援事業所が市町村から指定を受けて、介護予防支援の業務を行うことができるようになりました。

■ 処遇改善加算の一本化

　介護職員等の人材確保のため、介護職員の処遇改善の措置が多くの介護事業所で活用されることを目的として、3種類ある処遇改善加算（介護職員処遇改善加算、介護職員等特定処遇改善加算、介護職員等ベースアップ等支援加算）が一本化されました。

介護職員等に関する処遇改善加算の一本化

介護職員処遇改善加算(Ⅰ) 13.7%
介護職員処遇改善加算(Ⅱ) 10.0%
介護職員処遇改善加算(Ⅲ) 5.5%

介護職員等特定処遇改善加算(Ⅰ) 6.3%
介護職員等特定処遇改善加算(Ⅱ) 4.2%

介護職員等ベースアップ等支援加算 2.4%

一本化

新設(4段階)
介護職員等処遇改善加算(Ⅰ) 24.5%
介護職員等処遇改善加算(Ⅱ) 22.4%
介護職員等処遇改善加算(Ⅲ) 18.2%
介護職員等処遇改善加算(Ⅳ) 14.5%

※加算率は訪問介護の場合

一本化後の新たな処遇改善加算は「介護職員等処遇改善加算」という名称となり、改定前の各加算・各区分の要件および加算率を組み合わせた4段階の加算率になります。

■ 家族支援の強化

居宅介護支援における特定事業所加算の算定要件に、「ヤングケアラー、障害者、生活困窮者、難病患者等、他制度に関する知識等に関する事例検討会、研修等に参加していること」が追加されました。居宅介護サービスの提供において、要介護者・要支援者だけではなく、その家族に対する支援の強化が行われます。

> **ヤングケアラー**
> 本来大人が担うと想定されている家事や家族の世話などを日常的に行っている子どものこと。責任や負担の重さにより、学業や友人関係などに影響が出てしまうことがある。

■ 老健等の多床室の室料負担の導入

介護老人保健施設、介護医療院の多床室の入所者について、新たに室料負担(月額8,000円相当額)が導入されます。対象者は、「その他型」および「療養型」の介護老人保健施設の多床室と、「Ⅱ型」の介護医療院の多床室の利用者です。なお、短期入所療養介護を提供している場合は、その場合の多床室利用も対象(介護予防サービスも含む)となります(2025年8月より施行)。

PART1	介護保険のサービスを受け
5	るための手続き
介護保険のしくみ	要介護認定を受けることとケアプランの作成が必要

■ どのような流れで手続きをするのか

介護サービスの利用を希望する人がとらなければならない、おもな手続きとして、①介護認定を受けること、②ケアプランを作成すること、という2つの手続きが挙げられます。

① 介護認定

介護認定の性質

介護認定は、介護保険サービスを受ける必要性があるか否かを判定するのみで、原則として介護保険サービスの内容を定めるものではない。

介護保険サービスは、原則として要介護者あるいは要支援者を対象に提供されるため、その利用を希望する場合は、まず、要介護者の認定（要介護認定）あるいは要支援者の認定（要支援認定）を受けなければなりません。これらを総称して介護認定といいます。介護認定は、利用希望者が介護保険サービスの提供を受ける必要があるのか否かを判断する基準として用いられるため、介護認定を受けることができない場合は、原則として介護保険サービスの対象者から外されます。

② ケアプランの作成

介護保険サービスの利用希望者が、介護認定を受けると、介護サービス提供事業者との間で、介護保険サービスに関する契約を締結します。そして、実際にサービスが提供される段階では、限られた財源の中で、効率的にサービスを提供するため、ケアプラン（居宅サービス計画、施設サービス計画、介護予防サービス計画）に基づいてサービスの提供が行われます。

居宅介護サービスを受ける場合、利用者自身がケアプランを作成することも可能です。しかし、利用者がケアプランの作成を怠った場合や、作成していても市区町村に届け出ていない場合には、介護サービス費の支給を受けることができないおそれ

介護サービスを受けるために必要な手続き

【介護保険サービスを利用するためのおもな手続き】

① **介護認定** ：市区町村に対して介護認定の申請を行う

⇒要介護・要支援の認定を受けなければ、介護保険サービスの対象から外れる

② **ケアプランの作成** ：実際の介護保険サービスはケアプランに基づいて
提供される

※**利用者自身でケアプランを作成することも可能**

⇒自分に必要な介護保険サービスの内容や届出など、必要な手続きが
複雑であるため、ケアマネジャーに作成を依頼することが多い

があります。つまり、介護サービスに必要な費用が、全額自己
負担になる可能性があります。そこで、ケアプランの作成につ
いても、専門のケアマネジャーに任せた方が安心といえます。

　実際に、介護保険サービスの中で、ケアプランの作成は、居
宅介護支援として、サービスの一環として位置付けられていま
す。そのため、通常は専門のケアマネジャーが、本人の心身の
状況の他、本人やその家族の希望などを考慮してケアプランを
作成するとともに、その他必要な手続きを行うことが多いです。

■ 認定を受ける前でもサービスは受けられるのか

　原則として、介護認定後でなければ、介護サービスを利用す
ることはできません。しかし、サービスを受ける必要があるにも
かかわらず、認定までの間に相応の時間を要する場合は、介護
認定の申請を行った後、暫定ケアプランを作成することで、介
護保険サービスの利用が認められることがあります。また、心身
の状況の変化などのため、緊急にサービスを受ける必要性があ
る場合には、申請前であっても介護保険サービスの利用が認め
られることもあります。しかし、いずれの場合も、後に要介護・
要支援認定を受けることができなかった場合には、サービスに
かかった費用が全額自己負担になりますので、注意が必要です。

PART 1　介護保険のしくみ

PART1
6

介護保険のしくみ

要介護認定

予防重視のより細かい判定で制度の効率的な運用が可能になる

■ 要介護と要支援がある

介護保険の場合、サービスを利用したい人すべてが、介護保険の給付の対象者になるわけではありません。介護事業者が介護保険の給付サービスを提供するのは、要支援あるいは要介護の認定を受けた人だけです。

では、給付を受けるための認定基準となる要支援・要介護とはどのような状態を指すのでしょうか。

要支援者とは、要支援状態にある人で、要介護状態にある人が要介護者です。要支援状態とは、社会的支援を必要とする状態を指します。具体的には、日常生活を送る上で必要となる基本的な動作をとるときに、見守りや手助けなどを必要とする状態です。日常生活を送る上で必要となる基本的な動作とは、食事や排せつ、入浴などです。要支援と認定された場合、日常生活で手助けが必要となる状態を減らすための支援や、要介護状態へと悪化することを防ぐための支援が必要であると判断されたことになります。こうした見守りや手助けなどが、心身上の障害（身体上あるいは精神上の障害）によって生じている場合が対象とされています。要支援者は、要支援状態の度合いによって、「要支援1」と「要支援2」の2段階に分類されます。

一方、要介護状態とは、日常生活を送る上で必要となる基本的な動作をとるときに、常時介護を必要とする状態です。こうした見守りや手助けなどが、心身上の障害によって必要となっている場合が対象とされています。要介護の場合には、介護が必要な状態の程度によって、「要介護1」から「要介護5」ま

要介護と要支援

要介護と認定されるのか、それとも要支援と認定されるのかによって、施設サービスの利用の可否が決定される（要支援は施設サービスが利用不可）。また、原則として要介護3以上しか利用できない特別養護老人ホームでの施設サービスもある。その他、要介護度に応じて支給限度額という形で利用できるサービスの上限が決まる。

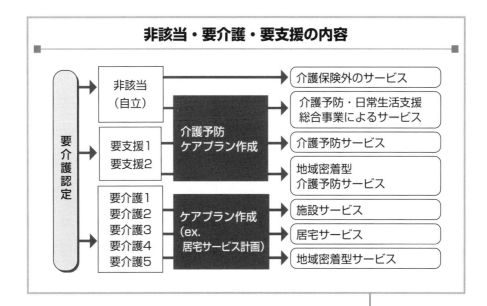

での5段階に分かれています。

■ 要介護認定の判定基準

要介護認定には、1次判定と2次判定があります。

1次判定は、調査票などをもとに、コンピュータが判定を行います。調査票とは、市町村の担当者が申請者宅を訪問し、聞き取り調査を記載した書面です。1次判定においては、調査票などから介護にかかる時間の度合いを算出します。これを要介護認定等基準時間といいます。1次判定は、この要介護認定等基準時間と認知症の状態を基準に要介護度を判定します。要介護認定等基準時間については、次の項目で説明します。ここでの判定はあくまでコンピュータによる仮の判定です。

2次判定は、1次判定の結果や主治医からの意見書などに基づいて、介護認定審査会が判定を行います。介護認定審査会は市町村に設置されており、その委員は、市町村長が、医療・福祉・保健分野の学識や専門知識を有する者の中から、5名程度

要介護認定の目的

利用者が介護を必要とする程度を、介護保険の保険者である市町村が把握するためである。利用者が要介護認定を受けることにより、その利用者に必要な量・種類の介護保険サービスを提供できるようになる。

を任命します。2次判定においては、統計的・数量的なデータで判断された1次判定を変更することも可能です。変更できるといっても、調査票の特記事項や主治医の意見書に記載されている特有の介護の手間を根拠とすることが必要です。

■ 要介護認定等基準時間を算定する

1次判定で要介護状態にあると判定されなくても、1日の中で要介護認定等基準時間が25〜32分未満の申請者は、1次判定で要支援1であると判定されます。ここで要介護認定等基準時間とは、簡単に述べると、介護や手助けに必要な時間（介護の時間）のことで、1次判定で推計されます。要介護認定等基準時間はコンピュータで推計されたものですが、実際に介護サービスを受けられる時間ではありません。

要介護認定等基準時間として計算される内容には、①直接生活介助、②間接生活介助、③BPSD関連行為（問題行動関連行為）、④機能訓練関連行為、⑤医療関連行為の5つがあります。

直接生活介助とは、入浴や排せつ、食事の介護などで、身体に直接ふれて行うものです。

間接生活介助とは、衣服の洗濯や日用品の整理、コミュニケーションを行うといった日常生活を送る上で必要とされるもので、身体に直接ふれない介助のことです。

BPSD関連行為とは、認知症の行動・心理症状について行われるものです。行動症状とは、暴力や暴言、徘徊や不潔行動といった行為のこと、心理症状とは、抑うつ症状や不安、幻覚や睡眠障害といった症状のことをいいます。

機能訓練関連行為とは、身体機能の訓練やその補助を行うことです。

医療関連行為とは、呼吸管理や褥瘡処置（床ずれへの処置）の実施といった診療の補助を行うことです。

要介護認定等基準時間

要介護認定等基準時間の長さに応じた区分については「要介護認定等に係る介護認定審査会による審査及び判定の基準等に関する省令」という厚生労働省令に規定が置かれている。

身体機能の訓練やその補助

たとえば、嚥下訓練（飲み込む訓練）の実施や、歩行訓練の補助が挙げられる。

要支援・要介護状態

	要介護認定等基準時間
要支援1	25～32分未満の状態 25～32分未満に相当すると認められる状態
要支援2	32～50分未満の状態 32～50分未満に相当すると認められる状態
要介護1	32～50分未満の状態 32～50分未満に相当すると認められる状態 要支援2に比べ認知症の症状が重いために排せつや清潔保持、衣服の着脱といった行為の一部に介助が必要とされる状態
要介護2	50～70分未満の状態 50～70分未満に相当すると認められる状態 1日に1、2回は介護サービスが必要になる程度の要介護状態
要介護3	70～90分未満の状態 70～90分未満に相当すると認められる状態 1日に2回の介護サービスが必要になる程度の要介護状態
要介護4	90～110分未満の状態 90～110分未満に相当すると認められる状態 1日に2、3回の介護サービスが必要となる程度の要介護状態
要介護5	110分以上ある状態 110分以上に相当すると認められる状態 日常生活を送る上で必要な能力が全般的に著しく低下しており、1日に3、4回の介護サービスを受ける必要がある状態

※要介護認定等基準時間は、1日あたりに提供される介護サービス時間の合計がモデルとなっており、1分間タイムスタディと呼ばれる方法で算出された時間をベースとしています。1分間タイムスタディとは、実際の介護福祉施設の職員と要介護者を48時間にわたって調査し、サービスの内容と提供にかかった時間を1分刻みに記録したデータを推計したものです。

■ 要支援1と要支援2について

　要支援状態のうち要支援1は、介護保険を受けられる人の区分の中では一番軽い区分です。要支援1の具体的な状態は、日常の基本動作のうち、食事や排せつなどは概ね自分で行うことができる状態で、立ち上がる時に手助けが必要な状態です。

　要支援2の場合は、1次判定では「要介護1相当」と判定さ

れています。この「要介護1相当」と判定された申請者が、2次判定で「要支援2」と「要介護1」に振り分けられます。具体的には、要介護1相当の状態のうち、次に挙げる状態のいずれにも該当しない申請者が要支援2の認定を受けます。

・病気やケガによって心身の状態が安定していない状態

・十分な説明を行っても、認知機能の障害や、思考や感情等の障害によって予防給付の利用が困難な状態

・その他の事柄によって予防給付を利用することが困難な状態

前述した状態にある申請者の場合は、要支援2ではなく、要介護1の認定を受けることになります。

■ 認知症高齢者の日常生活自立度

認知症高齢者の要支援・要介護状態の認定では、1次判定や2次判定の際の資料のひとつとして、認知症高齢者の日常生活自立度という基準が用いられています。たとえば、何らかの認知症を有するが、日常生活は家庭内および社会的にほぼ自立しているのであれば、ランクⅠ、日常生活に支障をきたすような症状・行動や意思疎通の困難さが頻繁に見られ、常に介護を必要とするような状態であればランクⅣとなり、要介護認定の判断材料のひとつとなります。

■ 要介護1～5について

要支援認定を受けた場合は予防給付を受けますが、要介護認定を受けた場合は介護給付を受けることができます。このうち要介護認定は「要介護1～5」の5つに分かれています。

要介護1については、1次判定で要介護1相当と判定された人をさらに細かい基準で判定した結果、要支援2と要介護1に振り分けます。どちらも介護認定等基準時間は32分～50分なのですが、要介護1が要支援2と異なるのは、認知症による問題行動がある点や、認知症の症状が重い点です。認知症の症状

要介護1と要支援2の関係

本文記載の3つの状態のうちのいずれかに該当する場合は、要介護1の認定を受ける。この点から、要介護1と判断される可能性がある者のうち、介護などに関する状態が維持改善する可能性が高い人が、要支援2に区分されるといえる。

認知症高齢者の日常生活自立度

認知症高齢者の日常生活自立度については、7段階のランクが設けられている（Ⅰ、Ⅱa、Ⅱb、Ⅲa、Ⅲb、Ⅳ、M）。

が重いために、排せつや清潔保持、衣服の着脱といった行為の一部に介助が必要となることから、要支援2より重い要介護1と判定されます。

　要介護2は、1日に1回は介護サービスが必要となる程度の要介護状態です。たとえば、歩くときや立ち上がるとき、食事や排せつ、清潔保持、衣服の着脱などを行うときに、一部介助が必要な状態であるか、全面的に介助が必要な状態の場合が要介護2に認定されます。要介護者が認知症の場合には、金銭管理や服装管理を行うことが困難な状態も出てきます。

　要介護3は、1日に2回の介護サービスが必要となる程度の要介護状態です。具体的には、起き上がることや寝返りを打つことが、自分ひとりではできない状態です。食事や排せつ、清潔保持、衣服の着脱などを行うときには全面的な介助が必要となります。要介護者が認知症の場合には、大声を出す、物忘れが頻繁になるといった問題行動も見られます。

　要介護4は、1日に2、3回の介護サービスが必要となる程度の要介護状態です。日常生活を送る能力がかなり低下している状態で、寝たきりの場合も含まれます。要介護者が認知症の場合には、理解力低下によって意思の疎通が困難となる場合が多い他、目的もなく歩き回る（徘徊）、夜眠らずにいる（昼夜逆転）といった問題行動も増えている状態です。要介護4も食事や排せつ、清潔保持、衣服の着脱などを行うときには、全面的な介助が必要とされる状態です。

　要介護5は、日常生活を送る上で必要な能力が全般的に著しく低下しているため、1日に3、4回の介護サービスを受ける必要がある状態です。寝たきりであることが多く、生活全般において全面的な介助を必要とします。認知症の場合には、意思の伝達がまったくできない程度まで理解力が全般的に低下しているため、徘徊や昼夜逆転、夜間に大声で叫ぶといった問題行動が多くなります。

PART 1　介護保険のしくみ

PART1
7

介護保険のしくみ

要介護認定の申請を受けるための手続き

訪問調査、1次判定、2次判定といったステップがある

■ 要介護認定の申請をする

　介護サービスの提供を受けるには、まず要介護認定を受けなければなりません。要介護認定においては、介護サービスの利用希望者が、①本当に介護が必要な状態か否か、②現在の心身の状態はどの程度であるのかについて、区分けが行われます。

　要介護認定を受けるのを希望する人は、介護保険要介護・要支援認定申請書に、介護保険の被保険者証などの必要書類を添付して、市町村の窓口で要介護認定の申請を行います。

　なお、介護サービスの利用手続きに関して、地域包括支援センター、居宅介護支援事業者、介護保険施設に対し、介護サービスの利用に関するアドバイスを求める場合があります。これらの機関は、利用希望者の意思に基づき、要介護認定の申請を代行することが認められています。

■ 訪問調査

　要介護認定の申請が行われると、申請を受けた市町村が利用希望者や家族と面談をします。具体的には、市町村の職員(または市町村から委託を受けた法人や個人)が訪問調査員として利用希望者の自宅や入院先などを訪問し、必要事項を調査する形で行われるため、これを訪問調査と呼んでいます。

■ 1次判定

　訪問調査では、市町村職員は全国一律の調査票に、調査事項の結果を記入します。そして、その調査票の結果について、ま

要介護認定の申請の代行

介護サービスの利用手続きが煩雑であるため、介護を必要とする人が自ら要介護認定の申請を行うことが困難な場合も少なくないため、代行が認められている。

訪問調査の調査項目

訪問調査では、利用希望者の心身の状況や環境に関する事項、特記事項など、おもに以下の事項について調査が行われる。
・身体機能・起居動作
・生活機能
・認知機能
・精神・行動障害
・社会生活への適応

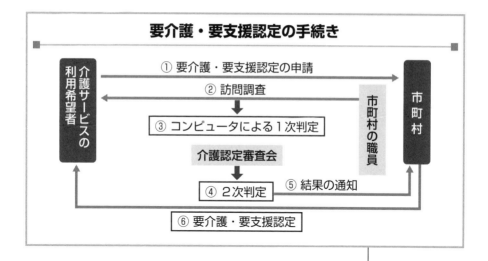

ずコンピュータによる処理が行われます。コンピュータは、調査表の記入事項に基づいて、介護に必要な時間を算出し、要介護・要支援状態区分に該当するか否かの判定を行います。このステップを1次判定といいます。

■ 2次判定

コンピュータに基づく1次判定の結果と、利用希望者の主治医の意見書、特記事項を基に、要介護・要支援状態区分の審査・判定が行われます。これを2次判定といいます。2次判定は、市町村に置かれる介護認定審査会が行います。

■ 認定結果の通知を受ける

介護認定審査会による判定は、要介護について1から5、要支援について1・2の合計7つの区分に従って判定が行われます。この判定結果に基づき、申請から原則30日以内に、市町村が最終的な認定（要介護認定または要支援認定）を行います。認定結果については、認定区分などの事項を記載した上で、被保険者証の返還を通じて利用希望者に通知されます。

介護認定審査会
介護認定審査会は、医療・保健・福祉に関する学識者から構成される機関である。1次判定で機械的に認定された要介護・要支援認定区分について、専門的知見から、より利用希望者の実態に沿った、きめ細やかな審査・判定を行っている。

PART1

8

介護保険のしくみ

ケアプランの作成

自分で作成することもできる

**ケアプランを
作成する目的**

無計画に介護サービス
が提供されると、利用
者のニーズにこたえら
れない制度となる可能
性がある。そこで、介
護サービスの提供にあ
たって、ケアプランを
作成することで、利用
者のニーズにあった、
適切な介護サービスの
提供を実現することが
できる。

■ ケアプランとは

ケアプランとは、要支援者・要介護者の心身の状況や生活環
境などをもとに、利用する介護サービスの内容などについて作
成された計画のことです。

ケアプランの原案の作成後、サービスを行う事業者や家族が
集まって行われるサービス担当者会議を経てケアプランが決定
されます。ケアプランは、たとえば月曜日の15時〜16時に訪
問介護のサービスを受ける、というように1週間単位でスケ
ジュールが組まれます。サービスの種類と提供を受ける日時に
ついては、1週間単位ですが、実際に要介護者や要支援者の行
動予定を考える際に基準となる時間については、1日24時間単
位で考えます。

ケアプランは介護サービスが利用者のニーズと合わない場合
や介護の状況に変化が生じた場合など、必要に応じて見直しが
行われます。なお、介護保険は申請から認定まで原則として30
日の期間がかかります。そのため、認定より前の期間でも介護
保険の利用に支障が生じないように、要介護度を予想して一時
的に利用するケアプラン（暫定ケアプラン）も作成されます。

■ ケアプランのおもな構成要素

ケアプランは第1表、第2表、第3表から構成されています。
・第1表…アセスメントをもとに利用者と家族の意向、心身状
況など総合的な援助の方針が記載されます。アセスメントと
は、ケアプランを作成する際に行う課題分析のことです。

34

ケアプラン作成からサービス利用まで

要介護・要支援認定

要介護・要支援状態区分別の認定通知

ケアプランについて

ケアプランの作成を依頼する

要支援者	要介護者	
	在宅サービス 利用予定者	施設サービス 利用予定者
介護予防 サービス計画の 作成依頼	居宅サービス 計画の作成依頼	施設サービス 計画の作成依頼
地域包括支援 センター	指定居宅介護支援 事業者（ケアマネジャー）	入所先の施設 （ケアマネジャー）

ケアプランの
作成を依頼しない

自分でケアプラン
を作成する

届出

市町村の窓口

アセスメント
（要支援者・要介護者の健康状態や日常生活の
状況・家族環境などの把握・課題分析）

意見交換
（事業者・要支援者・要介護者・本人の家族）

ケアプラン作成

利用者の承諾

ケアプランに沿ったサービスの提供

再アセスメント

ケアプラン作成
：

・第2表…利用者個々の具体的なニーズとそれに伴う長期と短期の目標、ニーズにこたえるための具体的な介護サービスの内容などを定めます。

・第3表…週単位のタイムスケジュールが記載されます。ここでは、第2表に記載したサービスの内容・種類、サービスの

担当者などについても詳細に示されます。

■ 要支援認定を受けた人向けのケアプラン

要支援認定を受けた人がサービスを受けるために立てるプランを介護予防ケアプランといいます。要支援者への介護予防のケアマネジメントを担当するのは地域包括支援センターで、プラン作成を担当するのは、支援センターの保健師などです。

要支援者のためのケアプランは、文字通り介護予防を目的としており、ⓐおおよそ基本型、ⓑリハビリ対応型、ⓒ医療対応型という3つのパターンの利用モデルに分けて考えられます。

■ 要介護認定を受けた人向けのケアプラン

要介護認定を受けた人向けのプランには、居宅サービス計画と施設サービス計画があります。

居宅サービス計画は、在宅でサービスを受ける場合のプランです。施設に入所してサービスの提供を受ける場合のプランを施設サービス計画といいます。要介護者向けのケアプランのモデルとしては、通所型、訪問型、医療型などがあります。通所型の場合には、おもに要介護者自身が施設に出向いてサービスの提供を受けるスケジュールが組まれます。要介護1〜3の人が受ける傾向にあります。一方、訪問型は、おもに要介護者の自宅に事業者が出向いてサービスを提供するスケジュールが組まれます。これは要介護1〜5の人で状況が合致している人が利用します。医療型は、医療サービスを受ける必要性の高い人が利用するもので、要介護4・5の人の利用が中心です。

■ 施設に入所する場合のケアプラン

施設に入所する場合には、入所先の施設に所属するケアマネジャーがケアプランを作成します。施設サービスの目的は、原則として要介護者の自宅への復帰です。施設に所属するケアマネ

**要支援者の
ケアプランの類型**

基本型と呼ばれるプランは、閉じこもりがちになったり心身機能の低下を予防するために立てられる。また、リハビリ対応型と呼ばれるプランも訪問系のサービスであるリハビリを通所リハビリに移行させるねらいがある。この他、医療対応型と呼ばれるプランもあり、これは、長期にわたって医療を必要とする人用のプランで、訪問看護などがとり入れられている。

**ケアプランに記
載されていない
サービスの提供**

ケアプランに記載されていないサービスを提供したことによって要介護度ごとに定められている上限額を超えてしまうと、超えた分は全額利用者の自己負担扱いになる。ケアプランに記載されていないサービスの提供は原則として認められないという市町村もあるため、事前にケアプランに記載されていないサービスを利用した場合の取扱いについて確認し、利用者に説明しておく必要がある。

ケアプランの特徴

要支援者向けのケアプラン

■ケアプランの種類
介護予防サービス計画（介護予防ケアプラン）

■プランの作成者
本人
地域包括支援センターの保健師
地域包括支援センターの職員の社会福祉士
地域包括支援センターから委託されたケアマネジャー

■利用モデル
①基本型
閉じこもり・心身機能の低下の予防が目的
訪問系のサービスから通所系のサービスへの移行をめざす

②リハビリ対応型
退院直後に短期間でリハビリを受ける目的
訪問系のリハビリから通所系のリハビリへの移行をめざす

③医療対応型
長期的な医療ケアを受ける目的
訪問看護などを採り入れている

■要支援者向けプランの特徴
介護予防が目的

要介護者向けのケアプラン

■ケアプランの種類
居宅サービス計画
　　在宅でサービスを受ける場合のプラン
施設サービス計画
　　施設に入所してサービスを受ける場合のプラン

■プランの作成者
居宅サービス計画：本人・ケアマネジャー
施設サービス計画：入所先の施設のケアマネジャー

■利用モデル・特徴
①通所型（居宅サービス計画）
要介護者が施設に出向いてサービスを利用するスケジュール。要介護1～3が多い

②訪問型（居宅サービス計画）
要介護者が自宅でサービスを利用するスケジュール
利用できる状況にある要介護者1～5全般に見られる

③医療型（居宅サービス計画）
医療サービスを受ける必要性の高い要介護者が利用するスケジュール。要介護4・5が多い

④施設サービス計画の場合
要介護者の自宅への復帰が目的
・施設のスタッフがチーム体制で目標達成に向けたサービスの提供を行う
・要介護者が自宅に復帰できるまで随時修正して行う
・要介護者本人はケアプランを作成できない

ジャーは各要介護者に適したプランを作成し、施設のスタッフはチームを組んで目標達成に向けてサービスの提供を行います。

■ ケアプランに記載されていないサービスを提供できるのか

　ケアプランが事前に立てた計画であることをふまえると、緊急やむを得ない事情が生じ、実際に介護をしている段階で別のサービスの提供が必要になることは十分あり得ます。ケアプランで記載しなかったサービスを提供する場合には、そのサービスに介護保険が適用されるかどうかを判断することが必要になります。

PART 1　介護保険のしくみ　　37

PART1 9

介護保険のしくみ

利用者の負担する費用

安定した運用のためには利用者自身が利用料を負担することも必要

費用の負担に関して

税金に関しては、国が25％、都道府県が12.5％、市区町村が12.5％ずつをそれぞれ負担する。施設サービスに関しては、国が20％、都道府県が17.5％、市区町村が12.5％を負担することになる。

区分支給限度基準額

在宅サービスを受ける場合に設定されているもので、施設サービスの場合には設定されていない。

■ 利用者はどのくらいの費用を負担するのか

　介護保険制度を運用するための費用は、利用者となりうる被保険者と市区町村、都道府県、国が負担しています。具体的には、費用の50％を市区町村や都道府県、国からの税金、残り50％を被保険者からの保険料でまかなうことになります。

■ 区分支給限度額とは

　介護保険は無限に利用できるのではなく、認定の度合いによって給付額の上限が定められています。このように、介護保険で利用できるサービスの費用の上限を区分ごとに定めたものを区分支給限度基準額といいます。区分支給限度基準額は、利用者の要介護状態に応じて月額で金額が定められています。

　そのため、多くの利用者は区分支給限度基準額の範囲で、介護保険サービスを利用するケースが多いといえます。区分支給限度基準額内で在宅サービスを利用した場合、利用者の本人負担割合はサービスの費用の1割ですが（所得の状況により、2割、3割負担となる場合もある）、区分支給限度基準額を超えて利用した場合には、その超えた金額は全額自己負担となります。在宅サービスの区分支給限度基準額については、次ページ図を参照してください。

■ 高額介護サービス費とは

　在宅サービスの利用料の自己負担額が高額になった場合や、施設サービスでの自己負担額が高額になった場合には、高額介

在宅サービスの利用料の支給限度額・利用者負担限度額

要介護(支援)状態区分	支給限度額	利用者負担限度額（1割）	利用者負担限度額（2割）	利用者負担限度額（3割）
要支援1	50,320円	5,032円	10,064円	15,096円
要支援2	105,310円	10,531円	21,062円	31,593円
要介護1	167,650円	16,765円	33,530円	50,295円
要介護2	197,050円	19,705円	39,410円	59,115円
要介護3	270,480円	27,048円	54,096円	81,144円
要介護4	309,380円	30,938円	61,876円	92,814円
要介護5	362,170円	36,217円	72,434円	108,651円

※支給限度額・利用者負担限度額の数値は、2019年10月1日以降のものです

護サービス費として、市区町村から払戻しを受けることができます。高額介護サービス費が設けられた目的は、介護保険サービスの利用控えを防ぐ目的もあります。というのも、介護を受ける必要が高い人は、サービスを受ければ受けるほど、自己負担額が大きくなっていきます。そのため、低所得者は特にサービス利用に対して謙抑的になりやすく、その結果、本当に介護保険サービスが必要な人に対して、必要十分なサービスが行き渡らなくなる可能性があるため、高額介護サービス費により、十分なサービスを受ける機会を保障しています。高額介護サービス費として市区町村から払戻しを受ける基準となる自己負担額の上限（月額）は、利用者の世帯の所得状況によって段階的に設定されています。

高額介護サービス費の請求

高額介護サービス費の払戻しを受けるためには、市区町村への申請が必要になる。

■ 低所得者に対する利用者負担の軽減について

　介護サービスの利用者負担は、原則として費用の1割ですが、利用者が低所得である場合には、1割部分の負担でも大きな負

PART 1　介護保険のしくみ　39

担になります。そこで、おもに市区町村を中心に、低所得者を対象に、介護サービス利用者負担額の軽減措置を設けています。

① 利用者負担軽減制度

一定の要件を満たす低所得者が、介護保険サービスを利用した場合に、市区町村が利用者負担額などの一部を助成する制度です（以下は東京都の例）。

・住民税非課税世帯であること
・年間収入が150万円以下であること（単身世帯の場合）
・預貯金などの額が350万円以下であること（単身世帯の場合）
・日常生活に必要な資産以外に活用できる資産がないこと
・親族などに扶養されていないこと
・介護保険料を滞納していないこと

② 特定入所者介護サービス費

一定の低所得者について、介護保険施設の利用料における、食費と居住費の軽減が認められる制度です。次ページ図のように、負担段階区分に応じて自己負担の上限が定められており、利用者はその分を支払うだけですみます。基準費用額と自己負担分の差額が特定入所者介護サービス費として支給されます。支給対象は、負担段階区分の第1段階から第3段階の者です。

■ 保険料の支払滞納者にもサービスが提供されるのか

介護保険料の納付は国民の義務ですので、滞納があるとさまざまな方法で徴収が行われます。まず、滞納があると保険者である市区町村から督促状などによる請求が行われます。それでも支払われない場合は滞納保険料に延滞金が加算され、貯蓄や不動産といった財産を差し押さえられることもあります。

また、介護保険サービスを受けているにもかかわらず、介護保険料を1年以上支払っていない人に対しては、いったん介護保険サービスの利用料を全額本人に負担してもらい、申請によって保険給付分を返還するという形でサービス提供が行われ

利用者負担軽減制度

たとえば、東京都では、「生計困難者等に対する利用者負担軽減事業」として、介護保険サービスの利用者負担額に対する助成を行っている。具体的には、低所得者が、あらかじめ東京都に軽減事業所として届け出ていた介護サービス事業所を利用した場合に、利用者が負担する介護サービス費、食費、居住費に関して4分の1にあたる金額について助成を行う。

40

施設サービスの利用料の自己負担額・目安

	要介護1	要介護2	要介護3	要介護4	要介護5
介護老人福祉施設 （従来型個室）	589円	659円	732円	802円	871円
介護老人保健施設（Ⅰ） （従来型個室・基本型）	717円	763円	828円	883円	932円
Ⅰ型介護医療院（Ⅰ） （従来型個室）	721円	832円	1,070円	1,172円	1,263円

※ 厚生労働省「介護報酬の算定構造」（2024年4月介護報酬改定）を基にして掲載
　表中の金額は該当施設を1日利用した場合の利用者の自己負担額の目安
　施設サービスの種類により、かかる費用は異なってくる

特定入所者介護サービス費が支給される場合の自己負担額の上限（日額）

段階	ユニット型 個室	ユニット型 個室的 多床室	従来型個室 （特養）	従来型個室 （老健）	多床室 （特養、老健）	食費
第1 段階	880円	550円	380円	550円	0円	300円
第2 段階	880円	550円	480円	550円	430円	390円 （600円）
第3 段階①	1,370円	1,370円	880円	1,370円	430円	650円 （1,000円）
第3 段階②	1,370円	1,370円	880円	1,370円	430円	1,360円 （1,300円）

※ （ ）内は、短期入所生活介護または短期入所療養介護を利用した場合の額です

ます。これを償還払いといいます。被保険者が1年6か月以上保険料を滞納すると、今度は本来払い戻されるはずの保険給付分が滞納保険料に充当されます。

　利用者が保険料を納めることができる期間は2年ですので、2年経過するとその期間の保険料の納付は認められなくなります。この場合、未納期間に応じて自己負担が1割から3割に増加するなどの措置がとられます。なお、自己負担割合が3割の場合は、4割に増加します。

PART1
10

介護保険のしくみ

介護給付と予防給付

予防給付は介護を必要とする状態の予防を目的としている

■ 要介護の人が利用するのが介護給付

要介護認定を受けた人は、居宅サービス、施設サービス、地域密着型サービスという介護給付を利用できます。要介護者のケアプランはケアマネジャーが作成します。介護給付にかかる費用のうち、原則として9割は介護保険でまかなわれますが、ホテルコストは原則として自己負担とされています。これは在宅サービスで食費などが発生した場合も同様です。施設サービスに含まれる施設（介護保険施設）には、介護老人福祉施設、介護老人保健施設、介護医療院があり、施設を利用する場合は施設サービス計画というケアプランが作成されます。

ホテルコスト

施設サービスなどを利用するときにかかる食費や光熱費といった費用のこと。

■ 介護給付におけるサービスとは

介護給付におけるサービスは、大きく居宅サービス、地域密着型サービス、施設サービスに分類することができます。

① 居宅サービス

居宅サービスには、利用者の自宅を職員が訪れて提供するサービスと、利用者が施設に通い提供を受けるサービスがあります。具体的には、おもに以下のサービスがあります。

・訪問介護
・訪問入浴介護
・訪問看護
・訪問リハビリテーション
・居宅療養管理指導
・通所介護

介護給付と予防給付と主な具体例

居宅サービス	訪問介護　※介護予防訪問介護は地域支援事業へ移行
	★ 訪問入浴介護
	★ 訪問看護
	★ 訪問リハビリテーション
	★ 居宅療養管理指導
	通所介護　　※介護予防通所介護は地域支援事業へ移行
	★ 通所リハビリテーション
	★ 短期入所生活介護
	★ 短期入所療養介護
	★ 特定施設入居者生活介護
地域密着型サービス	定期巡回・随時対応型訪問介護看護
	夜間対応型訪問介護
	地域密着型通所介護
	★ 認知症対応型通所介護
	★ 小規模多機能型居宅介護
	★ 認知症対応型共同生活介護
	地域密着型特定施設入居者生活介護
	地域密着型介護老人福祉施設入所者生活介護
	複合型サービス（看護小規模多機能型居宅介護）
施設サービス（介護給付のみ）	介護老人福祉施設（特養）
	介護老人保健施設（老健）
	介護医療院　　※2018年4月に創設
ケアプラン	居宅介護支援、介護予防支援　　※ケアプランの作成

※ ★は予防給付におけるサービスにも同等のものがある

・通所リハビリテーション

・短期入所生活介護

・短期入所療養介護

・特定施設入居者生活介護

② **地域密着型サービス**

　地域密着型サービスとは、利用者が住み慣れた地域の中で、

なるべく自宅で生活を継続できるように必要なケアを行うことを目的に提供するサービスです。具体的には、おもに以下のサービスが挙げられます。

・定期巡回・随時対応型訪問介護看護
・夜間対応型訪問介護
・地域密着型通所介護
・認知症対応型通所介護
・小規模多機能型居宅介護
・認知症対応型共同生活介護（グループホーム）
・地域密着型特定施設入居者生活介護
・地域密着型介護老人福祉施設入所者生活介護
・複合型サービス（看護小規模多機能型居宅介護）

③　施設サービス

　施設サービスとは、利用者が施設の中でサービスの提供を受けるものですが、なるべく自宅に近い環境を作り出し、個々の利用者の生活時間を尊重してサービスが提供されます。施設サービスを提供するのは、以下の施設です。

・介護老人福祉施設（特別養護老人ホーム、特養）
・介護老人保健施設（老健）
・介護医療院

■ 要支援の人が利用するのが予防給付

　要支援の認定を受けた人が利用できるサービスを予防給付といいます。予防給付はあらかじめケアプランを作成してから提供されます。このケアプランを介護予防サービス計画（介護予防ケアプラン）といいます。

■ 予防給付におけるサービスとは

　予防給付についても、介護給付と同様に、居宅サービスと地域密着型サービスに分類されます。ただし、施設サービスにつ

地域密着型サービスの課題

地域密着型サービスの提供が開始された後も、特に深夜や早朝における利用者への対応が不十分であることや、医療や看護サービスへの接続がスムーズではないことが課題になっている。

介護療養型医療施設の廃止

かつては施設サービスに含まれていた介護療養型医療施設は、2023年度末をもって廃止されている。

いては、介護給付のみが提供するサービスですので、予防給付として施設サービスの提供を受けることはできません。

① 居宅サービス

予防給付における居宅サービスに該当する介護予防サービスには、以下のサービスが挙げられます。

・介護予防訪問入浴介護
・介護予防訪問看護
・介護予防訪問リハビリテーション
・介護予防居宅療養管理指導
・介護予防通所リハビリテーション
・介護予防短期入所生活介護
・介護予防短期入所療養介護
・介護予防特定施設入居者生活介護
・短期入所療養介護
・特定施設入居者生活介護

② 地域密着型サービス

予防給付における地域密着型サービスに該当する地域密着型予防サービスには、以下のサービスが挙げられます。

・介護予防認知症対応型通所介護
・介護予防小規模多機能型居宅介護
・介護予防認知症対応型共同生活介護（グループホーム）

■ 福祉用具のレンタル・販売、住宅改修

要介護・要支援の認定を受けている人の中には、車いすやスロープなどの福祉用具を必要とするケースもあります。そこで、介護保険には居宅サービスの一環として、福祉用具を貸与（レンタル）・販売するサービス（福祉用具貸与・特定福祉用具販売）があります。また、在宅で生活する高齢者が支障なく生活できるように、事業者が住宅改修のサービスを提供することもあります。

要支援者に対する予防給付

予防給付の各サービスの内容は、要介護認定を受けた人が受けるサービスとほぼ同じであるが、各サービスを利用できる場所については、通所サービスが中心となる。
ただし、通所サービスを利用することが難しい場合は、訪問サービスが認められる。

福祉用具貸与・特定福祉用具販売

102ページ参照。

住宅改修のサービスの提供

104ページ参照。

PART 1　介護保険のしくみ　45

PART1
11

介護保険のしくみ

地域包括ケアシステム

住み慣れた地域で医療や介護などを一体的に提供するしくみ

なぜ地域包括ケアシステムを構築する必要があるのか

地域包括ケアシステムを構築する理由として、高齢化社会への対応が挙げられる。特に、認知症を患った高齢者の人数が増加することが見込まれ、認知症を患った高齢者が、地域生活を継続していくためには、介護や医療など多角的なサポート体制の確立が重要である。

■ 地域包括ケアシステムとは

　高齢化社会の進展が進む我が国では、今後、ますます介護が必要になる高齢者の人数の増加が予測されています。介護施設や介護職員の物理的・数的限界への対応も必要になりますが、高齢者自身が、住み慣れた地域の中で、可能な限り生活を継続していくことができるしくみの構築が必要です。そこで現在、地域包括ケアシステムの構築が推進されています。地域包括ケアシステムとは、介護サービスにとどまらず、関連したサービスを利用者に一体的に提供する制度です。つまり、高齢者が住み慣れた地域を離れることなく、地域生活を送る中で必要なサービスすべてを受けることができる、総合的なサービス提供体制の構築をめざしています。現在のところ、ますます高齢者の人口比率が高まる2025年の本格的導入をめざしています。

　地域包括ケアシステムは、具体的には、①介護、②医療、③介護予防、④生活支援、⑤住まいという５つの要素から構成されます。これらの要素のうち、⑤住まいが土台になり、高齢者が住み慣れた地域から離れず、最期まで生活し続けたいという選択を、最大限尊重する制度設計となっています。その上で、③介護予防、④生活支援サービスを充実させ、特に高齢者が重度の要介護状態に陥ることを防止し、自立した生活をより長く継続できるよう支えるしくみを充実させることをめざしています。そして、①介護や②医療は、実際に要介護状態に陥ってしまった高齢者に対して、必要な介護保険サービスやリハビリテーションを行うとともに、医療・看護サービスをより充実させ、地域生

46

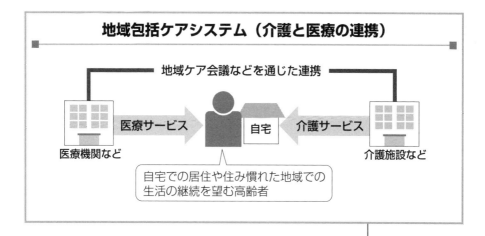

活の継続をサポートする体制を充実させることをめざしています。

■ どんなことに取り組むのか

　高齢者が日常生活を送る上で必要なサポートは、基本的に介護サービスとして提供します。その高齢者が病気など重篤な状態に陥り、医療サービスが必要になった場合には、速やかに必要な医療サービスを受けることができる点に、地域包括ケアシステムの利点があります。

■ どのように運営されていくのか

　地域包括ケアシステムでは、介護・医療機関の連携が重要であり、その前提として、①高齢者の生活上のニーズや課題の把握、②地域の関係者による対応策の検討、③サービスの提供・見直しというサイクルをうまく回す必要があります。その重要な役割を担う機関として、地域ケア会議が設置されています。

　地域ケア会議は、地域包括支援センターなどが主催する、市区町村の職員、介護施設のケアマネジャー、医師などが参加する会議で、地域におけるネットワークの構築や、高齢者のケアに必要な情報の共有が図られることになります。

地域包括ケアシステムの制度設計

現在推進されている地域包括ケアシステムの制度設計として、高齢者に必要な介護施設や医療機関は、基本的に高齢者が30分以内にアクセスできる距離に設置しなければならない。その上で、介護サービスが必要な場合には、介護サービス事業所から介護サービスの提供を受け、病気になった場合にはかかりつけの病院を受診することになる。

PART1
12

介護保険のしくみ

地域支援事業によるサービスを利用した場合

要介護状態に陥る前の段階で受けられるサービス

■ 地域支援事業とはどんな制度なのか

地域支援事業とは、介護保険制度のサービスの一環として行われる介護予防サービスです。介護給付が、おもに要介護認定を受けた人を対象に提供されるサービスであるのに対し、地域支援事業は、要支援や要介護の状態になる前、あるいは重度の要介護状態になる前の段階に焦点を当てて、高齢者に対する効果的な予防サービスを提供することを目的にしています。

そのため、地域支援事業が展開する事業は、おもに以下の2つが中心になります。

① 利用者（被保険者）が要介護状態等（要支援あるいは要介護の状態）になることを予防するための事業

② 利用者が要介護認定等（要支援あるいは要介護の認定）を受けた後も、要介護状態等を軽減し、あるいは要介護状態等の悪化を防止し、可能な限り住み慣れている地域で自立した日常生活を継続できるように支援する事業

■ どんな種類があるのか

地域支援事業は、要介護状態等に陥るのを予防することを主要な目的に掲げているため、都道府県が指定などを行う予防給付と役割が重複する部分がありました。そこで、予防給付に含まれる介護予防訪問介護と介護予防通所介護が地域支援事業に移行された他、介護予防事業について、介護予防・日常生活支援総合事業（総合事業）が整備されました。

現在の地域支援事業については、①介護予防・日常生活支援

地域支援事業の経緯

かつては国庫補助事業として、老人保健事業、介護予防・地域支え合い事業としてサービスの提供が行われてきた。しかし、介護保険制度において、重度の要介護者による利用よりも比較的軽度の要介護者が利用するケースが増加していた。

そこで、同じ介護サービスの枠内で効果的な予防サービスを展開し、高齢化が進む中で利用者に必要十分なサービスを効率的に提供するため、介護保険制度の中に地域支援事業が位置付けられた。

地域支援事業とは

地域支援事業

利用者が要支援・要介護状態に陥ることを防ぎ地域生活の継続を可能にするべく必要な支援を行う事業

⇒要介護認定などを受けた者を対象にする介護給付などとは異なる

〈3種類の事業に分類〉
- ① 介護予防・日常生活支援総合事業
- ② 包括的支援事業
- ③ 任意事業

総合事業（112ページ）、②包括的支援事業（114ページ）、③任意事業（116ページ）の3種類に分類することができます。

　なお、2023年成立の介護保険法改正により、上記の②に該当する事業として、利用者の保健医療の向上や福祉の増進（医療・介護サービスの質の向上）を図るために、介護情報基盤を整備して、利用者、介護サービス事業者その他の関係者が、利用者に関する情報を共有・活用すること（介護情報基盤の構築）を促進する事業が追加されました。

■ どんな特徴があるのか

　介護保険制度のサービスは、全国一律の基準に従ってサービスの提供が行われるのが基本です。しかし、地域支援事業は、利用者が可能な範囲で地域生活を継続できるように、地域ごとに必要な支援を行う制度です。そこで、地域の実情に詳しい市町村が実施主体になっています。利用者の実態に合わない場合もある一律の基準ではなく、実施するサービスの内容などについて、地域の利用者のニーズを考慮しながら柔軟にサービスの提供が可能になっています。

介護情報基盤の構築

介護情報基盤の構築を促進する事業は2027年までに導入される予定である。2024年10月末日現在、厚生労働省の「健康・医療・介護情報利活用検討会 介護情報利活用ワーキンググループ」が公表した「中間取りまとめ」を受けて、情報共有システムの開発などが進められている。

PART 1　介護保険のしくみ　　**49**

PART1 13

介護保険のしくみ

どんな施設や住まいがあるのか

要介護者のみが利用できる介護保険施設がある

高齢者の住まいにもさまざまな種類がある

高齢者人口の増加に伴い、さまざまな種類の高齢者向けの施設・住宅が数多く建てられている。ただ、「高齢者向け」といっても、どこも同じ内容ではない。そこで、たとえば親に介護保険施設や高齢者向け住居に入ってもらうことを検討する必要が生じた際には、まずその種類や特徴、入居条件などを知っておくことが非常に大切である。

介護療養型医療施設

介護医療院と類似の役割を担ってきたが、2023年度末（令和5年度末）に廃止され、介護老人保健施設や介護医療院などへ移行した。

■ 介護保険施設のサービス

介護保険施設は、原則として在宅で介護を受けることができない状態になった場合に利用できる以下のサービスです。

① **介護老人福祉施設（特別養護老人ホーム）**

特養と呼ばれることもあります。認知症などによって心身上の著しい障害がある人や寝たきりの高齢者の利用に適しています。この施設に入所すると、作成されたケアプランに沿って、身の回りの世話や機能訓練などを受けることができます。

② **介護老人保健施設**

老健と呼ばれることもあります。リハビリテーションなどを行い、入所している要介護者が自宅で生活できる状況をめざすための施設です。医療的な管理下で看護やリハビリテーション、食事・入浴・排せつなどの日常的な介護サービスを提供することに重点を置いています。また、医療的な視野から介護サービスを提供する一方で、特別養護老人ホームと同様、要支援者はショートステイで利用する以外には介護老人保健施設に入所することはできません。

③ **介護医療院**

病院や診療所などに入院している人のうち、介護が必要な人に対して、施設サービス計画に基づいて、必要なサービスを提供する施設です。療養上の管理、看護、医学的管理が必要な介護ケアの他、機能訓練や生活の場を提供します。介護の他に医療が必要な高齢者が、長期療養可能であるという利点があります。

50

施設サービスの種類とサービスの内容

	介護老人福祉施設 (特別養護老人ホーム)	介護老人保健施設	介護医療院
役割	生活施設	在宅復帰をめざす施設	長期療養と生活施設
対象者	・原則、要介護3以上 　(例外的に、要介護 　1、2でも入所可能) ・在宅での生活が難し 　い方	・要介護1以上 ・入院療養までは必要 　ないが、在宅復帰に 　向けたリハビリや介 　護・看護が必要な方	・要介護1以上 ・症状が安定しているが、 　長期療養が必要な方
サービス内容	・日常生活上の介護 ・機能訓練 ・健康管理 ・相談援助 ・レクリエーション 　　　　　　　など	・リハビリテーション ・医療的ケア、看護 ・日常生活上の介護 ・相談援助 ・レクリエーション 　　　　　　　など	・療養上の管理、看護 ・日常生活上の介護 ・機能訓練 ・ターミナルケア 　　　　　　　　　など
特徴	・常時介護を受ける 　ことに重点を置い 　ている ・医師は非常勤(嘱託医)	・医療的な管理下での 　介護サービスの提供 　に重点を置いている ・医師は常勤(昼間)	・長期療養やターミナル 　ケアも行う ・医師は常勤(昼間・夜間) ・看護師配置も手厚い

■ 介護保険施設以外の施設が提供するサービス

　介護保険制度においては、介護老人福祉施設や介護老人保健施設などの介護保険施設のサービスを利用すると、訪問介護や通所介護などの居宅サービスを利用することはできません。日常の生活介護などは施設サービスで提供されるからです。

　しかし、有料老人ホームや軽費老人ホーム、ケアハウス、サービス付き高齢者向け住宅のような施設においては、介護保険制度上は施設ではなく在宅の扱いになるため、訪問介護や通所介護などの介護保険を利用することが可能です。そのため、訪問介護事業所や通所介護事業所を併設している施設も多く見られます。有料老人ホームなどは「すまいの機能」と「介護の機能」が別々になっているといえます。そのため、契約に関しても住まいの部分と介護の部分に関しては、別々の契約になっ

介護保険施設以外の施設のサービス

軽費老人ホームやケアハウスは、比較的経済的な負担も少なく入居できる施設である。他方で、一部の有料老人ホームやケアハウスの中には、介護付きを謳っている施設もあるが、このような施設は、外部の介護サービス事業所を利用するのではなく、自前で介護サービスを提供している点に特徴がある。このような形態を特定施設入居者生活介護と呼び、居宅サービスの一類型となっている。

PART 1　介護保険のしくみ　**51**

ているのが一般的です。

　また、通常の介護保険施設に併設されている施設でのサービスを利用する場合にも、在宅扱いで受けることが可能です。たとえば、短期入所生活介護や通所介護・通所リハビリテーションなどが該当します。短期入所生活介護はショートステイと呼ばれ、通所介護・通所リハビリテーションはデイサービスと呼ばれるサービスです。

　このうちショートステイは、在宅の要介護者が一時的に施設に入所して介護を受けたい場合に適したサービスです。

　福祉施設に属するグループホーム（認知症対応型共同生活介護）とは、比較的症状の軽い認知症の高齢者が集まって共同生活を送る形式の入居サービスです。グループホームの場合には、専門のスタッフが介護しながらも、食事の支度や掃除や洗濯といった利用者自身の身の回りについては、利用者自身と専門スタッフとが共同で行います。グループホームでは利用者自身に役割を持たせることで、高齢者の心身の安定を取り戻し、認知症の進行を遅らせることができるのです。

■ サービス付き高齢者向け住宅

　サービス付き高齢者向け住宅（サ高住）とは、60歳以上の人、もしくは要介護・要支援を受けている人と、一定の要件を満たす同居者が利用できる賃貸式の居宅です。サービス付き高齢者向け住宅は、原則として専用部分の床面積は25㎡以上であることなど一定の要件があり、スロープなどバリアフリー構造が採用されている必要があります。サービス付き高齢者向け住宅の大きな特徴は、入居に際して締結する契約が賃貸借契約であるという点にあります。つまり、入居者には借地借家法上の借家人としての地位が認められることになります。そのため、サービス付き高齢者向け住宅の場合は、入院したこと等を理由に、事業者側から一方的に契約を解除することは認められていません。

高齢者の住居問題

高齢な親の住居にまつわる問題に、親が今まで住んでいた住居から退居しなければならなくなったとき、民間の賃貸住宅を探しても貸主に敬遠されて次の居住地が見つからないという問題がある。

施設の種類ごとの費用の特徴と目安

種類	施設名	入居一時金(※)	月額費用
介護保険施設等	特別養護老人ホーム(特養)	−	6〜15万円
	介護老人保健施設(老健)	−	8〜16万円
	介護医療院	−	9〜17万円
	グループホーム	数千万以下	15〜20万円
	軽費老人ホームA型・B型	−	3〜17万円
	ケアハウス	数百万以下	7〜30万円
有料老人ホーム	健康型	数億円以下	12〜40万円
	住宅型	数億円以下	12〜35万円
	介護型	数億円以下	12〜35万円
高齢者向け住宅	サービス付高齢者向け住宅	数十万以下	12〜35万円
	シルバーハウジング	−	10万前後
	グループリビング	50万程度	30万前後

※入居一時金が必要な場合がある。ある場合は入居時に確認し、トラブルを避ける。

　サービス付き高齢者向け住宅は、特別養護老人ホームや有料老人ホームのように、介護保険サービスを受けることを前提条件とした施設とは異なり、介護保険サービスを利用するためには、原則として外部の事業者に依頼をしなければなりません。また、重度の介護が必要になった場合には、十分なサービスを受けるために、他の施設への住み替えが必要になる場合もあります。

　サービス付き高齢者向け住宅は、常駐するスタッフが高齢者に対する見守りサービス（状況把握サービスや生活相談サービス）を行うことが必須の要件となっています。

　状況把握サービスには、①毎日定刻に職員が居室を訪れるサービスや、②トイレや冷蔵庫の扉などにセンサーを設置し、長時間開閉がない場合に職員が居室を訪れるサービスの他、①②を併用したサービスがあります。生活相談サービスとは、健康上の悩みや生活上の心配事について相談可能なサービスです。

サービス付き高齢者向け住宅におけるサービス内容

本文記載以外に、食事や入浴・排せつなどのサービスについては、基本的に利用者自身で外部の事業者を選択して、利用者自身で個別に契約を締結する必要がある。

PART1 14

介護保険のしくみ

共生型サービス

介護保険サービスと障害福祉サービスの一体的な提供が可能になる

■ どんなサービスなのか、なぜ設けられたのか

　共生型サービスとは、障害福祉サービスを利用してきた利用者が、老齢によって介護保険制度の対象者になった場合に、引き続き同じ事業者からサービスを受けることができるしくみのことです。事業所側から見ると、これまで介護保険か障害福祉どちらかの居宅サービスの指定を受けていた場合、もう一方の指定も受けやすくなったことを意味しています。

　前提として、障害者総合支援法などに基づくサービスと、介護保険法に基づくサービスとの間に重複が見られる場合には、介護保険法が優先的に適用されます。つまり、障害福祉サービスと介護保険サービスは、明確な区別が設けられています。

　従来は、障害福祉サービスを利用していた障害者が65歳に達し、介護保険法の適用対象になった後は、これまで利用していた障害福祉サービス事業者とは別の介護保険サービス事業者による介護サービスを受けなければなりませんでした。

　これに対して、共生型サービスでは、サービスを提供する事業者は、障害福祉サービス事業者として指定を受けているとともに、介護保険サービス事業者としての指定も受けていることが前提になります。そのため、障害者総合支援法に基づく障害福祉サービスを利用してきた者が、介護保険サービスの適用対象者になった後も、引き続き同じ事業者から、サービスの提供を受けることが可能になりました。

　このように、共生型サービスは利用者のメリットが大きいといえますが、サービスを提供する事業者側にとってもメリット

我が国の実情

福祉サービスを担う人材が、大幅に不足しているという現状がある。一方で、介護サービスを必要としている高齢者の人数や、障害福祉サービスを必要としている障害者の人数は、地域によって偏りが存在している。

従来の制度の問題点

共生型サービスができる以前の制度下では、特に高齢期に差し掛かってから、それまで慣れていた施設とは異なる施設でのサービス利用を強制されるしくみであり、利用者の負担が非常に大きいことが問題視されていた。

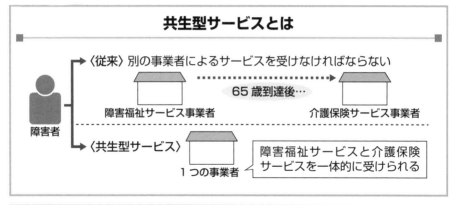

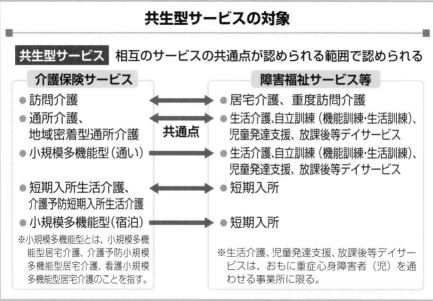

があります。これまでのように両方のサービスが明確に区別されていた場合には、より多くの職員が必要になります。

しかし、障害福祉サービスと介護保険サービスを一体的に提供する共生型サービスでは、両方のサービスを、同じ職員が提供することが可能になるため、効率的な人員の配置が可能になります。高齢化社会への道を進む我が国では、障害者の高齢化

も問題になるため、共生型サービスによって一体的なサービスの提供が可能になれば、より多くの利用者に対して、効率的に必要なサービスを提供することが可能になります。

■ 対象者

共生型サービスを利用する対象者は、介護保険サービスの対象者になる前に、障害福祉サービスを利用していた人です。注意が必要なのは、すべての介護保険サービスが共生型サービスの対象になるわけではないという点です。具体的には、共生型サービスの対象に含まれるサービスは、介護保険サービスのうち、訪問介護、通所介護、短期入所生活介護といった一部のサービスに限定されます。

■ すべてのサービスが受けられるわけではない

共生型サービスは、障害福祉サービス等と介護保険サービスの、相互に共通性が認められるサービスについて、利用者に一体的にサービスを提供することができます。共生型サービスは、おもに、①ホームヘルプサービス、②デイサービス、③ショートステイ、④その他のサービスに分類できます。

共生型サービス以前の「基準該当」においても、障害者などが小規模多機能型居宅介護のサービスを受けた場合には、障害福祉サービスの給付対象として扱われていたことから、④のその他サービスも含まれています。以下では、個別具体の共生型サービスの内容について見ていきましょう。

① ホームヘルプサービス

ホームヘルプサービスは、障害福祉サービスにおける居宅介護・重度訪問介護（障害児は対象に含まれない）、そして介護サービスについては訪問介護に該当するサービスです。訪問介護員などが、利用者の居宅において入浴・排せつ・食事などの介護の他、調理・洗濯・掃除などの家事サービスを提供します。

共生型サービスの対象が限定される理由

共生型サービスの対象（次ページ図）として示したサービス内容は、概ね①から③のサービスが該当し、④のようなサービスは取り上げていない。というのも、④のサービスには、たとえば小規模多機能型居宅介護が含まれるが、これは介護保険サービスにのみ存在するサービスで、障害福祉サービスにおいては、該当するサービスはない。

共生型サービスの内容

共生型サービス

❶ ホームヘルプサービス（訪問介護）
訪問介護員などが、利用者の居宅において入浴・排せつ・食事などの介護の他、調理・洗濯・掃除などの家事サービスを提供

❷ デイサービス（通所介護など）
入浴・排せつ・食事などの介護の他、生活上の相談や助言などの提供、創作・生産活動、日常生活上の機能訓練などを提供

❸ ショートステイ（短期入所生活介護など）
一時的に利用者が施設を利用することができるサービス

❹ その他のサービス（小規模多機能型居宅介護など）
施設への通いサービスを基本に、必要に応じて、利用者の居宅への訪問サービスや、施設への宿泊サービスを提供

② デイサービス

　デイサービスは、障害福祉サービスにおける生活介護等、そして介護保険サービスについては通所介護等に該当するサービスです。

　入浴・排せつ・食事の介護などの他、生活上の相談や助言などを行います。また、創作活動や単純労働などの生産活動の機会の提供や、日常生活上の機能訓練なども提供されます。

③ ショートステイ

　ショートステイは、障害福祉サービスにおける短期入所、そして介護保険サービスについては短期入所生活介護等に該当するサービスです。注意が必要なのは、共生型サービスとして設定されているのは、併設型・空床利用型のショートステイのみであるという点です。

④ その他のサービス

　その他のサービスには、小規模多機能型居宅介護が挙げられます。小規模多機能型居宅介護とは、施設への通所サービスを基本に、必要に応じて、利用者の居宅への訪問サービスや、施設への宿泊などを一体的に提供するサービスのことです。

> **ショートステイ**
> 一時的に利用者が、施設を利用することができるサービス。

PART 1　介護保険のしくみ　57

PART1

15

介護保険のしくみ

介護保険と医療保険の関係

医療保険は国が国民の医療を受ける権利を保障するしくみ

■ 医療保険とは

医療保険とは、社会保険制度の一環として、国が国民に対して、医療を受ける機会を保障する制度です。医療を利用する者（被保険者）は、あらかじめ保険料を負担します。実際に医療サービスが必要になった時点で、わずかな負担で（原則として自己負担額は3割）サービスが受けられます。

医療保険制度は、おもに以下の3つから成り立っています。

① 健康保険

健康保険は、会社などに雇用されている人を対象とする医療保険です。労働者は、給与の支払いにあたって、医療保険の保険料を強制的に天引きされます。そうすることで会社が労働者に代わってその保険料を支払っています。

② 国民健康保険

国民健康保険は、自営業者など、健康保険の対象に含まれない人が利用することができる医療保険です。国民健康保険の保険者は、都道府県、市区町村、国民健康保険組合（国保組合）です。

③ 後期高齢者医療制度

後期高齢者医療制度は、原則として75歳以上の高齢者が利用する医療保険です。高齢者の場合、所得が低く医療費が高い傾向にあり、社会保険財政がひっ迫する要因にもなっています。高齢者医療を社会全体で支えるための医療制度です。

■ 介護保険と医療保険はどこが違う

介護保険は、日常生活における動作のサポートなどが含まれ

後期高齢者医療制度の自己負担額

後期高齢者医療制度の被保険者は、保険料の自己負担額として1割（一定以上所得者は2割、現役並み所得者は3割）を負担する。

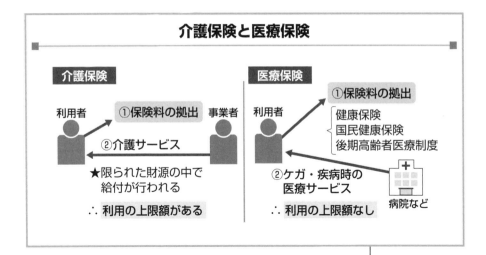

るため、一般に利用者が提供を受けるサービスの量も多く、期間も長期化しがちです。これに対して、医療保険は、人が負傷した場合、あるいは、疾病にかかった場合に利用する制度ですので、ケガや病気の治療に必要な給付を受けることができます。

特に、介護保険利用者の高齢化が進む我が国では、介護保険の利用期間の長期化が問題になっています。そこで、限られた財源の中で、広く必要なサービスを行き渡らせるためにも、利用者が1か月で利用することができる介護サービスの利用額には上限額が設定されています。一方、医療保険においては、利用額の上限はありません。

また、医療保険では病気やケガをした保険に加入している人は、誰でも医療サービスを受けることができます。一方、介護保険では、市区町村に要介護認定されなければ介護サービスを利用することはできません。要介護認定を受けずに利用する場合には全額自己負担で利用する必要があります。これは、介護サービスが日常生活と密接に関係しているため、本当に介護サービスが必要かどうかの審査が行われているということです。

PART1
16

介護保険のしくみ

介護保険と各種制度の優先関係

原則として介護保険の適用が優先される

介護保険と老人福祉の関係

本文記載の医療サービスの他、かつて老人福祉法に基づき提供されていた在宅や施設における介護サービスも、現在では原則として介護保険を通して提供されている。

■ 法律の優先関係を知っておく必要がある

　医療サービスと介護サービスは、分離することが難しく、重なり合う部分が多くあります。法制度においても、かつては医療保険の中で、高齢者に対する介護が提供されていました。しかし、一般に高齢者の介護は長期間にわたることが多く、医療費における高齢者介護費用の割合が増加することや、医療サービスではなく介護サービス中心で長期間入院する高齢者が多くいることから、介護による入院の長期化（社会的入院といいます）が問題視されていました。

　そこで現在では、医療保険とは独立した介護保険制度が確立されています。これにより、社会的入院の問題の解消の他に、高齢者にとっても、画一的なサービスの提供を受けるのではなく、必要な介護サービスを選択しながら自宅での生活を続けるなど、生活の変化が小さい環境の中で、快適な介護サービスの提供を受けられるしくみが整えられています。

　そのようなことから、医療保険と介護保険とでは、原則として介護保険が優先して適用されることになります。

■ 優先関係の例外

　介護保険と医療保険のいずれかが適用されるのかが問題になった場合に、例外的に、医療保険が優先的に適用されるケースもあります。その典型的なケースとして、末期ガンの患者などが挙げられます。病状回復の見込みがない、末期ガンの患者においては、病状の進行に合わせて必要なケアが変わっていく

介護保険と各種制度の優先関係

医療サービス【医療保険】　介護サービス【介護保険】　障害福祉サービス【障害者福祉】

【原則】介護保険が優先
⇒末期ガン患者や特定の疾患の患者は例外的に医療保険が優先

【原則】介護保険が優先
⇒介護保険にないサービスなどについて、障害福祉サービスが優先

一方で、ケアの内容も繊細さが要求されます。また、介護保険では、利用額の上限があるため、一定程度以上のサービスを利用した場合には、利用者本人が上限額以上の費用を負担しなければなりません。しかし、医療保険では、上限額の設定は行われていないため、利用者が重い経済的負担を強いられることなく、必要な医療サービスを受けることができます。

その他にも、国が指定した特定の疾患（筋ジストロフィーなど）など、症状の固定が見られず、入院期間が長期に渡っても、社会的入院の問題が生じないような場合には、介護サービスよりも医療保険が優先的に適用されるケースがあります。

■ 障害者総合支援法との関係

介護サービスの提供という観点から見ると、介護保険の他に、障害者総合支援法に基づく障害福祉サービスがあります。特に、高齢社会の進展に伴い、65歳以上の障害者の人口が増加しています。そのため、65歳より前に障害福祉サービスの提供を受けていた障害者が、介護サービスの保険者としての資格をあわせ持つ、ということが起こっています。そこで、介護サービスと障害福祉サービスのうち、特に自立支援給付は、内容的に重複が見られるため、どちらを優先的に適用するべきなのかが問題になります。

障害者総合支援法は、この場合に備えて規定を設けています。具体的には、この場合には、原則として介護サービスが優先的に適用されます。なお、介護保険制度においては、原則として介護サービスの利用者は1割から3割の自己負担額を支払わなければなりません。これに対して、障害福祉サービスにおいては、一律に自己負担額の割合が決定されておらず、利用者の経済力に応じて、負担可能な金額を支払うことでサービスを利用することができます。そのため、障害福祉サービスを継続的に利用していた人が、65歳を迎え、介護サービスの被保険者としての資格を取得し、介護サービスの適用に移ることで、以前よりも高額な金額の自己負担額の支払いが必要になる場合があります。そこで、障害福祉サービスを長期的に利用していた人が、介護サービス移行に伴い増える負担を軽減するために、高額障害福祉サービス等給付費が支給されています。

　ただし、例外的に障害福祉サービスの提供が優先される場合もあります。それは、介護サービスに、障害福祉サービスと同様のサービスがない場合が挙げられます。たとえば、介護サービスには、障害福祉サービスと異なり、行動援護や就労移行支援などに該当するサービスがありません。そこで、介護保険制度が用意していないサービスが必要な障害者は、障害福祉サービスを利用することができます。また、介護保険における居宅介護サービス費は、支給に限度が設けられていますので、介護保険制度では十分なサービスが受けられない障害者については、不足する部分について、障害福祉サービスを上乗せして利用することができます。このように、利用者に必要なサービスが、障害福祉サービスの中にしかないような場合には、例外的に介護サービスよりも障害福祉サービスが優先的に適用されます。

　なお、障害福祉サービスを利用していた障害者が、たとえば65歳になれば、今後は介護サービスの利用が求められますが、そのときに、サービス事業者が介護保険法に基づく指定を受けてい

行動援護

知的障害者や精神障害者に対して、行動する際に生じ得る危険を回避するために必要な援護や外出時における移動中の介護などを行う。

就労移行支援

一般就労を希望する障害者に対して、就労に必要な知識や能力向上のための訓練、求職活動に関する支援、就職後の定着に必要な相談などを行う。

ない場合には、それまで慣れていた事業者とは別の事業者から
サービスを受けなければならないなどの不都合が生じていました。
現在では、障害者と高齢者に対して、同一の施設でサービスを
提供することをめざして、共生型サービスが設けられています。
これによって、たとえば障害福祉サービス事業者が介護保険法に
基づく指定を容易に得ることが可能なしくみが整えられています。

共生型サービス

共生型サービスについて、本文では障害者総合支援法との関係について言及している。もっとも、介護保険法と児童福祉法との関係においても、共生型サービスが導入されている点に注意が必要である。

■ 労災保険との関係

　労働者は、勤務中や通勤中に遭った傷害や疾病に対して、労
働者災害補償保険法（労災保険法）に基づく補償を受けること
ができます。これが労災保険です。労働者が、労災事故によっ
て重度の障害が残り、要介護状態に陥ることもあります。その
場合には、労災保険において、介護（補償）給付の支給が認め
られています。

　具体的には、障害（補償）年金あるいは傷病（補償）年金の受給
資格を持つ労働者が、たとえば、胸腹部臓器の機能に著しい障害
が残るような事故に遭い、常時あるいは随時介護が必要になった
場合には、介護（補償）給付として一定の金額が支給されます。

　原則として、介護保険よりも、労災保険における介護（補償）
給付が優先的に適用されます。つまり、介護（補償）給付が支
給されている場合は、原則として介護保険給付は受けられません。

　ただし、介護（補償）給付には上限額が設定されています。た
とえば、親族、知人・友人の介護を受けていない労働者について、
常時介護が必要な場合には177,950円が支給され、随時介護が必
要な場合には88,980円が支給されます（2024年4月以降の金額）。

　そのため、介護（補償）給付を受給している労働者が、介護
（補償）給付の上限額を超えて、介護サービスの提供を受けよ
うとしている場合で、その金額が介護保険の給付の範囲に含ま
れる場合には、例外的に介護保険の給付を受けることが可能に
なります。

PART 1　介護保険のしくみ　63

PART1 17

介護保険のしくみ

保険外サービスの活用と混合介護

介護サービスと介護保険外サービスの併用ができる

■ 介護保険外サービス（保険外サービス）とは

　介護保険外サービス（保険外サービス）とは、介護保険の対象から外れるサービスのことです。保険外サービスの利用料については、全額を利用者が負担しなければなりません。たとえば、訪問介護において、利用者がサービス提供事業者に対してペットの散歩を任せたり、通所介護において、介護施設内で散髪などの利用サービスなどを受けるなどの例が挙げられます。

　利用者は、介護保険の対象に含まれるサービスと、保険外サービスを併用して利用することはできます（混合介護）。ただし、今のところ、保険サービスと保険外サービスを明確に分けて提供されている場合に限ります。一口に混合介護と言ってもさまざまな組み合わせで行うことができます。たとえば、訪問介護前後の時間を利用した草むしりやペットの世話については、保険サービスの時間以外で行われていることであり、可能ということになります。一方で、訪問介護で利用者の食事を作る場合に、それと同時に家族の食事を一緒に作ることは、保険サービスと保険外サービスを明確に分けられないため、認められていません。

　このように、混合介護にはグレーな部分も多いため、厚生労働省は平成30年9月28日の通知「介護保険サービスと保険外サービスを組み合わせて提供する場合の取扱いについて」の中で、混合介護について事業者が対応すべき事項や具体的な混合介護の事例を記載しています。

　混合介護が認められることは、利用者にとって、介護保険の

混合介護のメリット

利用者が介護サービス以外のサービスを広く受けられることになれば、その分、介護に時間を割かなければならない同居家族などの負担が軽減される点も、混合介護のメリットである。

混合介護において事業者に求められること

【混合介護に共通して事業者が対応すべき事項】

- ・介護保険対象のサービスと対象外のサービスの明確な区別
- ・介護保険サービスとは別に基本的な方針と利用料を定めること
- ・混合介護に関する事項について契約締結前に文書で利用者に同意を得ること
- ・介護保険サービス適用のサービスから保険外サービスに移行のタイミングに関する説明
- ・介護保険対象のサービスと会計を明確に区別すること

※通所介護について

> 散髪や施設に併設している医療機関の利用以外に、健康診断や予防接種、買い物代行などが混合介護の対象に追加

枠組みにとらわれずに、自身が望む生活スタイルの中で、必要なサポートを受けることができるというメリットがあります。

事業者の側としても、これまで提供してきたサービス以外のサービスの提供が可能であり、付加的に提供したサービスについて、収益の増加を見込むことが可能になります。そのため、国としては混合介護を推進するために規制緩和も検討しています。

一方で、混合介護にはデメリットもあります。利用者側のデメリットとして、サービスが多様化することにより、介護サービスの自己負担額以外の費用が必要になるため、利用料の負担が増加するというデメリットが、もっとも大きな問題として挙げられます。介護保険制度は、誰もが必要になる可能性が高い介護サービスについて、公平にサービスを受けることができるためのしくみとして機能しています。しかし、混合介護が認められる範囲が広くなればなるほど、利用者の負担額は大きくなるため、経済的に余裕がある人のみが、混合介護を利用できる制度となるおそれが高く、介護保険制度の公平性に反すると考えられています。

> **厚生労働省による通知**
>
> 厚生労働省は、混合介護のデメリットに対応するために、通達により、一定の枠組みを定めている。
> ① 訪問介護について
> 訪問介護における混合介護については、介護保険対象のサービスと、対象外のサービスを明確に区別することが求められている。
> ② 通所介護について
> 厚生労働省の通知では、散髪や施設に併設している医療機関の利用以外に、健康診断や予防接種、買い物代行など、新たに混合介護の対象として追加されるサービス内容が記載されている。

PART 1　介護保険のしくみ

Column

令和6年介護保険法改正の見送りが決定した事項

・訪問介護・通所介護の複合型サービスの創設

　導入に賛成する意見もある一方で、規制緩和で対応するのでよいのではないか、他の複合型サービスとの違いがわかりづらく制度の複雑化につながるのではないか、といった見直しに慎重な意見もあることから、今回の改正は見送り、さらに検討を深める方向性になりました。

・軽度者（要介護1～2）への訪問介護・通所介護における生活援助
　サービス等に関する給付の見直し（総合事業への移行）

　受け皿整備の必要性や総合事業の地域ごとのバラつき、認知症の人の対応には専門的な知識が不可欠など、見直しに慎重な意見があることから、今回の改正では見送りとなりました。

・ケアマネジメントに関する給付の見直し（利用者負担の導入）

　導入により利用者自身でケアプランを作成するセルフケアプランが増えることが想定され、ケアマネジメントの質への影響が懸念される等の観点から、今回の改正では見送りとなりました。

・利用者負担に関する「一定以上所得」の判断基準の引き下げによる
　2割自己負担の対象者拡大

　利用者負担を増やすことが介護サービスの利用控えにつながるのではないか等の懸念が多く挙げられることから、今回の改正では見送りとなりました。

・特別養護老人ホームの特例入所基準の緩和

　特別養護老人ホームの入所申込者数については地域によってバラつきがあり、高齢者が少ない、人手不足などの理由により空床となっている状況等があります。そのため、運用状況、空床が生じている原因などについて実態を把握した上で、特例入所（要介護1・2の人を特例的に入所させる）の趣旨の明確化を行い、地域の実情をふまえた適切な運用をすることとしています。

PART 2

介護保険と関係する
医療保険のしくみ

PART2 1

介護保険と関係する
医療保険のしくみ

療養の給付と療養費

一部の負担金で診察などを受けることができる

■ 療養の給付は現物支給で、自己負担部分がある

　介護保険サービスと医療保険サービスは密接に関係しています。介護保険サービスを利用するきっかけとなるのが、「長期の入院でリハビリの介護が必要になった」「脳卒中などの病気で身体介護が必要になった」というケースが多いからです。また、高齢になればなるほど、身体機能の低下とともに医療の依存度も高くなっていくのが普通です。このPARTでは、介護保険と関係するおもな医療保険の給付を見ていきましょう。

　療養の給付とは、業務外の病気、ケガなどについて、病院や診療所などで診察を受けたり、手術を受けたり、入院するときに受けることができる給付で、最も利用される給付です。また、保険薬局で薬を調剤してもらったときも給付を受けることができます。療養の給付は治療（行為）という現物により支給されます。

　しかし、治療費用のすべてが支給されるわけではなく、被保険者は年齢に応じて2割もしくは3割の定率負担で一部負担金を支払うことになります。

　なお、健康保険の療養の給付の範囲は次ページ図のようになっています。

■ 療養費はやむを得ない場合の現金給付

　健康保険では、病気やケガなどの保険事故に対して、療養という形で現物給付するのが原則です。しかし、保険者が療養の給付が困難であると認めたときや、被保険者が保険医療機関・保険薬局以外の医療機関・薬局で診療や調剤を受けたことにつきやむ

現物給付

お金ではなく「治療」という行為で給付されるということ。一方、金銭による給付を現金給付という。

一部負担金

療養の給付にかかった費用のうちの自己負担分。義務教育に就学後～70歳未満の者、70～74歳の者で現役並みの所得がある者は3割、現役並みの所得がある者以外の70～74歳の者と義務教育就学前の者は2割を負担する。

療養の給付の範囲

範　囲	内　容
① 診察	診断を受けるための各種の行為
② 薬剤、治療材料の支給	投薬、注射、消耗品的な治療材料など
③ 処置、手術　その他の治療	その他の治療とは、理学的療法、マッサージなど
④ 居宅における療養上の管理とその療養に伴う世話その他の看護	寝たきりの状態にある人などに対する訪問診療、訪問看護
⑤ 病院または診療所への入院とその療養に伴う世話その他の看護	入院のこと。入院中の看護の支給は入院診療に含まれる

※業務災害・通勤災害による病気やケガの治療、美容整形、一般的な健康診断、正常な妊娠、出産などは療養の給付の対象とはならない

を得ないと認められたときは、療養費として現金が給付されます。

　たとえば次のような場合が考えられます。

①　無医村などの場合

　近隣に保険医療機関が整備されていない地域において、緊急のために保険医療機関以外で診療などを受けた場合に支給されます。

②　準医療行為

　骨折、脱臼、打撲、捻挫などで柔道整復師の施術を受けた場合に支給されます。ただし、柔道整復師が行う骨折、脱臼の治療については、応急手当の場合以外は医師の同意が必要です。

③　治療用装具

　療養上必要な装具（コルセット、関節用装具など）を購入した場合に支給されます。

④　事業主による資格取得届の未提出など

　事業主が健康保険の資格取得届の提出をしていることになっているにもかかわらず、保険医療機関で被保険者であることが証明できない場合や事業主が資格取得届を怠っている場合に支給されます。

PART 2　介護保険と関係する医療保険のしくみ

PART2 2

介護保険と関係する
医療保険のしくみ

保険外併用療養費

保険診療と保険外診療を併用した場合の給付

■ 保険診療との併用がある場合に行われる給付

　健康保険では、保険が適用されない保険外診療があると保険が適用される診療も含めて、医療費の全額が自己負担となるしくみとなっています（混合診療禁止の原則）。

　ただし、保険外診療を受ける場合でも、厚生労働大臣の定める評価療養と選定療養、患者申出療養については、保険診療との併用が認められています。具体的には、通常の治療と共通する部分（診察・検査・投薬・入院料など）の費用は、一般の保険診療と同様に扱われ、その部分については一部負担金を支払うこととなり、残りの額は保険外併用療養費として健康保険から給付が行われます。また、被扶養者の保険外併用療養費にかかる給付は、家族療養費として給付が行われます。

　なお、介護保険法で指定されている指定介護療養サービスを行う療養病床などに入院している患者は、介護保険から別の給付を受け取ることができます。そのため、二重取りにならないように、保険外併用療養費の支給は行われません。

■ 評価療養と選定療養

　評価療養とは、保険適用前の高度な医療技術を用いた医療や新薬など、将来的な保険適用を前提としつつ保険適用の可否について評価中の療養のことです。たとえば、先進医療、先進医療、医薬品医療機器法承認後で保険収載前の医薬品、医療機器、再生医療等製品の使用、薬価基準収載医薬品の適応外使用なども評価療養に含まれます。

保険外併用療養費が支給される範囲

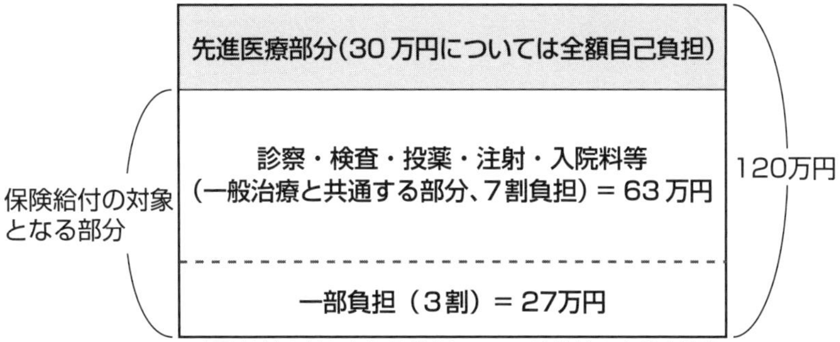

先進医療部分（30 万円については全額自己負担）

診察・検査・投薬・注射・入院料等
（一般治療と共通する部分、7 割負担）＝ 63 万円

一部負担（3 割）＝ 27 万円

保険給付の対象となる部分

120万円

※保険給付の対象となる部分については後述の高額療養費制度が適用されます。

一方、選定療養とは、個室の病室や、予約診療、紹介状なしの大病院受診、保険で認められている内容以上の医療行為など、患者本人が希望して受ける「特別な療養」のことです。200床以上の病院の未紹介患者の初診、200床以上の病院の再診、制限回数を超える医療行為、180日以上の入院、前歯部の材料差額、金属床総義歯、小児う蝕の治療後の継続管理などが選定医療に含まれます。

■ 保険外併用療養費の具体例

たとえば、総医療費が120万円、うち先進医療についての費用が30万円だった場合、①先進医療についての費用30万円は、全額を患者が負担することになります（上図参照）。

一方、②通常の治療と共通する部分（診察、検査、投薬、入院料）については7割（63万円分）が保険外併用療養費として給付される部分になります。結局、30万円と一部負担金27万円合わせた57万円について、患者が自己負担することになります。

患者申出療養

患者の申出を起点として、未承認薬等の使用など、保険収載前の先進的な医療について、安全性や有効性などを一定程度確認しながら、身近な医療機関で迅速に実施することができるしくみである。

高額療養費制度の適用

診察、検査、投薬、入院料など、保険給付についての一部負担部分については、高額療養費制度（次ページ）も適用される。

PART2
3

介護保険と関係する
医療保険のしくみ

高額療養費

治療費が高額になったときの給付である

■ 高額療養費は高額になった医療費の自己負担額を抑える

病院や診療所で医療サービスを受けた場合、少ない負担でより良い医療を受けられる反面、長期入院や手術を受けた際の自己負担額が高額になることもあります。自己負担額が一定の基準額を超えた場合に被保険者に給付されるのが高額療養費です。

■ 高額療養費は所得が低い人ほど手厚く支給される

高額療養費は、被保険者や被扶養者が同じ月に同じ病院などで支払った自己負担額が、高額療養費算定基準額（自己負担限度額）を超えた場合、その超えた部分の額が高額療養費として支給されます。高額療養費算定基準額は、一般の者、上位所得者、低所得者によって、計算方法が異なっています。上位所得者ほど自己負担額が高くなります。

次ページ図の、「医療費の負担限度額」欄の総医療費（療養に要した費用）とは、同じ月に同じ病院などで支払った医療費の総額（10割）です。

「同じ月に同じ病院など」とは、暦月1か月内（1日から末日まで）に通院したことが必要です。したがって、たとえ実日数30日以内であっても、暦月で2か月にまたがっている場合は「同じ月」とはいえません。

また、同じ月で同じ病院に通院していたとしても、診療科（医科と歯科の2つに分けられます）が異なっている場合も対象外です。なお、同じ診療科でも入院・通院別に支給の対象になるかどうかを計算します。

差額ベッド代

治療上の必要性がないものの、患者本人が希望して、プライバシー確保のための設備などの一定水準以上の環境を備えた病室に入る場合にかかる費用のこと。差額ベッドとは選定療養の一種で、ベッド数が4つ以下の病室（1人あたり6.4㎡以上）のこと。正式には「特別療養環境室」という。

72

医療費の自己負担限度額

●1か月あたりの医療費の自己負担限度額（70歳未満の場合）

所得区分	医療費の負担限度額	多数該当
標準報酬月額 83万円以上の方	252,600円＋ （総医療費－842,000円）×1%	140,100円
標準報酬月額 53万円～79万円の方	167,400円＋ （総医療費－558,000円）×1%	93,000円
標準報酬月額 28万円～50万円の方	80,100円＋ （総医療費－267,000円）×1%	44,400円
一般所得者 （標準報酬月額26万円以下）	57,600円	44,400円
低所得者 （被保険者が市町村民税 の非課税者等）	35,400円	24,600円

●1か月あたりの医療費の自己負担限度額（70～74歳の場合）

被保険者の区分		医療費の負担限度額	
		外来（個人）	外来・入院（世帯）
①現役並み所得者（負担割合3割の方）	現役並みⅢ （標準報酬月額 83万円以上）	252,600円＋（総医療費-842,000円）×1% （多数該当：140,100円）	
	現役並みⅡ （標準報酬月額 53万～79万円）	167,400円＋（総医療費-558,000円）×1% （多数該当：93,000円）	
	現役並みⅠ （標準報酬月額 28万～50万円）	80,100円＋（総医療費-267,000円）×1% （多数該当：44,400円）	
②一般所得者 （①および③以外の方）		18,000円 （年間上限14.4万円）	57,600円 （多数該当：44,400円）
③低所得者	市区町村民税の非課税者等	8,000円	24,600円
	被保険者とその扶養 家族すべての者の 所得がない場合		15,000円

　この場合、差額ベッド代や食事療養費、光熱費などは高額療養費の対象にはならないので注意が必要です。高額療養費に該当するかどうかは領収書に記載されている一部負担額が保険内か保険外かを見て判断します。

■ 高額療養費はどのように計算されるのか

前ページ図のように高額療養費は70歳未満、70 〜 74歳で自己負担限度額が異なります。70 〜 74歳では一般的に収入がないため、限度額が低めに設定されています。ただし、現役並みに所得がある場合は、70歳未満と同様の負担限度額が定められています。

具体的な高額療養費の計算は、70歳未満の者だけの世帯と70 〜 74歳の者がいる世帯では異なります。

① 70歳未満の者だけの世帯

高額療養費には世帯合算という制度があります。世帯合算は、同一世帯で、同一の月1か月間（暦月ごと）に21,000円以上の自己負担額を支払った者が2人以上いるときに、それぞれを合算して自己負担限度額を超えた分が高額療養費として払い戻される制度です。世帯合算する場合もそれぞれの個人は同一医療機関で医療費を支払っていることが要件になります。

つまり、被保険者や被扶養者が同一の月に同一医療機関から受けた療養の自己負担分（21,000円以上のものに限る）を合算した額から、前ページ上図の該当金額を控除した額が高額療養費として給付されます。

また、高額療養費には「多数該当」という自己負担限度額を軽減させる制度があります。具体的には、同一世帯で1年間（直近12か月）に3回以上高額療養費の支給を受けている場合は、4回目以降の自己負担限度額が下がります。

② 70 〜 74歳の者がいる世帯

この世帯では、世帯合算を行う前に、前ページ下図の個人ごとの外来療養について、自己負担額から該当する限度額を控除して高額療養費を計算します。さらに、それでも残る自己負担額を世帯（70 〜 74歳のみ）ごとに合算した金額から該当する限度額を控除して高額療養費を計算します。この際、外来療養だけでなく、入院療養の自己負担額を加えることができます。

多数該当

1年間に4回以上高額療養費を受けた者は、4回目の月から自己負担限度額が下がること。

特定疾患患者の高額療養費

慢性腎不全の患者で人工透析を行っている人や、血友病患者、エイズ患者については、自己負担の限度額が10,000円となっている。

高額療養費の計算例

Aさん （52歳、所得：一般）	Bさん （72歳、所得：一般）	Cさん （74歳、所得：一般）
自己負担額 ○○病院（外来） 　　　　10,000円 △△病院（入院） 　　　450,000円	自己負担額 ○○病院（外来） 　　　　50,000円	自己負担額 ○○病院（外来） 　　　　70,000円 △△病院（入院） 　　　100,000円

① **70〜74歳の個人ごとの外来療養の高額療養費を計算**
　Bさん　50,000−18,000（73ページ下図）＝32,000円
　⇒18,000円は自己負担
　Cさん　70,000−18,000（73ページ下図）＝52,000円
　⇒18,000円は自己負担

② **70〜74歳の世帯ごとの外来・入院療養の高額療養費を計算**
　18,000+18,000+100,000−57,600（73ページ下図）＝78,400円
　⇒57,600円は自己負担

③ **70歳未満も含めた世帯ごとの外来・入院療養の高額療養費を計算**
　57,600+450,000−57,600（73ページ上図）＝450,000円
　高額療養費　32,000+52,000+78,400+450,000＝612,400円
　※Aさんの外来療養は21,000円未満なので対象外となる

最後に①の70歳未満の世帯合算の計算を行うことになります。
つまり、3段階で高額療養費を計算するということです。

■ 事前に申請すると自己負担限度額だけの支払いですむ

　高額療養費が支給され、最終的な負担額が軽減されても、医療機関の窓口でいったん支払いをしなければなりません。したがって金銭的な余裕がないと、そもそも医療を受けることができないこともあります。その場合は、高額療養費の現物支給化の制度を利用することができます。申請は、国民健康保険の場合は市区町村の窓口、協会けんぽの場合は各都道府県支部、それ以外の医療保険に加入の場合は勤め先の健康保険組合に、限度額適用認定証の申請を行います。これを医療機関に提示することで、自己負担限度額のみの支払いですみます。

特定疾病

人工腎臓（人工透析）を実施している慢性腎不全、血友病のうち、血しょう分画製剤を投与している先天性血液凝固第Ⅷ因子障害または先天性血液凝固第Ⅸ因子障害、抗ウィルス剤を投与している後天性免疫不全症候群（HIV感染を含み、厚生労働大臣の定める者に限る）。

PART 2　介護保険と関係する医療保険のしくみ　75

PART2
4

介護保険と関係する
医療保険のしくみ

高額医療・高額介護合算療養費制度

医療費と介護サービス費の合計が上限を超えた場合、返金される

高額医療・高額介護合算療養費の受給

医療保険・介護保険の自己負担額のいずれかが0円である場合は受給できない。
また、高額療養費が受給できなくても、高額医療・高額介護合算療養費の要件を満たす場合には、高額介護合算療養費を受給することができる。

■ 自己負担軽減の目的で設けられた

　1か月の間に医療費が高額となり、一定の額を超えて自己負担額を支払ったとき、「高額療養費」として一定の額を超えた分が支給されます。また、同様に介護サービス費が高額となり、一定の額を超えた場合は、「高額介護サービス費」が支給されます。介護サービス費の高額負担者は、医療費の高額負担者であることも多く、それぞれの制度の自己負担上限額を負担する場合、その合計額は大きな負担となります。

　そこで、その自己負担を軽減する目的で、高額医療・高額介護合算療養費制度が設けられました。この制度は、年額で限度額が設けられ、医療費と介護サービス費の自己負担の合計が著しく高額となる場合、申請して認められるとその超過額が後から支給されます。

　対象となるのは、被用者保険、国民健康保険、後期高齢者医療制度の医療保険各制度の世帯で、介護保険の受給者がいる場合です。毎年8月1日からの1年間で、その世帯が自己負担する医療費と介護サービス費の自己負担額の合計が、設定された自己負担限度額を超えたときに、超えた金額が支給されます。

　この自己負担限度額は、60万円（70歳以上は56万円）が基本ベースとなっていますが、加入している医療保険の各制度や世帯所得によって細かく設定されています。

　自己負担限度額は、世帯の年齢構成や所得区分によって次ページ図のように異なります。

高額医療・高額介護合算療養費の自己負担限度額

所得区分	基準額 （70歳未満の場合）	基準額 （70歳以上の場合）
年収 約1,160万円超	212万円	212万円
年収 約770万円〜約1,160万円	141万円	141万円
年収 約370万円〜約770万円	67万円	67万円
年収 約370万円未満	60万円	56万円
低所得者① 被保険者が市町村民税の非課税者等	34万円	31万円
低所得者② 被保険者とその扶養家族すべての方の所得がない、かつ、公的年金額が80万円以下		19万円※

※介護サービス利用者が複数いる場合は31万円

■ 合算を利用するときの手続き

　医療保険が後期高齢者医療制度または国民健康保険の場合は、医療保険も介護保険も所管が市区町村なので、役所の後期高齢者医療または国民健康保険の窓口で支給申請を行います。ただし、年の途中（1年とは8月1日から翌年の7月31日まで）で、医療保険が変更になっている場合（たとえば他の市区町村から移転してきた場合など）は、以前加入していた医療保険窓口に「自己負担額証明書交付申請書」を提出し、「自己負担額証明書」を受け、現在の市区町村に提出します。

　一方、被用者保険の場合、医療保険と介護保険の所管が異なるため、まず介護保険（市区町村）の窓口で介護保険の自己負担額証明書の交付を受け、これを添付して協会けんぽや健康保険組合など、各被用者保険の窓口で、高額医療・高額介護合算療養費制度の支給申請をする必要があります。

被用者保険

会社で加入する健康保険制度（保険者が協会けんぽ、健康保険組合）のこと。

PART2

5

・・・・・・・・・・・・・・

介護保険と関係する
医療保険のしくみ

入院時食事療養費・生活療養費

・・・

入院に伴い食事の提供を受けたときの給付

**介護サービスと
入院時食事療養費**

介護保険法に規定する
介護医療院サービスを
行う療養病床等に入院
中の者には、健康保険
からの入院時食事療養
費は受給されない。

**後期高齢者
医療給付**

病気やケガで病院にか
かったときの療養の給
付など、後期高齢者医
療制度（82ページ）
によって行われるサー
ビスのこと。

■ 入院中の食事の提供を受けることができる

　病気やケガなどをして入院した場合、診察や治療などの療養
の給付（現物給付）の他に、食事の提供を受けることができま
す。この食事の提供（現物給付）としての保険の給付を入院時
食事療養費といいます。

　入院時食事療養費の給付を受けた場合、原則として1食あた
り490円の自己負担額（標準負担額）を支払う必要があります。
標準負担額を超える分については、保険者が医療機関へ直接支
払います。なお、標準負担額については、次ページ図のような
住民税非課税者などへの減額措置が設けられています。また、
長期入院の負担軽減の観点から、入院日数が90日を超える場合
にも減額を行う措置が設けられています。

■ 入院時生活療養費はどんな場合に支給されるのか

　介護保険が導入され、要介護認定された人はさまざまな介護
サービスを受けることができるようになりました。一方で入院
患者は、症状が重い間は、医師や看護婦により十分な看護を受
けていますが、ある程度症状が安定し、リハビリが必要となる
段階では、看護が少なくなり、65歳以上の高齢者は介護を受け
ながら生活するようになります。そこで、介護保険との均衡の
観点から、入院する65歳以上の方の食事や居住に要した費用に
ついて、保険給付として入院時生活療養費が支給されています。

　入院時生活療養費の額は、生活療養に要する平均的な費用の
額から算定した額をベースに、平均的な家計における食費及び

食事療養についての標準負担額

対象者区分	標準負担額（1食あたり）
一般の者【原則】	490円
指定難病患者、小児慢性特定疾患の者 （住民税非課税世帯以外）	280円
住民税非課税世帯の者	230円
住民税非課税世帯の者（入院日数が90日を超える者）	180円
70歳以上で、住民税非課税世帯かつ所得が 一定基準に満たない者	110円

※2024年6月1日から

入院時の生活療養についての標準負担額

区　分		食費負担額 （1食につき）	居住費負担額 （1日につき）
課税世帯	医療区分Ⅰ （Ⅱ・Ⅲ以外）	490円 （450円※2）	370円
	医療区分Ⅱ・Ⅲ※1	450円	370円
	難病患者など	280円	0円
低所得者Ⅱ （市民税非課税世帯）		230円 （180円※3）	370円
低所得者Ⅰ （70歳以上で年金収入80万円以下など）		140円 （110円※4）	370円

※1　医療の必要性の高い場合
※2　管理栄養士などを配置していない保険医療機関に入院している場合
※3　入院の必要性が高く、直近12か月の入院日数が90日を超えている場合
※4　入院の必要性が高い場合など

光熱水費など、厚生労働大臣が定める生活療養標準負担額を控除した額、となっています。

　なお、低所得者の生活療養標準負担額については、上図のように軽減されています。

PART 2　介護保険と関係する医療保険のしくみ

PART2
6

介護保険と関係する
医療保険のしくみ

訪問看護療養費と移送費

自宅で療養する者への訪問看護サービスである

訪問看護

看護師などが患者の自
宅を訪れて、療養上の
世話や診療の補助をす
るもの。

■ 訪問看護療養費はどんな場合に支給されるのか

　末期ガン患者などの、在宅で継続して療養を受ける状態にある者に対して行う健康保険の給付が訪問看護療養費です。訪問看護療養費は、かかりつけの医師の指示に基づき、指定訪問看護事業者（訪問看護ステーション）の看護師等による訪問看護サービスの提供を受けたときに支給されます。

　指定訪問看護事業者とは、厚生労働大臣の定めた基準などに従い、訪問看護を受ける者の心身の状況などに応じて適切な訪問看護サービスを提供する者です。厚生労働大臣の指定を受けた事業者で、医療法人や社会福祉法人などが指定訪問看護事業者としての指定を受けています。

　訪問看護療養費は、保険者が必要と認めた場合に限って支給されます。たとえば、末期ガン、筋ジストロフィー・脳性まひなどの重度障害、難病、脳卒中などの場合の在宅療養が対象となります。

　訪問看護サービスを受けた場合、被保険者は厚生労働大臣の定めた料金の100分の30の額を負担する他、訪問看護療養費に含まれないその他の利用料（営業日以外の日に訪問看護サービスを受けた場合の料金など）も負担します。

■ 転院時のタクシー代などが支給される

　現在かかっている医療機関の施設や設備では十分な診察や治療が受けられないようなケースにおいて、患者が自力で歩くことが困難なときは、タクシーなどを使って、移動する必要があ

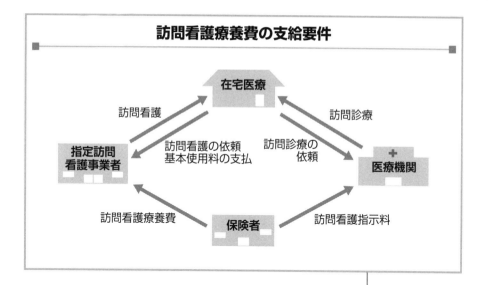

訪問看護療養費の支給要件

ります。医師の指示によって、緊急に転院した場合などのように、転院に伴って必要になるタクシー代などの移動費について、健康保険から給付を受けることができます。これを移送費といいます。移送費は現金給付です。

いったんタクシー代などの移送費を自分で支払い、後で、移送費相当額の給付を受けることになります。移送費は原則として保険者（届出先は全国健康保険協会各都道府県支部または健康保険組合）による事前承認が必要になります。ただ、緊急を要するなどのやむを得ない事情がある場合は事後承認でもかまいません。

■ 支給額は合理的な経路による場合の運賃全額

移送費として受けることができる額は、低廉かつ通常の経路および方法によって移送した場合の運賃になります。

なお、医師が医学的に必要だと認める場合は、医師や看護師などの付添人（1人まで）にかかった交通費も移送費として支給されます。

PART2

7

介護保険と関係する
医療保険のしくみ

後期高齢者医療制度

国民皆保険を維持するために後期高齢者医療制度が作られた

■ 後期高齢者医療制度とは

日本では世界に類をみないほど高齢化が進行しており、それに伴い入院の長期化、高い医療水準による平均寿命の延びなど医療費の増大リスクが問題となっています。また、仕事を定年すると、ほとんどの人は市町村が運営する国民健康保険に加入するのが一般的となっており、それらの医療費が市町村財政を圧迫しているという問題もあります。

そのため、これまでの国民皆保険を維持するために、75歳以上の高齢者を広域の地域が運営する独立した後期高齢者医療制度に加入させ給付を行うことにしました。これを後期高齢者医療制度といいます。

似たような制度として、前期高齢者医療制度があります。これは65歳から74歳までの前期高齢者について、国民健康保険・各被用者保険（協会けんぽ、健康保険組合など）の間で費用の負担の不均衡を前期高齢者の割合で調整する制度のことです。

後期高齢者医療制度では、都道府県ごとにすべての市町村が加入する広域連合を設け、疾病、負傷、死亡に関して必要な給付を行います。

前期高齢者医療制度、後期高齢者医療制度はともに、「高齢者の医療の確保に関する法律」に規定されています。

■ 後期高齢者医療の給付には何があるのか

後期高齢者医療においても、給付の種類は大きく変わりません。

① 法定必須給付（必ず行わなければならない給付）

高齢者の医療の確保に関する法律

平成20年4月1日に老人保健法から改正された法律。前期高齢者の保険者間の費用負担の調整、後期高齢者の適正な医療の給付などを行うために必要な制度を設けるよう規定されている。

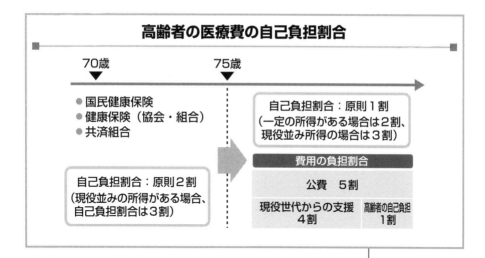

　療養の給付、療養費、高額介護合算療養費、入院時食事療養費、訪問看護療養費、特別療養費、入院時生活療養費、移送費、保険外併用療養費、高額療養費

② **法定任意給付（原則として行わなければならない給付）**
　葬祭費、葬祭の給付
③ **任意給付（任意に行うことができる給付）**
　傷病手当金

　療養の給付の負担金は、原則1割です。ただし、一定所得以上の人は2割、所得が145万円以上の現役並み所得者については、3割を負担しなければなりません。

■ 療養の給付などの負担割合

　費用の負担割合は、50％を公費、40％を国民健康保険や被用者保険からの支援金、10％を高齢者の保険料からまかなっています。運営は都道府県単位の広域連合が行うため、原則、都道府県ごとに保険料が決定され、高齢者全員で公平に負担することが可能になっています。また、現役世代が支援金として金銭的に援助するため、より持続可能な制度となっています。

特別療養費

被保険者資格証明書の交付を受けた人が保険医療機関にかかり、医療費の全額を支払った場合に、支払った額のうち自己負担額を除いた額を申請に基づいて支給すること。

資料　健康保険（協会、東京都）・厚生年金保険標準報酬額月額保険料額表

令和6年3月分（4月納付分）からの健康保険・厚生年金保険の保険料額表

・健康保険料率：令和6年3月分～　適用　　・厚生年金保険料率：平成29年9月分～　適用
・介護保険料率：令和6年3月分～　適用　　・子ども・子育て拠出金率：令和2年4月分～　適用

（東京都）　　（単位：円）

標準報酬		報酬月額		全国健康保険協会管掌健康保険料				厚生年金保険料（厚生年金基金加入員を除く）	
				介護保険第2号被保険者に該当しない場合		介護保険第2号被保険者に該当する場合		一般・坑内員・船員	
等級	月額			9.98%		11.58%		18.300%※	
		円以上	円未満	全額	折半額	全額	折半額	全額	折半額
1	58,000	～	63,000	5,788.4	2,894.2	6,716.4	3,358.2		
2	68,000	63,000 ～	73,000	6,786.4	3,393.2	7,874.4	3,937.2		
3	78,000	73,000 ～	83,000	7,784.4	3,892.2	9,032.4	4,516.2		
4(1)	88,000	83,000 ～	93,000	8,782.4	4,391.2	10,190.4	5,095.2	16,104.00	8,052.00
5(2)	98,000	93,000 ～	101,000	9,780.4	4,890.2	11,348.4	5,674.2	17,934.00	8,967.00
6(3)	104,000	101,000 ～	107,000	10,379.2	5,189.6	12,043.2	6,021.6	19,032.00	9,516.00
7(4)	110,000	107,000 ～	114,000	10,978.0	5,489.0	12,738.0	6,369.0	20,130.00	10,065.00
8(5)	118,000	114,000 ～	122,000	11,776.4	5,888.2	13,664.4	6,832.2	21,594.00	10,797.00
9(6)	126,000	122,000 ～	130,000	12,574.8	6,287.4	14,590.8	7,295.4	23,058.00	11,529.00
10(7)	134,000	130,000 ～	138,000	13,373.2	6,686.6	15,517.2	7,758.6	24,522.00	12,261.00
11(8)	142,000	138,000 ～	146,000	14,171.6	7,085.8	16,443.6	8,221.8	25,986.00	12,993.00
12(9)	150,000	146,000 ～	155,000	14,970.0	7,485.0	17,370.0	8,685.0	27,450.00	13,725.00
13(10)	160,000	155,000 ～	165,000	15,968.0	7,984.0	18,528.0	9,264.0	29,280.00	14,640.00
14(11)	170,000	165,000 ～	175,000	16,966.0	8,483.0	19,686.0	9,843.0	31,110.00	15,555.00
15(12)	180,000	175,000 ～	185,000	17,964.0	8,982.0	20,844.0	10,422.0	32,940.00	16,470.00
16(13)	190,000	185,000 ～	195,000	18,962.0	9,481.0	22,002.0	11,001.0	34,770.00	17,385.00
17(14)	200,000	195,000 ～	210,000	19,960.0	9,980.0	23,160.0	11,580.0	36,600.00	18,300.00
18(15)	220,000	210,000 ～	230,000	21,956.0	10,978.0	25,476.0	12,738.0	40,260.00	20,130.00
19(16)	240,000	230,000 ～	250,000	23,952.0	11,976.0	27,792.0	13,896.0	43,920.00	21,960.00
20(17)	260,000	250,000 ～	270,000	25,948.0	12,974.0	30,108.0	15,054.0	47,580.00	23,790.00
21(18)	280,000	270,000 ～	290,000	27,944.0	13,972.0	32,424.0	16,212.0	51,240.00	25,620.00
22(19)	300,000	290,000 ～	310,000	29,940.0	14,970.0	34,740.0	17,370.0	54,900.00	27,450.00
23(20)	320,000	310,000 ～	330,000	31,936.0	15,968.0	37,056.0	18,528.0	58,560.00	29,280.00
24(21)	340,000	330,000 ～	350,000	33,932.0	16,966.0	39,372.0	19,686.0	62,220.00	31,110.00
25(22)	360,000	350,000 ～	370,000	35,928.0	17,964.0	41,688.0	20,844.0	65,880.00	32,940.00
26(23)	380,000	370,000 ～	395,000	37,924.0	18,962.0	44,004.0	22,002.0	69,540.00	34,770.00
27(24)	410,000	395,000 ～	425,000	40,918.0	20,459.0	47,478.0	23,739.0	75,030.00	37,515.00
28(25)	440,000	425,000 ～	455,000	43,912.0	21,956.0	50,952.0	25,476.0	80,520.00	40,260.00
29(26)	470,000	455,000 ～	485,000	46,906.0	23,453.0	54,426.0	27,213.0	86,010.00	43,005.00
30(27)	500,000	485,000 ～	515,000	49,900.0	24,950.0	57,900.0	28,950.0	91,500.00	45,750.00
31(28)	530,000	515,000 ～	545,000	52,894.0	26,447.0	61,374.0	30,687.0	96,990.00	48,495.00
32(29)	560,000	545,000 ～	575,000	55,888.0	27,944.0	64,848.0	32,424.0	102,480.00	51,240.00
33(30)	590,000	575,000 ～	605,000	58,882.0	29,441.0	68,322.0	34,161.0	107,970.00	53,985.00
34(31)	620,000	605,000 ～	635,000	61,876.0	30,938.0	71,796.0	35,898.0	113,460.00	56,730.00
35(32)	650,000	635,000 ～	665,000	64,870.0	32,435.0	75,270.0	37,635.0	118,950.00	59,475.00
36	680,000	665,000 ～	695,000	67,864.0	33,932.0	78,744.0	39,372.0		
37	710,000	695,000 ～	730,000	70,858.0	35,429.0	82,218.0	41,109.0		
38	750,000	730,000 ～	770,000	74,850.0	37,425.0	86,850.0	43,425.0		
39	790,000	770,000 ～	810,000	78,842.0	39,421.0	91,482.0	45,741.0		
40	830,000	810,000 ～	855,000	82,834.0	41,417.0	96,114.0	48,057.0		
41	880,000	855,000 ～	905,000	87,824.0	43,912.0	101,904.0	50,952.0		
42	930,000	905,000 ～	955,000	92,814.0	46,407.0	107,694.0	53,847.0		
43	980,000	955,000 ～	1,005,000	97,804.0	48,902.0	113,484.0	56,742.0		
44	1,030,000	1,005,000 ～	1,055,000	102,794.0	51,397.0	119,274.0	59,637.0		
45	1,090,000	1,055,000 ～	1,115,000	108,782.0	54,391.0	126,222.0	63,111.0		
46	1,150,000	1,115,000 ～	1,175,000	114,770.0	57,385.0	133,170.0	66,585.0		
47	1,210,000	1,175,000 ～	1,235,000	120,758.0	60,379.0	140,118.0	70,059.0		
48	1,270,000	1,235,000 ～	1,295,000	126,746.0	63,373.0	147,066.0	73,533.0		
49	1,330,000	1,295,000 ～	1,355,000	132,734.0	66,367.0	154,014.0	77,007.0		
50	1,390,000	1,355,000 ～		138,722.0	69,361.0	160,962.0	80,481.0		

※厚生年金基金に加入している方の厚生年金保険料率は、基金ごとに定められている免除保険料率（2.4%～5.0%）を控除した率となります。

加入する基金ごとに異なりますので、免除保険料率および厚生年金基金の掛金については、加入する厚生年金基金にお問い合わせください。

◆介護保険第2号被保険者は、40歳から64歳までの方であり、健康保険料率（9.98%）に介護保険料率（1.60%）が加わります。
◆等級欄の（ ）内の数字は、厚生年金保険の標準報酬月額等級です。
　4(1)等級の「報酬月額」欄は、厚生年金保険の場合「93,000円未満」と読み替えてください。
　35(32)等級の「報酬月額」欄は、厚生年金保険の場合「635,000円以上」と読み替えてください。
◆令和6年度における全国健康保険協会の任意継続被保険者について、標準報酬月額の上限は、300,000円です。

○被保険者負担分（表の折半額の欄）に円未満の端数がある場合
　①事業主が、給与から被保険者負担分を控除する場合、被保険者負担分の端数が50銭以下の場合は切り捨て、50銭を超える場合は切り上げて1円となります。
　②被保険者が、被保険者負担分を事業主へ現金で支払う場合、被保険者負担分の端数が50銭未満の場合は切り捨て、50銭以上の場合は切り上げて1円となります。
　（注）①、②にかかわらず、事業主と被保険者間で特約がある場合には、特約に基づき端数処理をすることができます。
○納入告知書の保険料額
　納入告知書の保険料額は、被保険者個々の保険料額を合算した金額になります。ただし、合算した金額に円未満の端数がある場合は、その端数を切り捨てた額となります。
○賞与にかかる保険料額
　賞与に係る保険料額は、賞与額から1,000円未満の端数を切り捨てた額（標準賞与額）に、保険料率を乗じた額となります。
　また、標準賞与額の上限は、健康保険は年間573万円（毎年4月1日から翌年3月31日までの累計額）とし、厚生年金保険と子ども・子育て拠出金の場合は月額150万円となります。
○子ども・子育て拠出金
　事業主の方は、児童手当の支給に要する費用の一部として、子ども・子育て拠出金を負担いただくことになります。（被保険者の負担はありません。）
　この子ども・子育て拠出金の額は、被保険者個々の厚生年金保険の標準報酬月額および標準賞与額に、拠出金率（0.36%）を乗じて得た額の総額となります。

PART 3

事業者が提供する
サービスの種類

PART3
1

事業者が提供する
サービスの種類

居宅介護支援・介護予防支援

利用者と事業所間の連絡調整やケアプラン作成を行う

居宅サービスを
利用する場合

居宅サービスを利用する場合は、居宅介護支援が重要な役割を担っている。居宅サービスの利用者は、ケアプランを作成するとともに、市町村に届出をしなければならないからである。ケアプランを作成しないと、介護サービス事業者が市町村からサービス利用料金を直接支払ってもらう方式（代理受領）を利用することができず、事業者側にとってデメリットが大きい。
これは利用者にとっても重大な問題である。代理受領を利用できない場合、利用者が事業者にサービス利用料の全額をいったん支払わなければならない（償還払い）、それが利用者にとって大きな金銭的負担になるおそれがある。

■ 居宅介護支援とは

　居宅介護支援とは、要介護認定を受けた利用者の心身の状況や置かれている環境、利用者や家族の希望などを考慮し、ケアプランを作成するサービスです。ケアプランの作成に向けたサービス担当者会議の開催やアセスメントなども行います。居宅介護支援の担い手は、居宅介護支援事業所のケアマネジャーです。ケアマネジャーは公平中立の立場で、利用者と介護サービス事業所との間の連絡調整を行います。ケアプラン作成後は、実施状況をチェックするため利用者宅などを訪問します。

■ 介護予防支援とは

　介護予防支援とは、要支援者を対象に、利用者と介護サービス事業所間の連絡調整や介護予防ケアプラン作成を行うサービスです。居宅介護支援を要支援者向けにしたものというイメージですが、介護予防支援の場合は、おもにケアプランを作成するのは地域包括支援センターです。ただし、介護予防ケアプランの作成業務の一部が居宅介護支援事業所のケアマネジャーに委託されることもあります。

■ 利用者の自己負担はどうなるのか

　ケアプランを作成する居宅介護支援事業所の報酬は、介護保険から全額支払われ、利用者の自己負担はありません。ケアプラン作成は中立的に行うべきだからです。利用者負担を導入すると、利用者の希望が中心となり、適切な質・量の介護サービ

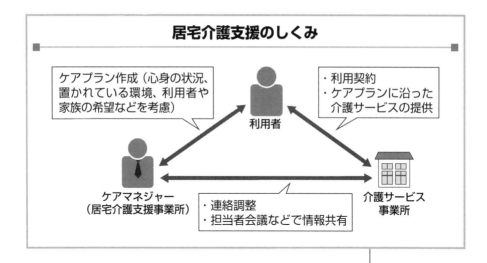

スの利用ができなくなる可能性があるということです。

■ 居宅サービス事業所との関係

居宅サービス事業所とは、要介護者に対して居宅サービスを提供する事業所です。訪問介護事業所や通所介護事業所があてはまります。居宅介護支援事業所は、これらの居宅サービス事業所を組み合わせ、要介護者の心身の状況に合わせたケアプランを作成することがおもな業務になります。また、ケアプランに沿ったサービスが居宅サービス事業所において提供できているか、要介護者のニーズを満たしているのか、モニタリングという形で評価をする必要もあります。

これらのケアプランを中心にした支援の司令塔的な役割を担っているのが居宅介護支援事業所となります。居宅介護支援事業の機能強化を図るために、2021年4月からは、居宅介護支援事業所の管理者は主任ケアマネジャーの資格が必要とされています。また、地域の実情に合わせたケアプラン作成を行えるように、居宅介護支援事業所の指定は、2018年4月からは市町村が行えるように権限の強化が行われています。

主任ケアマネジャー

主任介護支援専門員とも呼ばれる。主任ケアマネジャーになるためのおもな要件は、①ケアマネジャー（介護支援専門員）として一定の従事期間（5年以上）があり、②所定の研修を修了したことである。要件は都道府県によって若干異なる。

主任ケアマネジャー配置の経過措置

2021年4月から、居宅介護支援事業所ごとに管理者として常勤専従の主任ケアマネジャーの配置が必要とされているが、配置が進まない状況に配慮して、ケアマネジャーでも可とする経過措置が設けられている（2027年度まで）。

PART3
2

・・・・・・・・・・・・・・・

事業者が提供する
サービスの種類

訪問介護・訪問入浴介護・居宅療養管理指導

利用者が自宅に住んでいながら利用できるサービス

■ 訪問介護（ホームヘルプサービス）とは

　訪問介護は、訪問介護員（ヘルパー）が要介護者の自宅に出向いて日常生活を送る際の手助けを行うサービスです。

　訪問介護の内容として、入浴や排せつ、食事、衣服の着脱の介護、清拭、洗髪、通院の介助などの身体介護があります。また、掃除、調理、洗濯、買物などの日常生活に必要な援助を行う生活援助や、通院時などの乗車・降車の介助（通院等乗降介助）、要介護者の身上相談、生活や介護についての相談を受けたり助言を行ったりすることも含まれます。

■ 訪問入浴介護とは

　入浴は身体を清潔に保つ他、心身のリラックス効果なども期待できますが、在宅で介護度の重い人の介護を行う家族にとっては負担の大きい作業になります。このような場合に利用されるのが、数人の介護者、看護師などが、浴槽を持ち込んで入浴サービスを提供する訪問入浴介護です。

　訪問入浴介護の目的として、利用者の身体を清潔に保つとともに、心身の機能の維持を図ることが挙げられます。また、入浴面での援助を行うことで、要介護状態にある利用者が、可能な限り自宅で生活を続け、自己の能力を活かして自律した生活を送ることを支援する一環にもなっています。

■ 介護予防訪問入浴介護とは

　要支援者を対象とした訪問入浴介護です。訪問入浴介護は、

清拭（せいしき）

身体の一部や全身をタオルなどで拭くこと。お風呂に入れない場合など清潔を保持するために行う。

介護予防訪問介護

かつての介護予防訪問介護は、平成27年度以降、予防給付から地域支援事業のうち介護予防・日常生活支援総合事業（総合事業）へと移行している（介護予防訪問介護相当サービス）。

訪問介護

【自宅】
要介護者 ← 要介護者の自宅でサービスを提供する

訪問介護員

身体介護：入浴や排せつ、食事、衣服の着脱、清拭、洗髪など
通院等乗降介助：通院時などの乗車・降車の介助
生活援助：掃除、調理、洗濯、買物などの日常生活に必要な援助
相　談：要介護者の身上相談、生活や介護についての相談・助言

寝たきりなどの理由で、一般家庭の浴槽では入浴が困難な人を想定したサービスです。そのため、要介護度4、5の人がサービス利用者の大半を占めており、要支援者が訪問入浴介護を利用するケースはそれほど多くないようです。

要支援者が訪問入浴介護を利用する理由の多くは、①自宅に浴槽がない、②家族や訪問介護での介助が困難、③感染症のおそれがあって通所介護の浴槽が使えない、などです。

■ 居宅療養管理指導とは

在宅で生活する要介護者の中には、本来通院して療養すべきところ、さまざまな事情で思うように通院できない人もいます。このような状況にある人に対し、医師や歯科医師、もしくは医師や歯科医師の指示を受けた薬剤師・管理栄養士・歯科衛生士などの専門職が、療養に関する管理、指導などを行うことを居宅療養管理指導といいます。居宅療養管理指導の対象者は、在宅療養中で要介護度1〜5の人です。

なお、要支援者を対象とした居宅療養管理指導のことを介護予防居宅療養管理指導といいます。

> **居宅療養管理指導に関する改正**
> 2018年度の介護保険制度改正に伴い、看護職員が行う居宅療養管理指導が廃止された。あわせて訪問介護ステーションでの居宅療養管理指導も終了した。

PART3

3

．．．．．．．．．．．．．．．．

事業者が提供する
サービスの種類

訪問看護

．．．．．．．．．．．．．．．．．．．．．．．．．．．．．．．．．．．．．．．

医療を必要とする人が在宅で介護を受けるために欠か
せない

■ どんなサービスなのか

　日常生活や移動の支援などについては、訪問介護員のサービ
スを受けることである程度不足を補うことができますが、心身
に病気やケガを持つ人の場合、訪問介護員のサービスだけでは
在宅生活を維持するのが難しいことがあります。

　そこで、重要になるのが訪問看護サービスの存在です。訪問
看護は、医師の指示を受けた看護師が行う要介護者を対象とし
たサービスで、サービス内容としては、血圧測定や体温測定な
どによる状態観察、食事、排せつ、入浴などの日常生活のケア、
服薬管理、褥瘡処置といった医療処置などが挙げられます。

　なお、要支援者を対象とした訪問看護のことを介護予防訪問
看護といいます。サービス内容は訪問看護と同じです。訪問看
護・介護予防訪問看護を行うのは、病院・診療所、あるいは訪
問看護ステーションです。

　訪問看護・介護予防訪問看護の利用者は、年齢や症状によっ
ては、医療保険と介護保険の両方の適用対象になる場合があり
ます。この場合、原則として介護保険が優先適用されますが、
要介護者や要支援者が以下の疾病などにかかっている場合は医
療保険が優先適用されます。

末期ガン（悪性腫瘍）、多発性硬化症、重症筋無力症、ス
モン、筋萎縮性側索硬化症、脊髄小脳変性症、進行性筋ジ
ストロフィー、パーキンソン病関連疾患、脊髄性筋萎縮症、
後天性免疫不全症候群

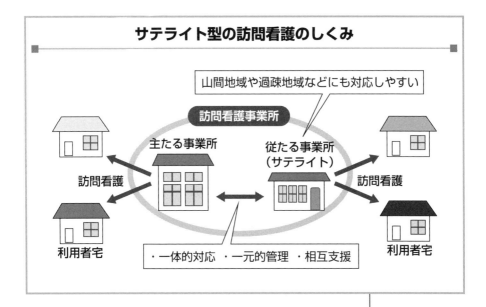

■ サテライト型の訪問看護とは

訪問看護は、医療的ニーズのある中重度の要介護者にとって必要性の高いサービスとなっています。しかし、山間地域や過疎地域においては必要十分な事業所がないのが現状です。

そこで、サテライト型の訪問看護事業所（訪問看護ステーション）の設置を認めています。サテライト（従たる事業所）とは出張所のようなイメージで、主たる訪問看護事業所（主たる事業所）と利用申込みや苦情処理などが一体的に運営されており（一体的対応ができる体制）、看護師などの代替要員を派遣できるような相互支援体制が構築されている（職員などの一元的管理ができる体制）場合に認められます。

サテライト型のメリットは、これまで山間地域や過疎地域など設置することが難しい地域において、人員基準や設備基準などを主たる事業所と一体的に申請することで設置が容易になることが挙げられます。これにより、要介護者にとっては住み慣れた地域で在宅での療養生活の継続が可能になります。

> **訪問看護の必要性**
> 終末期を在宅で過ごしたい利用者の要望や、施設に入れない利用者が在宅で亡くなるケースが多い。それら利用者にターミナルケアを行う訪問看護の需要はますます増えている。

PART3
4

事業者が提供する
サービスの種類

訪問リハビリテーション

専門の理学療法士や作業療法士がサービスを提供する

■ 訪問リハビリテーションはどんなサービスなのか

骨折や脳血管性疾患などにより身体機能が低下した場合に、その機能の維持・回復をはかるためにはリハビリテーション（リハビリ）が有効です。しかし、リハビリのためにたびたび通院・通所することができず、自宅で家族などがリハビリをするのも難しい場合もあります。この場合には、医師の指示の下、専門の理学療法士や作業療法士などが訪問してサービスを提供する訪問リハビリテーションを利用することができます。

具体的なサービス内容は、身体機能、日常生活、家族支援に分けられます。身体機能は、間接拘縮の予防、筋力・体力の維持があります。日常生活は、歩行訓練、寝返りや起き上がりなどの基本動作訓練、食事や更衣、入浴などの日常生活動作訓練があります。家族支援は、歩行練習の介助方法の指導、福祉用具の提案があります。

また、介護予防訪問リハビリテーションは、要支援者の自宅に作業療法士や理学療法士などの専門家が訪れて、作業療法や理学療法を行うサービスです。サービス内容や介護報酬は訪問リハビリテーションと同じです。ただし、介護予防の場合は、要介護状態になることをできる限り防ぎ、現在の状態がそれ以上悪化しないようにすることを目的にしています。

■ 訪問リハビリテーションの利用にはいくつかの要件がある

訪問リハビリテーションは、通所や通院が困難な場合に利用することができます。つまり、通所リハビリテーションが利用

訪問リハビリテーションの対象者

訪問リハビリテーションの対象者は、「通院が困難な利用者」である。そのため、通所可能で、通所により同様のサービスを受けられる者は、その対象者に含まれない。

間接拘縮

間接の伸縮性が低下して（関節が硬くなり）、可動域に制限を受けている状態。寝たきりが続く場合などに起きやすい。

介護予防訪問リハビリテーション

要支援者を対象とした訪問リハビリテーションのこと。

訪問リハビリテーションとは

理学療法・作業療法サービス

通院・通所が困難

理学療法士・作業療法士 など　　　　　　　身体機能が低下した人

〈対象〉
- 要介護者：訪問リハビリテーション
- 要支援者：介護予防訪問リハビリテーション

サービス内容
- **身体機能** 間接拘縮の予防、筋力・体力の維持
- **日常生活** 基本動作訓練、日常生活動作訓練
- **家族支援** 歩行練習の介助方法の指導、福祉用具の提案

できる場合においては、そちらを優先的に利用するということです。一般的には、退院後の一定期間、訪問リハビリテーションの提供を受け、その間に、通所リハビリテーションへ移行することを目的に利用されます。

そのため、訪問リハビリテーションを利用するためには、次のような要件を満たす必要があります。

① 訪問リハビリテーション事業所の医師の指示の下で実施するものであること（例外的に別の医療機関の主治医の指示の下でも可）
② その医師の診療の日から3か月以内に実施されたものであること
③ 訪問リハビリテーション計画を作成していること
④ 利用者やその家族などに対して1回あたり20分以上（1週間に6回を限度）指導を行うこと

つまり、訪問リハビリテーションは、通院が困難な者が、計画的な医学管理を行っている医師の指示に基づいて、理学療法士などがリハビリを行う場合に利用できるということです。

PART3 5

事業者が提供する
サービスの種類

通所介護と通所リハビリテーション

要介護者が通所介護事業所に出向いて受けるサービス

通所介護の目的

通所介護は、あくまでも利用者が自宅から通所することが前提なので、可能な限り自宅での生活を継続するのに必要なケアや心身の機能の維持を図ることが目的である。
また、利用者を自宅で介護する家族の心身の負担を軽減するという目的もある。

地域密着型通所介護

利用者の定員が19名未満の場合は、地域密着型通所介護（小規模デイサービス）となる。

介護予防通所介護

かつての介護予防通所介護（要支援者を対象とした通所介護）は、平成27年度以降、予防給付から地域支援事業のうち介護予防・日常生活支援総合事業（総合事業）へと移行している（介護予防通所介護相当サービス）。

■ 通所介護とは

通所介護（デイサービス）とは、利用者が施設において、日常生活に必要な世話を受けたり、機能訓練を受けるサービスです。具体的なサービス内容としては、食事・入浴の提供や介護、生活上の相談やアドバイス、健康状態の確認や日常生活に必要な機能訓練などが挙げられます。通所介護は、施設の規模に応じて、大規模型Ⅰ（前年度の1か月あたりの平均利用者数が750名超900名以内）、大規模型Ⅱ（前年度の1か月あたりの平均利用者数が900名超）、通常規模型（前年度の1か月あたりの平均利用者数が750名以内）に分類されます。

■ 通所リハビリテーションとは

通所リハビリテーション（デイケア）は、病気やケガなどで身体機能が低下した要介護の利用者にリハビリテーションを施し、機能の維持回復を図るサービスです。理学療法士や作業療法士といった専門家が配置され、医師の指示の下で、個々の利用者に応じたリハビリのメニューが組まれます。

通所介護と同様、送迎から食事、入浴、排せつ介助といったサービスを提供している事業所の他、短時間でリハビリのみを行う事業所（リハビリに特化した事業所）もあります。

■ 介護予防通所リハビリテーションとは

介護予防通所介護相当サービスと似たサービスとして、介護予防通所リハビリテーションがあります。介護予防通所リハビ

通所介護と通所リハビリテーション

通所介護（デイサービス）
利用者が施設で日常生活の世話や機能訓練を受けるサービス
【サービス内容】
食事・入浴の提供、介護、生活上の相談やアドバイス、健康状態の確認、日常生活に必要な機能訓練など

通所リハビリテーション（デイケア）
病気やケガなどにより身体機能が低下した高齢者に、リハビリテーションを施し、機能回復・維持を図ることを目的とした施設
【サービス内容】
・送迎から食事、入浴、排せつ介助などのサービス
・短時間でリハビリテーションの施術のみを行う事業所もある

リテーションとは、要支援者を対象とした通所リハビリテーションのことです。すべての人に共通するリハビリテーション（身体機能向上や日常生活の動作に必要な訓練）に加えて、それぞれの希望や状態に合わせた選択的サービスを提供します。

選択的サービスには、運動器機能向上、栄養改善、口腔機能改善があります。予防通所介護を敬遠する男性でも利用しやすいようです。介護報酬は、月単位の月額制です。選択的サービスを提供する場合には、別途、介護報酬（月単位の定額制）が加算されます。

■ 通所介護事業者としての指定を受けるには

要介護者の通所介護は、定員19名以上は都道府県へ、定員19名未満は地域密着型として市町村へ申請を行います。要支援者の通所型サービス（介護予防通所介護相当サービス）は、総合事業として市町村へ申請を行います。それぞれで指定基準が多少異なることに注意が必要です。また、省令で定められた人員基準・設置基準・運営基準を満たす必要があります。

PART 3 事業者が提供するサービスの種類

PART3
6

事業者が提供する
サービスの種類

短期入所生活介護と短期入所療養介護

介護者のリフレッシュのための利用も可能

ショートステイ
の特長

家族などの介護者の入院や出張、冠婚葬祭などの他、単に「疲れたので一時的に介護から離れてリフレッシュしたい」「旅行に行きたい」といった内容でも、施設に不都合がなければ利用者を受け入れることができる。

■ どんなサービスなのか

　短期入所生活介護と短期入所療養介護は、ショートステイとも呼ばれるサービスで、要介護者を一時的に施設に受け入れるものです。短期入所生活介護では、食事や入浴、排せつ、就寝といった日常生活の支援や機能訓練を、短期入所療養介護では、看護、医学的管理の下における介護や機能訓練、必要な医療や日常生活の支援を行います。なお、要支援者を対象とした短期入所生活介護のことを介護予防短期入所生活介護、要支援者を対象とした短期入所療養介護のことを介護予防短期入所療養介護といいます。サービスの内容は、要介護者を対象とした短期入所生活介護、短期入所療養介護と同様です。

■ ショートステイはどこでサービスを提供するのか

　短期入所生活介護の場合、施設の種類には、併設型、単独型、空床利用型（空床型）があります。部屋の種類は、ユニット型の施設にはユニット型個室とユニット型個室的多床室があり、従来型（ユニット型でない施設）には従来型個室と多床室があります。ユニット型は、全部屋個室で共有スペースのある入居者10名前後のユニットを単位とした配置の施設のことで、家庭的な雰囲気の中で生活を行います。一方、従来型は、4人部屋や2人部屋のような多床室などがある施設のことで、病院のようなイメージを持つ人もいます。

　短期入所療養介護の場合、施設の種類は、大きく分けて、介護老人保健施設、療養病床を有する病院、診療所、介護医療院

短期入所生活介護と短期入所療養介護のしくみ

目的：介護者のリフレッシュを行う（レスパイトケア）

短期入所生活介護

日常生活の支援、機能訓練

← 短期間、施設に入所する →

施設種類：
併設型、空床型、単独型

部屋種類：
従来型個室、多床室、ユニット型個室、ユニット型個室的多床室

短期入所療養介護

医療的ケア、機能訓練、日常生活の支援

← 短期間、施設に入所する →

施設種類：
介護老人保健施設、療養病床を有する病院、診療所、介護医療院

部屋種類：
従来型個室、多床室、ユニット型個室、ユニット型個室的多床室

があります。部屋の種類は、短期入所生活介護と同じ区別（従来型個室、多床室、ユニット型個室、ユニット型個室的多床室）がされています。

■ショートステイが制限される場合もある

ショートステイを利用する理由の一つとして、介護者のリフレッシュが挙げられます。また、特別養護老人ホーム（特養）の人気が高く、なかなか入所できないため、併設型のショートステイで、長期にわたり特養の空きを待つという「待機待ち」をしている要介護者も見られます。また、在宅に戻っても要介護者の介護ができないなど、やむを得ない理由でショートステイを長期にわたり利用するケースもあります。

このように、長期にわたりショートステイを利用することを「ロングショート」と呼ぶこともあります。ロングショートの利用は、本来のショートステイの目的と反するため、月の半分以上のショートステイは認めないなど制限を設けている市町村もあります。

> **ユニット型と従来型**
>
> 現在はユニット型の設備が主流となっている。ただし、従来型の設備は居住費が安いため、従来型を利用したい要介護者も多い。

PART3 7

事業者が提供する
サービスの種類

特定施設入居者生活介護

有料老人ホームなどで受けるサービス

施設サービスの
対象者

施設サービスは、要介
護者しか受けることが
できない。

軽費老人ホーム

家庭の事情などから自
宅での生活が難しい
が、身の回りのことは自
分でできる高齢者が、
無料または低額で入居
できる施設。それ自体
は介護を目的とする施
設でないから、介護
サービスを提供するに
は特定施設入居者生活
介護の指定を要する。

軽費老人ホームの
ケアハウスへの
一元化

2008年にケアハウス
への一元化が決定して
おり、A型とB型はそ
れ以前から運営されて
いた施設のみ存続が認
められている。

養護老人ホーム

生活環境の理由や経済
的な理由で、自宅での
生活が難しい高齢者を
養護する施設。それ自
体は介護を目的とする
施設でないから、介護
サービスを提供するに
は特定施設入居者生活
介護の指定を要する。

■ 特定施設入居者生活介護とは

　介護保険では、原則として施設に入所する場合は施設サービスとなります。ただし、一定の場合は、施設に入所していても在宅サービスとして介護保険の適用を受けることができます。

　施設でサービスを受けながら在宅サービスとして介護保険の適用を受けることができるのは、次のような場合です。

① 特別養護老人ホームや介護老人保健施設でショートステイという形式でサービスの提供を受ける場合（96ページ）

② 地域密着型サービスのうち、施設でサービスの提供を受ける場合

③ 有料老人ホームなどのうち、特定施設として認められている施設の入居者が、その特定施設でサービスの提供を受ける場合（特定施設入居者生活介護）

　③の特定施設の対象になるのは、有料老人ホーム、軽費老人ホーム（A型・B型・ケアハウス）、養護老人ホームです。サービス付き高齢者向け住宅（サ高住）については、有料老人ホームに該当するものに限って特定施設となります。これらの特定施設が特定施設入居者生活介護の指定を受けている場合、その特定施設に入居している要介護者が、日常生活上の世話（入浴・排せつ・食事の介護など）、機能訓練、療養上の世話というサービスの提供を受けることができます。

　特定施設入居者生活介護では、1日単位の介護サービス費を支払うため、常時介護を要する場合は、包括的に介護サービスの提供を受ける点でメリットが大きいといえます。一方、常時

特定施設入居者生活介護

	施設でサービスを受けながら在宅サービスとして介護保険の適用を受けることができる場合		
①	特別養護老人ホームや介護老人保健施設でショートステイという形式でサービスの提供を受ける場合		
②	地域密着型サービスのうち、施設でサービスの提供を受ける場合		
③	特定施設として認められている施設の入居者が、その特定施設でサービスの提供を受ける場合（特定施設入居者生活介護）		
	特定施設の例	有料老人ホーム	
		軽費老人ホーム（ケアハウス）	身の回りのことは自分でできる健康状態にある高齢者のうち、自宅での生活が難しい人が対象
		軽費老人ホーム（A型）	炊事についてはサービスの提供を受ける程度の健康状態にある人が対象
		軽費老人ホーム（B型）	自炊できる程度の健康状態にある人が対象
		養護老人ホーム	生活環境の理由や経済的な理由で、自宅での生活が難しい人が対象

介護を要しない場合は、外部の訪問介護などを必要な場合に必要な分だけ利用した方が割安になる可能性があります。

　なお、特定施設入居者生活介護には、介護サービスなどを外部委託するタイプ（外部サービス利用型）と、外部サービスを利用しないタイプ（一般型）があります。

■ 特定施設入居者生活介護のおもな利用者

　特定施設入居者生活介護を利用できる人は、有料老人ホーム、軽費老人ホーム、養護老人ホームなどの施設に入居している要介護1以上を受けた者です。ただし、入居している施設が「特定施設入居者生活介護」の指定を受けていることが、介護保険の適用の条件になっています。

> **介護予防特定施設入居者生活介護**
>
> 特定施設入居者生活介護は要介護者が対象であり、要支援者を対象とする特定施設入居者生活介護のことを介護予防特定施設入居者生活介護という。

PART3
8

事業者が提供する
サービスの種類

福祉用具

福祉用具のレンタルや購入について介護保険が利用できる

■ 福祉用具のレンタル制度（福祉用具貸与）

　要介護の人は、日常生活をしやすくしたり、機能訓練を行って日常生活の自立をめざす上での補助として、福祉用具を借りることができます。このサービスを福祉用具貸与といいます。借りることのできる福祉用具は、車椅子、車椅子付属品、特殊寝台、特殊寝台付属品、床ずれ防止用具、体位変換器、手すり、スロープ、歩行器、歩行補助つえ、認知症老人徘徊感知機器、移動用リフト、自動排せつ処理装置です。

　要支援者を対象とした福祉用具のレンタルのことを介護予防福祉用具貸与といいます。レンタルの対象は基本的には、要介護者の場合と同様ですが、要支援者については、一部の福祉用具のレンタルが制限されています。現実問題として、要介護度の低い要支援の人が、介護ベッドや車椅子、認知症老人徘徊感知機器、移動用リフトなどをレンタルする必要がある場合はほとんどないからです。ただし、給付の必要があると認められた場合には、それらの福祉用具についてもレンタル可能です。

　福祉用具の貸し出しには、要介護・要支援者を手助けする人の負担を軽くする狙いもあります。

　福祉用具貸与事業を行うためには、利用者の心身の状態や生活環境に応じた福祉用具の選択、使い方、アフターフォローが必要となります。介護技術以外にも、福祉用具の知識を持った専門職を配置しなければなりません。そのため、福祉用具専門相談員という資格があります。この資格は、福祉用具専門相談員指定講習を修了することで取得することができます。

介護保険が利用できない福祉用具があることを説明する

似たような福祉用具でも介護保険給付の対象になるものとそうでないものがある。また、同じ福祉用具でも購入かレンタルかによって介護保険の対象となるかどうかが異なる場合もある。どの福祉用具が対象となるかの判断は困難な場合もあるため、事前に、市区町村の窓口や地域包括支援センターなどにおいて相談することが望ましい。

福祉用具レンタル（貸与）の自己負担額

介護保険サービスの利用と同様、利用料の原則1割を負担する。ただし、所得が一定以上の場合は2割もしくは3割の負担となる。

福祉用具と特定福祉用具

福祉用具

①車椅子
自走用標準型車椅子・普通型電動車椅子・介助用標準型車椅子など

②車椅子付属品
クッション・電動補助装置など

③特殊寝台
介護用のベッドのことで、サイドレールが取りつけられているか取りつけ可能なもの

④特殊寝台付属品
手すり・テーブル・スライディングボード・スライディングマットなど

⑤床ずれ防止用具
送風装置・空気圧調整装置を備えた空気マットなど

⑥体位変換器
空気パッドなどを体の下に差し入れて体位変換をしやすくできる機能を持っているもの。体位を保持する目的しかないものは不可

⑦手すり
工事をせずに取りつけられるもの

⑧スロープ
段差解消目的のもので工事をせずに取りつけられるもの

⑨歩行器
二輪・三輪・四輪→体の前と左右を囲む取っ手などがついているもの。
四脚 → 腕で持ち続けて移動できるもの

⑩歩行補助杖
松葉杖・カナディアンクラッチ・ロフストランドクラッチ・多点杖など

⑪認知症老人徘徊感知機器
認知症用の徘徊センサーなどのことで、認知症の人が屋外に出ようとした時などに家族などに知らせる機器

⑫移動用リフト
段差解消機・風呂用のリフトなどのことで、つり具の部分は含まない。つり具は特定福祉用具となる

⑬自動排せつ処理装置
排便などを自動的に吸収し、排便などの経路となる部分を分割することができるもの（交換可能部品を除く）

特定福祉用具

■ 腰掛便座
和式便器→上に置いて腰掛式にできるもの
洋式便器→上に置いて高さを調節するもの
便座から立ち上がるときに補助できる機能を持つもので電動式・スプリング式のもの
便座やバケツなど、移動できる便器など

■ 自動排せつ処理装置の交換可能部分
排便などの経路となるもので簡単に交換できるもの

■入浴補助用具
シャワー椅子・入浴用の椅子・浴槽用の手すり・浴槽内で使う椅子・浴槽の縁にかけて使う入浴台・浴室内のスノコ・浴槽内のスノコなど

■ 簡易浴槽
取水や排水のための工事を必要としない簡易的な浴槽のことで、空気式や折りたたみ式など、簡単に移動できるもの

■ 移動用リフトのつり具の部分
風呂用のリフトのつり具も含まれる・移動用リフト自体は福祉用具として貸与の対象となる

■ 排せつ予測支援機器
膀胱内の状態を感知して尿量を推定し、排尿のタイミングを通知するもの

PART 3　事業者が提供するサービスの種類

■ 福祉用具の購入補助（特定福祉用具販売）

　用具の性質上、貸与するより購入した方がよいものもあります。トイレ、入浴用具など、誰かの使用後に別の誰かが使用するのは難しいような用具や、たとえば体格の差などの個人差によって、万人が使うことができないような用具です。

　対象となる福祉用具は、①腰掛け便座、②自動排せつ処理装置の交換可能部品、③入浴補助用具、④簡易浴槽、⑤移動リフトの吊り具の部分、⑥排せつ予測支援機器の６種類です。これらの福祉用具を特定福祉用具といいます。特定福祉用具販売の利用者の負担額は、購入金額の１割、２割または３割です。そして、特定福祉用具の購入については、要介護者が先に福祉用具を自分で購入し、後からその金額を支給する方法を原則としています。これは、購入時に利用者が全額支払い、保険申請すると９割、８割または７割が利用者に返金されるしくみです。

　特定福祉用具の購入費の支給上限は、年間10万円までです。要支援者を対象とした福祉用具の販売のことを特定介護予防福祉用具販売といいます。対象となる福祉用具、購入の上限額、購入額が後ほど償還されるしくみは、福祉用具販売と同じです。

■ 福祉用具貸与価格には上限額が設定されている

　福祉用具の貸与（レンタル）や購入は、他の介護サービスと違い全国一律の価格の設定はありません。これは、市場の価格競争を通じて適切な価格となることを想定していたからです。しかし、介護保険財政のひっ迫や事業所の利益確保など価格が不当なケースも見られました。そこで、平成30年10月からは、福祉用具貸与価格の上限額が設定されることになりました。

　この上限額を超えて福祉用具貸与を行った場合は、福祉用具貸与費を請求できません。上限額は、福祉用具の商品ごとに算出し、金額は全国平均貸与価格にその福祉用具のすべての貸与価格のバラつきを加味することで算出されます。この上限額は、

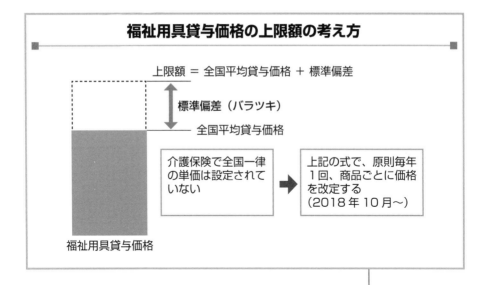

概ね3年に1回の頻度で見直しが行われます。

また、貸与しようとする福祉用具の特長や貸与価格だけでなく、全国平均貸与価格を利用者へ説明したり、機能や価格帯の異なる複数の商品を利用者に提示することも義務付けられました。さらに、福祉用具サービス計画書をケアマネジャーへ交付するなど透明性が求められるようになってきました。

■ 福祉用具貸与事業者としての指定を受けるにあたって

福祉用具貸与事業者となるためには、前述の福祉用具専門相談員を配置する必要があります。この相談員が本人の心身機能や家族の思いなどを整理し、必要な福祉用具の手配、使用方法の説明、そしてモニタリングまでを行います。

貸与された福祉用具を回収した場合は、福祉用具の種類や材質に合わせて、適切な消毒効果を持つ消毒設備機材で消毒をする必要があります。また、それらの福祉用具を清潔な状態に保ち、消毒・補修済みの用具とそうでないものを区別できる倉庫などに保管しておく必要があります。

福祉用具専門相談員

人員基準においては、介護福祉士、義肢装具士、保健師、看護師、准看護師、理学療法士、作業療法士、社会福祉士、福祉用具専門相談員指定講習修了者の資格を有する者がなることができる。

PART3 9

事業者が提供する
サービスの種類

住宅改修

住宅改修については20万円を上限として介護保険が
適用される

■ 住宅改修をどのような場合に利用するのか

　家の中の段差などを改修するために行われるサービスが住宅改修です。家の中の段差でつまずくことによるケガの防止や、夜間にトイレに行くルートにある小さな段差の問題の解消を目的としています。具体的な改修例として、お風呂などに手すりを取りつける工事や、段差を解消する工事があります。

　介護保険の改修実績のある業者が選ばれることが多いのは、介護保険の住宅改修では、高齢者の病状等に合わせたきめ細やかな工事が必要だからです。たとえば、手すり1つでも、高齢者の状態に合わせて、高さ、長さ、角度を細かく調整するなどの細やかな配慮が必要です。地域によっては、業者が市区町村から費用を受け取るのに登録が必要な場合があります。

■ 介護保険の対象になるのは20万円

　住宅改修については、介護保険の給付の対象となる上限金額は20万円とされています。そのうち利用者が負担する金額は、利用者の所得などに応じて1割～3割です。原則償還払い方式を採用しているため、いったん全額を支払っておいて、市区町村へ申請することで7割～9割の補助を受けることができます。住宅改修の支給を受ける回数は、原則1回となっています。

■ 住宅改修を行う場合の手続き

　住宅改修は、次ページ図の流れに従って利用者が工務店などの事業者と契約して行います。なお、住宅改修については、指

上限金額

転居して住所が変わる場合、再度20万円までの工事について介護保険の利用が可能である。また、要介護度が3段階以上重くなった場合にも、再度20万円まで利用ができる。

住宅改修の手続きの流れとケアマネジャーのかかわり

ケアマネジャーが利用者から住宅改修についての相談を受ける
→ ケアマネジャー・利用者・施工業者で工事内容について打ち合わせをする
→ ケアマネジャーが、住宅改修が必要な理由書を作成する
→ 申請する市区町村に書類を提出する（ケアマネジャーによる代行申請も可）
→ 市区町村の審査と結果の通知
→ 住宅改修工事の着工・完成
→ 市区町村への住宅改修費用の請求

定事業とされていないため、事業者になるために都道府県や市区町村の指定を受ける必要はありません。

① **介護支援専門員（ケアマネジャー）に相談する**

　地域包括支援センターや普段利用している居宅介護支援事業所などで住宅改修についての相談をします。

② **市区町村に対し、改修前の申請を行う**

　申請書の他、住宅改修が必要な理由を記載した理由書や工事費の見積書などを提出します。

③ **改修工事の実施**

④ **正式な支給申請**

　工事終了後に領収書や工事の完成後の状態を確認できる写真などの資料を提出します。

⑤ **市区町村による確認・住宅改修費の支給**

　②の書類と④の書類を確認し、必要と認められた工事に関して住宅改修費が支給されます。

住宅改修に関する手続きが法定化された理由

手すりを設置したり、段差をスロープに変えるといった住宅改修は、利用者が工務店などの事業者と契約して行う。以前は工事後に保険給付の申請をしていたが、「介護保険が適用されるからと業者に言われるまま工事をしたが、実際には保険対象外の工事が多く含まれていて、高額の自己負担が生じた」などのトラブルが発生したため、現在は上図のような流れで住宅改修を行うよう法制度が改正されている。

PART3

10

事業者が提供する
サービスの種類

地域密着型サービス

その地域（市町村）に住む高齢者が利用できる

■ 地域密着型サービスについて

地域密着型サービスは、元々その地域（市町村）に住む要介護者に向けて提供されます。認知症や一人暮らしの高齢者が住み慣れた土地で生活を続けることができるように、さまざまなサービスを身近な市町村が主体となって提供するものです。

地域密着型サービスは、①小規模多機能型居宅介護、②夜間対応型訪問介護、③地域密着型介護老人福祉施設入所者生活介護、④地域密着型特定施設入居者生活介護、⑤地域密着型通所介護、⑥認知症対応型共同生活介護（グループホーム）、⑦認知症対応型通所介護、⑧定期巡回・随時対応型訪問介護看護、⑨看護小規模多機能型居宅介護の9つに分かれています。特に、夜間対応型訪問介護や定期巡回・随時対応型訪問介護などは、サービスの安定的提供が可能な経営的基盤を持った事業者でなければ、事業運営の継続は困難です。そのため、サービスを提供する事業者の数は十分とはいえません。

■ 地域密着型サービスには運営推進会議を設置する

夜間対応型訪問介護を除く地域密着型サービスの事業所は、運営推進会議を設置して開催する必要があります。地域密着型サービスは、居宅サービスや施設サービスに比べ、より地域に開かれたサービスであることが求められます。そのため、事業運営の透明性、サービスの質の確保、利用者の「抱え込み」の防止、地域との連携の確保の達成をめざすために運営推進会議を設置することが義務付けられています。

運営推進会議の構成員

運営推進会議の構成員は、国の基準で、利用者、利用者の家族、地域住民の代表者、市町村の職員または地域包括支援センターの職員、地域密着型サービスについて知識や経験がある者などとされている。

106

地域密着型サービスの種類と特徴

要支援者も受けることができるサービス

小規模多機能型居宅介護

■対象者
その市町村に住む要支援者・要介護者

■特徴
24時間提供
さまざまな形態でサービスを提供
・通いが中心
・自宅への訪問、施設への短期間宿泊も可能

■サービス内容
入浴・排せつ・食事の介護
日常生活上の支援
機能訓練

認知症対応型共同生活介護

■対象者
その市町村に住む認知症の人（要支援2以上）

■特徴
家庭的なケアを提供する住宅つきのサービス
小規模な住宅で運営されている

■サービス内容
入浴・排せつ・食事の介護
日常生活上の支援

認知症対応型通所介護

■対象者
その市町村に住む認知症の要介護者

■特徴
認知症の人専用
日帰りでデイサービスセンターなどの施設でサービスを提供する

■サービス内容
入浴・排せつ・食事の介護
日常生活上の支援

要介護者だけが受けることができるサービス

夜間対応型訪問介護

■対象者
その市町村に住む要介護者

■特徴
夜間に定期的に要介護者宅を訪れる巡回サービスを提供する
要介護者の呼び出しに応じたヘルパーが随時要介護者宅に訪れてサービスを提供する

■サービス内容
入浴・排せつ・食事の介護
日常生活上の支援

地域密着型介護老人福祉施設入所者生活介護

■対象者
定員29名以下の特別養護老人ホームに入所している要介護者

■特徴
施設に入所して365日24時間安心して日常生活上の介護を受けることが可能

■サービス内容
入浴・排せつ・食事の介護
日常生活上の支援
機能訓練
健康管理
療養上の世話

地域密着型特定施設入居者生活介護

■対象者
定員29名以下の特定施設に入居している要介護者

■特徴
定員29名以下の小規模な施設で市町村の指定を受けた特定施設がサービスを行う
（特定施設の指定を受けられる施設は、①有料老人ホーム、②ケアハウス、③養護老人ホーム、④サービス付き高齢者向け住宅）

■サービス内容
入浴・排せつ・食事の介護
日常生活上の支援
機能訓練

定期巡回・随時対応型訪問介護看護

■対象者
その市町村に住む要介護者

■特徴
訪問介護と訪問看護を密接に連携させながら、24時間体制で短時間の定期巡回型訪問と随時の対応を一体的に行うサービス

■サービス内容
入浴・排せつ・食事の介護
療養上の世話

看護小規模多機能型居宅介護

■対象者
その市町村に住む要介護者

■特徴
小規模多機能型居宅介護と訪問看護を一体的に提供する複合型サービスの一類型

■サービス内容
入浴・排せつ・食事の介護
日常生活上の支援
医療的なケア（サービス拠点での「通い」「泊まり」における看護サービスを含む）

地域密着型通所介護

■対象者
その市町村に住む要介護者

■特徴
定員18名以下のデイサービスセンターなどの施設でサービスを提供する

■サービス内容
入浴・排せつ・食事の介護
日常生活上の世話
機能訓練

PART 3　事業者が提供するサービスの種類

■ 小規模多機能型居宅介護とは

　自宅で生活している要介護者を対象に、デイサービス、訪問介護、ショートステイ（短期間宿泊）といったサービスを一体的に提供するのが小規模多機能型居宅介護です。利用者のニーズに対応して、通いのデイサービスに、訪問介護や短期宿泊を組み合わせている点が、このサービスの特徴です。利用定員は、事業所あたり29人以下の登録制です。1日に利用できる定員は、通所の場合、登録定員25人以下で最大15人、登録定員26人以上で最大18人、宿泊で最大9人です。

■ 夜間対応型訪問介護とは

　自宅で生活している要介護者を対象に、夜間の巡回訪問サービスや随時訪問サービスを提供するのが、夜間対応型訪問介護です。夜間を対象として、次の2つのサービスを提供します。
・オムツの交換、体位変換を定期的に巡回して行う。
・オペレーションセンターが要介護者からの連絡を受けた際に、適切な処置及びサービス提供を行う。

利用料の区分
オペレーションセンターの有無によって区分されている。

　利用料については、月額の基本料と、提供されたサービスに応じた金額を支払う必要があります。高齢化がさらに進めば、独居、高齢者夫婦世帯が大幅に増加し、夜間サービスの重要性が高まると予想されます。夜間対応型訪問介護は、在宅でのサービスを希望する利用者を、24時間体制でケアするしくみであることに特徴があります。

■ 地域密着型介護老人福祉施設入所者生活介護

　定員が29人以下の小規模な特別養護老人ホームです。既存の特別養護老人ホームの近くに作られ、セットで運営されているケースもあります。医療行為は行われず、日常生活の世話を中心としたさまざまなサービスが提供されます。特徴は、少人数制であるため、家庭的な雰囲気があり、地域や家庭とのつなが

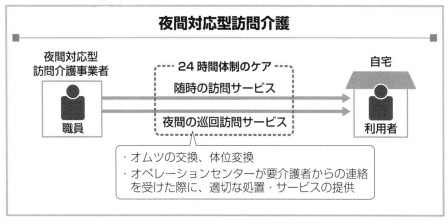

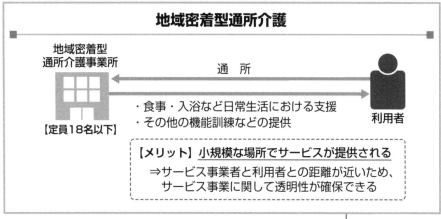

りを重視していることです。このサービスは、①当該市町村の住民であること、②要介護3以上の認定を受けていること、③在宅での介護が困難であること、などを満たした高齢者が入居することができます。ただし、要介護1、2でも入居できる場合があります。

■ 地域密着型特定施設入居者生活介護

定員29名以下の少人数制の有料老人ホームやケアハウスなどで提供される介護サービスです。特定施設入居者生活介護との

地域密着型通所介護の成り立ち

2016年4月から定員18名以下の通所介護事業所は、居宅サービスから地域密着型サービスに移行した。
地域の実情に合わせて運営しやすくなった。
一方で、通所介護は参入がしやすく事業所数が増えすぎた面もあり、市町村ごとに利用需給の調整を行いやすいようにした。

違いは、少人数制で家庭的な雰囲気を持つこと、介護サービスの外部委託がないことなどです。

■ 地域密着型通所介護

地域密着型通所介護は、定員18名以下の通所施設などで提供されるサービスです。施設において、食事・入浴をはじめとする日常生活における支援を受けます。

また、その他にも機能訓練などを受けて、利用者が自宅で自立した生活を営むことができるように支えることが目的です。それによって、要介護者の精神的なサポートも図っています。

■ 認知症対応型通所介護とは

自宅で生活している認知症の症状がある要介護者にデイサービスセンターなどに通ってもらい、入浴、排せつ、食事などの介護や機能訓練を実施するのが認知症対応型通所介護です。通常のデイサービスと異なり、専門的な認知症ケアを行える点が特徴です。そのため、利用にあたっては医師による「認知症」の診断が必要になります。認知症対応型通所施設での介護は、利用者が家庭的な雰囲気の中でゆったりした気分で過ごせるため、症状の進行を遅らせ、自立した生活を送ることが可能となります。利用料は、どこで実施されているかによって、単独型、併設型、共用型の3種類の料金区分があります。

■ 認知症対応型共同生活介護とは

認知症の高齢者が5〜9人で共同生活するグループホームで行われる介護サービスを認知症対応型共同生活介護といいます。認知症の高齢者が家庭的な環境で生活でき、食事や洗濯などの身の回りのことを自ら行うことで、認知症の進行を遅らせ、自立した生活の継続をめざします。

地域密着型通所介護の成り立ち

平成28年4月から定員18名以下の通所介護事業所は、居宅サービスから地域密着型サービスに移行した。地域の実情に合わせて運営しやすくなった。一方で、通所介護は参入がしやすく事業所数が増えすぎた面もあり、市町村ごとに利用需給の調整を行いやすいようにした。

共用型

グループホームの居間や食堂を共有して利用する形態である。

グループホーム

現在、全国に約13,500か所ある。比較的、要介護度が低い人が入居する傾向にある。

定期巡回・随時対応型訪問介護看護

	サービス内容	一体型事業所	連携型事業所
【定期巡回・随時対応型訪問介護看護】 ⇒訪問介護と訪問看護のサービスを一体的に24時間体制で提供する	① 訪問介護員が定期巡回して日常生活の介護を行う	○	○
	② オペレーターが通報を受け、利用者の状況に応じたサービスなどを手配する	○	○
	③ ②を受けて、訪問介護員が居宅を訪問して日常生活の介護を行う随時訪問サービス	○	○
	④ 看護師などが療養上の世話や診察の補助で訪問を行うサービス	○	※ 連携先に委託

■ 定期巡回・随時対応型訪問介護看護

　定期巡回・随時対応型訪問介護看護とは、訪問介護と訪問看護のサービスを一体的に24時間体制で提供する制度です。利用者は介護サービスとともに看護サービスを一体的に受けることができます。具体的なサービスの内容は、①訪問介護員が定期巡回して日常生活の介護を行うサービス、②オペレーターが通報を受け、利用者の状況に応じたサービスなどの手配、③その通報を受けて、訪問介護員が居宅を訪問して日常生活の介護を行う随時訪問サービス、④看護師などが療養上の世話や診察の補助で訪問を行うサービスがあります。

■ 看護小規模多機能型居宅介護

　看護小規模多機能型居宅介護は、前述した「小規模多機能型居宅介護」と「訪問看護」を組み合わせてサービスを提供します。サービス内容は、事業所への通所を基本にしつつ、利用者の状況やニーズに応じて、短期間の宿泊や利用者宅への訪問（介護、看護）も可能です。

看護小規模多機能型居宅介護の対象

小規模多機能型居宅介護で提供できない訪問看護を提供できるため、医療を必要とする重度の在宅利用者を対象とする。住み慣れた家で安心して生活することをめざす。

PART 3　事業者が提供するサービスの種類　**111**

PART3
11

事業者が提供する
サービスの種類

介護予防・日常生活支援総合事業（総合事業）

さまざまな生活のニーズに応えるために総合的なサービスを提供するしくみ

■ どんな制度なのか

　介護予防・日常生活支援総合事業（総合事業）は「地域包括ケアシステム」の考え方と密接に関係しています。地域包括ケアシステムとは、住み慣れた地域で、医療・介護・予防・住まい・生活支援が一体的に提供されることです。日常生活圏域ごとに、その圏域の特性に応じて、病院、リハビリ施設、介護サービス事業所などが専門的なサービスを提供します。そして、多様な主体が生活支援や介護予防サービスを一体的に提供することで、住み慣れた地域で自分らしい生活を人生の最後まで続けることを可能にしています。そういった地域のニーズに合わせた生活支援サービスを総合事業が担います。

　総合事業は、一般介護予防事業と介護予防・生活支援サービス事業に大きく分けられます。一般介護予防事業は、次ページ図に掲げた事業を行います。一方、介護予防・生活支援サービス事業は、訪問型サービス、通所型サービス、その他の生活支援サービスに分けられます。

・訪問型・通所型サービス

　従来型の訪問型サービスと通所型サービスは、かつての介護予防訪問介護、介護予防通所介護と同様の基準に従って提供されるサービスです。訪問型サービスでは、身体介護を中心とするサービスが提供され、実際のサービスは訪問介護員が提供します。通所型サービスでは、生活機能向上を目的とした機能訓練に関するサービスが提供され、実際にサービスを提供するのは通所介護事業者に従事する人です。

日常生活圏域

概ね中学校が設置される校区を日常生活圏域の単位としている。

総合事業の目的

老人クラブや自治会、ボランティア、NPOなどの多様な主体による総合事業の実施が可能になることを期待している。なお、従前の介護予防訪問介護と介護予防通所介護のサービスは、現行では総合事業へと再編されている（次ページ図）。

地域支援事業

総合事業は地域支援事業のひとつである。地域支援事業は、総合事業、包括的支援事業、任意事業の3種類で構成される。

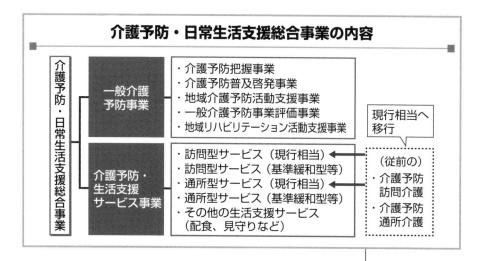

さらに、多様なサービスとして緩和した基準によるサービスを市町村独自で定めることができます。これらのサービスは住民やボランティア主体による支援が想定されています。具体的には、ヘルパーによる掃除や洗濯、買い物などの代行サービス、専門的な知識がなくても提供できる、簡易な運動機能維持を目的に提供されるサービス、が挙げられます。

・生活支援サービス

訪問型・通所型のサービスとは別に、利用者の生活上必要なサービスとして、①栄養状態の改善を目的とする配食、②おもに住民ボランティアによる見守り活動（定期的な安否確認・緊急時の対応）などのサービスを提供します。

■ どんな人が利用できるのか

総合事業を利用する場合、必ずしも要介護度の認定は必要ありません。一般介護予防事業は、65歳以上の高齢者であれば、日常生活に支障がなくても利用できます。一方、介護予防・生活支援サービスは、要支援1・2該当者、基本チェックリストの該当者が利用できます。

基本チェックリスト
心身の機能の衰えに関する25項目の質問を実施し、介護予防・生活支援サービスの対象者かどうかを判定するための簡易的なツールのこと。

PART3

12

・・・・・・・・・・・

事業者が提供する
サービスの種類

包括的支援事業

・・・
包括的・一体的に地域の利用者を支援する体制が整備
されている

■ 包括的支援事業とはどんな制度なのか

　包括的支援事業とは、地域支援事業の一環として、高齢者が
要介護・要支援の状態となるのを予防するとともに、要介護・
要支援の状態となった場合も、可能な限り、地域において自立
した日常生活を営めるように支援するための事業です。包括的
支援事業の実施主体は市町村であり、市町村は包括的支援事業
の実施義務を負っています。この点は任意事業とは異なるとこ
ろです。また、市町村が包括的支援事業を自ら実施するのが原
則ですが、老人介護支援センター（老人福祉法に基づく機関）
などに実施を委託することも認められています。

　そして、包括的支援事業を地域で一体的に実施する役割を担
う中核的機関として位置付けられているのが、市町村（または
市町村から実施を委託された事業者）の設置する地域包括支援
センターです。地域包括支援センターの設置は任意ですが、多
くの市町村で設置されているようです。市町村は、地域包括支
援センターにおいて適正に事業を実施できるように、その体制
の整備（適切な人員体制の整備など）に努めます。

　地域包括支援センターの役割は、地域支援事業において、介
護予防・生活支援サービス事業の利用者が適切なサービスを受
けているのかなどをチェックして、介護予防ケアマネジメント
を行うことです。また、地域支援事業にとどまらず、介護予防
給付についても、要支援者を対象に介護予防ケアマネジメント
を行うことも役割として挙げられます。したがって、地域包括
支援センターは、利用者に対して過剰なサービスを提供するこ

**地域支援事業の
利点**

地域支援事業は、要支
援・要介護の状態に陥
る前からのケアマネジ
メントを可能にする制
度であり、実際に要支
援・要介護の認定を受
けた後も、連続的に適
切なケアマネジメント
を行うことができると
いう利点がある。

包括的支援事業とは

包括的支援事業 市町村に義務付けられた利用者への包括的・一体的な支援
⇒老人介護支援センターなどの事業者に委託可能
★市町村の委託を受けた事業者は地域包括支援センター
の設置が可能

【おもな事業内容】
① 介護予防ケアマネジメント　② 総合相談支援業務
③ 権利擁護業務　④ 包括的・継続的ケアマネジメント支援業務
⑤ 在宅医療・介護連携推進事業　⑥ 生活支援体制整備事業
⑦ 認知症総合支援事業

とへの重要な歯止めになっています。

■ どんな事業があるのか

　包括的支援事業の具体的な内容は、介護予防ケアマネジメント以外には、以下のように分類ができます。

① 　地域の高齢者の状況の実態の把握を行い、地域における適切な保健・医療・福祉サービス、機関または制度の利用につなげるなどの支援を行う業務（総合相談支援業務）

② 　高齢者虐待への対応、成年後見制度の活用促進、消費者被害の防止などの権利擁護に関する業務（権利擁護業務）

③ 　地域における連携・協働の体制づくり（関係機関とのネットワークの構築など）、地域のケアマネジャーに対する相談・助言・指導などの業務（包括的・継続的ケアマネジメント支援業務）

④ 　介護サービス事業者と医療機関との連絡・調整など（在宅医療・介護連携推進事業）

⑤ 　高齢者の地域における自立した日常生活の支援などに関する体制の整備（生活支援体制整備事業）

⑥ 　認知症の早期発見や症状の悪化防止など（認知症総合支援事業）

地域ケア会議

包括的・継続的ケアマネジメント支援業務を効果的に実施するため、市町村は、ケアマネジャー（介護支援専門員）、保険医療・福祉の専門家、民生委員その他の関係者などから構成される地域ケア会議を設置する努力義務（従わないことによる法的制裁がない義務）を負う。

PART 3　事業者が提供するサービスの種類　**115**

PART3	任意事業
13	

事業者が提供する
サービスの種類

介護給付費等費用適正化事業や家族支援事業などを行う

■ 任意事業とはどんな制度なのか

任意事業とは、地域支援事業の一環として、利用者に対するさまざまな支援を行う事業です。また、介護保険サービスの利用者が、住み慣れた地域で快適に生活できるように、介護保険事業の安定的な運営を支援する目的もあります。任意事業の対象者は、介護保険の被保険者や要介護者を介護する家族、その他市町村が認めた者です。

■ どんな事業があるのか

任意事業は、地域の実態に合わせて、比較的幅広い事業を展開することができます。以下では、厚生労働省が任意事業として掲げている事業の分類に従って、①介護給付費等費用適正化事業、②家族介護支援事業、③その他の事業に分けて、具体的な事業の内容について見ていきましょう。

① 介護給付費等費用適正化事業

介護給付費等費用適正化事業とは、利用者にとって適切とされるサービスを確保するため、特に介護給付費などの費用の適正化に必要な事業のことです。

おもな事業内容は、かつては「要介護認定の適正化」「ケアプランの点検」「住宅改修等の点検、福祉用具購入・貸与調査」「医療情報との突合・縦覧点検」「介護給付費通知」の5つとされており、まとめて介護給付適正化主要5事業といいました。

しかし、2024年度からは、費用対効果を見込みにくい「介護給付費通知」を主要事業から除外するとともに、実施の効率化

任意事業の実施

同じ地域支援事業であっても、介護予防・日常生活支援総合事業や包括的支援事業の実施が法的な義務であるのに対し、任意事業を実施するかどうかは市町村の裁量に任されている。

116

おもな任意事業の内容とは

任意事業

介護給付費等費用適正化事業
・ケアプランの点検（住宅改修の点検、福祉用具の購入や
　貸与の調査を含む）
・要介護認定（要支援認定）の適正化
・医療情報との突合せ、縦覧点検　など

家族介護支援事業
・介護教室の開催、認知症高齢者の見守り体制の整備　など

その他の事業
市町村のオリジナリティが最も現れる事業
・成年後見制度利用支援事業、認知症高齢者グループホームの
　家賃助成　など

を図るために「住宅改修の点検、福祉用具購入・貸与調査」を
「ケアプラン点検」に統合し、これに「要介護認定の適正化」
「医療情報との突合・縦覧点検」を合わせた３つの事業を主要
事業として再編し、取組みの重点化を図ることになりました。

② **家族介護支援事業**

　家族介護支援事業とは、介護が必要な人を抱えた家族を対象
に行う介護方法の指導など、必要な支援事業です。介護教室の
開催や、認知症高齢者の見守り体制の整備などが挙げられます。

③ **その他の事業**

　その他、任意事業として、地方の実情に合わせてさまざまな
事業を運営することが可能です。各市町村の独自性がもっとも
現れる事業といえます。たとえば、成年後見の申立てに必要な
経費や後見人などに支払う報酬の助成を行う成年後見制度利用
支援事業や、認知症高齢者グループホームの家賃などを助成す
る事業などが挙げられます。

家族介護支援事業の具体的内容

市町村が実施する、家族介護支援事業の具体的内容として、本文記載の事業以外にも、おもに以下の事業が挙げられる。
・介護用品の支給
・家族介護者の交流
・家族介護者に必要な知識・技能の習得の支援

PART 3　事業者が提供するサービスの種類　117

Column

民間の介護保険も活用されている

　介護費用保険は、被保険者が加齢によって一人で生活できなくなり、介護が必要になったときに、その費用を補てんするための保険です。公的介護保険のサービスの対象は、65歳以上の要支援・要介護状態の人、及び40歳以上で脳卒中などにより要支援・要介護状態になった人に限られています。また、公的介護保険では、金銭を受給することはできません。ヘルパーが来られない時間帯に別に住んでいる家族が行くという場合、交通費などがかかります。介護保険の対象となる介護サービスでは不十分だったり、満足できないという場合には、全額自己負担で介護保険の使えない介護サービスを受けなければなりません。寝たきりや認知症など、症状が重くなればオムツなどの介護用品の使用量も増えますし、場合によっては引っ越しや住宅改修などの必要性も出てきます。介護費用保険に加入すると、このような介護保険だけではまかなえない費用を補てんすることができるわけです。

　介護費用保険は販売する保険会社によって内容が違います。具体的には、①年金型（要介護状態になったと認定された場合に、月々いくらという形で保険金が支払われる）、②一時金型（要介護状態になったと認定された場合や、要介護状態から回復した場合など、所定の状態になると一時金を受け取ることができる）、③実費補てん型（介護サービスの利用にかかった費用や住宅改修費用、介護用品の購入にかかった費用など、実際にかかった費用を限度額の範囲で受け取ることができる）のような保険金支給の種類があり、単独で扱う商品もあれば、これらを組み合わせている商品もあります。

　なお、介護費用保険の場合、「要介護状態」の認定が保険会社によって異なります。保険の給付が始まるのは、通常180日程度要介護状態が続いた後のことになります。公的介護保険の要介護認定とは別に独自の基準を定めている商品もありますので、注意してください。

PART 4

介護サービス事業を開始するための法律知識

PART4

1

介護サービス事業
を開始するための
法律知識

事業者

豊富なサービスの種類と施設の種類の特徴を把握して
おく

■ 事業者

　介護保険のサービスを提供するのは、営利法人やNPO法人と
いった民間の事業者です。介護保険のサービスを提供しようと
する事業者は、一定の基準（指定基準）を備えた上で（次ペー
ジ図）、都道府県知事（地域密着型サービスなどを提供しよう
とする事業者は市町村長）から指定を受ける必要があります。

　指定基準は、サービスの水準を維持し、利用者に適切なサー
ビスが提供されるために設けられています。指定基準の内容に
ついては、原則として、各地方公共団体が条例により規定して
います。また、介護を担う職員を確保する必要性が高まってい
ることから、指定を受けようとする事業者が、労働基準法をは
じめとする労働法規に違反し、罰金刑を受けた場合は、指定を
受けることができないとされています。

　都道府県知事や市町村長は、指定を申請した事業者が指定基
準を満たす場合、基本的には事業者の求めに応じて指定を行わ
なければならないとされています。しかし、指定基準の判断に
あたり、特に事業者が適正にサービスを継続して運営可能であ
るかを判断する際に、比較的幅広い裁量が認められます。した
がって、判断の基礎になる事実に誤りがある場合や、判断のプ
ロセスが著しく不合理とはいえない場合、都道府県知事や市町
村長の判断が違法と判断されることはないとされています。

　なお、指定基準のひとつとして「欠格事由に該当しないこ
と」がありますが、欠格事由には、たとえば、過去5年以内に
指定事業者の取消処分を受けていることなどが挙げられます。

**指定都市・
中核市の場合**

都道府県による指定の
事務は、指定都市と中
核市に移譲されている
ので、指定都市と中核
市においてサービスを
提供しようとする事業
者は、それらの市長に
よる指定を受ける必要
がある。

事業者の指定基準

- ・事業者が法人であること（原則）
- ・提供するサービスごとに所定の人員基準を満たしていること
- ・提供するサービスごとに適正な運営を行うこと、また、運営の際には所定の運営基準や設備基準に従っていること
- ・欠格事由に該当しないこと

　事業者が指定の申請を行った場合、指定基準を満たし、欠格事由がない限り、原則として事業者・施設に関する指定を行わなければなりません。もっとも、施設サービスなどについては、事業者が施設を設置予定の地域で、すでに十分な介護保険のサービスが提供されているなどの状況が認められる場合は、例外的に指定を拒否することが認められています。

■ 指定事業者とは

　高齢者に在宅サービスや施設サービスなどを提供する事業者のうち、介護保険の適用を受けるサービス（介護サービス）を提供する事業者のことを指定事業者といいます。指定を受けた事業者は、その提供する介護保険のサービスによって、以下のように、指定居宅介護支援事業者、指定居宅サービス事業者、介護保険施設の３つに分類することができます。

・指定居宅介護支援事業者

　ケアプランの作成や、提供するサービスの調整を行う事業者のことで、ケアマネジャーなどは指定居宅介護支援事業者の下で業務を行います。指定居宅介護支援事業者は、在宅でサービスを受ける要介護者からの依頼を受けて業務を行います。

・指定居宅サービス事業者

提供するサービスの調整

利用者の状況や家庭の事情などを考慮して、その人らしい生活が送れるように、さまざまな調整を行う。具体的には、すでに提供しているサービスが利用者に合っているかどうかをチェックしたり、必要に応じてプランの再作成を行う。また、サービス事業者との連絡をとるなど、利用者と事業者の橋渡し的存在である。

PART 4　介護サービス事業を開始するための法律知識　　**121**

居宅サービスを提供する事業者です。指定居宅サービス事業者の指定は、提供するサービスの種類ごとに行われます。たとえば、事業者が訪問看護と訪問介護のサービスを提供したい場合には、訪問看護の指定と訪問介護の指定をそれぞれ受ける必要があります。

・介護保険施設

指定事業者が運営する施設です。介護保険施設は、指定介護老人福祉施設（特養）、介護老人保健施設（老健）、介護医療院に分けられます。介護保険施設のうち、介護老人福祉施設は都道府県知事の指定を受けることが必要ですが、介護老人保健施設と介護医療院は都道府県知事の許可を受けることが必要とされています。

介護療養型医療施設の廃止

かつては指定介護療養型医療施設もあったが、2024年3月末をもって廃止されており、その役割が介護医療院に引き継がれている。

■ 事業者の指定を行う主体（指定権者）はどこか

事業者の指定を行う主体について、指定居宅サービス事業者と介護保険施設については、都道府県知事（指定都市や中核市の場合は、それらの市長）が指定を行います。また、要支援者を対象にして、介護予防訪問入浴介護サービスなどを提供する指定介護予防サービス事業者も、都道府県知事（指定都市や中核市の場合は、それらの市長）が指定を行います。

これに対し、指定居宅介護支援事業者については、市町村長が指定を行います。指定介護予防支援事業者も市町村長が指定を行います。また、地域密着型サービスを提供する事業者（指定地域密着型サービス事業者や指定地域密着型介護予防サービス事業者）についても、市町村長の指定が必要になります。

■ 人員基準、設備基準、運営基準の内容

ここでは、介護保険のサービスごとの人員基準、設備基準、運営基準には、おおまかにどのような内容が規定されているのかについて説明します。

・人員基準

　サービスを提供する上で、最低限必要な職種やその人数を規定しているのが人員基準です。訪問系、通所系、施設系のサービスに応じて提供するサービスの内容も異なるので、必要となる職種や人数も異なります。たとえば、訪問介護においてオムツ交換などの身体介護や洗濯などの生活介護を提供する場合は、介護福祉士などのヘルパーが行います。一方で、医師の指示の下で医療的なケアを行う訪問看護は、看護師など専門的な資格を持った人が行う必要があります。施設系のサービスでは、ケアプランを作成するケアマネジャー、利用者の個別相談や入退去のサポートを行う生活相談員、食事の管理を行う栄養士などを配置する必要があります。

　人員基準には、必要な従業員数（人員配置基準）も規定されています。具体的には、施設サービスや通所サービスでは、利用者３名に対して１名以上の介護職員や看護職員を配置するのが基本です（３対１）。一方、訪問サービスでは、１名の利用者に対して１名の職員がサービスを提供するのが基本です。

・設備基準

　施設は病院と異なり生活の場でもあるため、基本的に病院と比べて広い居室面積が必要とされます。また、プライバシーに対する配慮やバリアフリーにすることなどが求められます。高齢者は火災が起きると逃げ遅れることがあるため、消防設備などを備える必要もあります。

・運営基準

　運営する上で事業所が行うべき事項や留意すべき事項を規定するのが運営基準です。介護保険のサービスは専門的なことも多く、利用者にはわかりにくいともいえます。そこで、事業者は、運営規程の概要やサービスの内容、料金を記載した重要事項説明書などを、利用開始前に利用者やその家族に説明して同意を得る必要があります。また、サービスの提供を拒否した場

人員配置基準の緩和

2021年度改正で、指定介護老人福祉施設などが見守り機器などのICTを導入した場合、夜間の人員配置基準の緩和が認められた。
また、2024年度改正で、生産性向上に先進的に取り組む特定施設に限り、上記の３対１の人員配置基準が3.3対１に緩和された。

PART 4　介護サービス事業を開始するための法律知識　123

合や、何らかの理由でサービスが提供できない場合、他の事業者を紹介するなどのルールが定められています。

■ サービス内容の種類ごとに指定を受ける

介護保険のサービスを提供する事業者は、都道府県知事や市町村長から指定を受ける必要があります。この指定は、事業者単位でなく、提供するサービスの種類ごとに受ける必要があります。指定を受ける場合には、サービスごとに定められた基本方針、人員基準、設備基準、運営基準に従う必要があります。たとえば、訪問・通所サービスなどについて指定を受ける場合は、ケアプランに沿ったサービスの提供、必要に応じたケアプランの変更、サービスの提供に関する事項の記録を残すこと、指定居宅介護事業者との連携などが求められます。

一方、短期入所サービスについて指定を受ける場合には、不要な身体拘束の禁止、入浴・オムツ交換の頻度、職員以外の者による介護の禁止などについて、一定の基準に従う必要があります。

■ 指定には特例もある

介護保険についての指定を受けなくても、介護保険のサービスが提供できる「特例」が適用される場合が3つあります。

① みなし特例

他の法律に基づく指定や許可などを受けている機関は、介護保険についての指定を受けたとみなされるという特例です。具体的には、健康保険法、老人福祉法、老人保健法に基づいて指定や許可などを受けている機関が一定のサービスを提供する場合に、みなし特例が適用されます。たとえば、保険医療機関（病院や診療所）が、訪問看護、訪問リハビリテーション、居宅療養管理指導などの介護サービスを提供する場合、介護保険についての指定を受ける必要がありません。

事業所ごとに指定が必要

1つの事業者が複数の事業所を経営する場合、どのように指定を受けるのかを知っておく必要がある。
たとえば、同一の事業者が複数の訪問介護事業所を経営しようとする場合や、すでに訪問介護事業所の指定を受けている事業者が新たに訪問介護事業所を設置しようとする場合は、それぞれの訪問介護事業所で指定基準を満たして指定を受ける必要がある。

② 申請なしで指定介護保険施設となることができる特例

　たとえば、介護保険法の施行前から存在していた既存の特別養護老人ホームや老人保健施設は、改めて介護老人福祉施設の指定や介護老人保健施設の許可を受ける必要がありません。

③ **指定を受けていない事業者が提供するサービスであっても、市町村の判断で、介護保険の給付対象とできるという特例**

　この特例の対象になるのは、指定サービスと同水準と考えられる基準該当サービスと、サービス確保が難しい離島や過疎地において提供される離島等相当サービスです。

■ 指定の取消しや業務管理体制の届出について

　介護保険制度は、段階的に指定を受けた事業者に関する規制の見直しや強化を繰り返しており、サービスの質の向上を図ろうとしています。たとえば、以下のように、悪質な事業者の指定を取り消すことで、介護保険制度から締め出すしくみが導入されています。

① **指定の更新拒否と取消制度**

　指定の有効期限を6年とし、更新時に適正な事業運営が不可能と判断された事業者は、指定の更新が拒否されます。また、介護サービス事業者の指定を行う都道府県知事や市町村長は、不正請求や虚偽報告を行う、労働基準法といった労働法規に違反して罰金刑を受けるなど、悪質な事業者の指定を取り消すことが可能です。

② **整備すべき業務管理体制の届出の義務化**

　事業者が運営する事業所等（事業所や施設）の数に応じて異なります。具体的には、事業所等が20未満の場合は法令遵守責任者の選任・届出、20以上100未満の場合は法令遵守規程の整備・届出と法令遵守責任者の選任・届出が必要です。100以上の場合は、これらに加えて、業務執行の状況の監査の方法の届出とその定期的な実施も必要です。

許可の場合もある

介護老人保健施設のように、一部の介護保険のサービスについては「許可」を受けることが必要とされている。もっとも、許可については「指定」と類似するものと考えてかまわない。

指定の取消し

事業者が指定の取消しについて、指定全体を取り消す場合の他、部分的に取り消すことも可能である。

PART 4　介護サービス事業を開始するための法律知識　125

PART4
2

介護サービス事業
を開始するための
法律知識

指定を受けるサービスの種類と手続きの流れ

都道府県または市町村の指定を受けることが必要

■ 都道府県または市町村から指定を受ける

事業者が介護サービス（介護保険のサービス）を提供するためには、指定を受けることが必要です。具体的には、都道府県（都道府県知事）の指定を受けることが必要とされる介護サービスと、市町村（市町村長）の指定を受けることが必要とされる介護サービスがあります。

■ 指定申請の手続きの流れ

指定申請の流れは、①都道府県や市町村と事前相談、②必要な書類を作成、③都道府県や市町村の担当窓口で申請、④審査、⑤指定となるのが一般的です。指定申請の前に説明会や研修が行われている都道府県や市町村もあるので、事前相談の段階で確認しておく必要があります。また、指定申請の時期についても、事業開始日の2か月前末日までに申請するなど、申請期限が決まっていることが多いので、計画的に進めましょう。

申請後は、事業所としての各種サービスの人員基準、設備基準、運営基準などを満たしているかどうか、申請者（事業者）やその法人役員が欠格事由に該当していないかどうかが審査されます。基準を満たしていれば指定が行われ、サービスを開始することができます。

介護サービスは、このように一定の基準に基づく指定を行っていることに特徴があります。新規申請以外にも、人員配置が変更になった場合などの変更申請や、6年ごとの更新申請も行う必要があります。

許可を必要とする場合

介護老人保健施設など一部のサービスは許可を受けることが必要であるが、ここでは「指定」とまとめて表現している。

介護サービスと指定権者

		介護サービス	指定権者
居宅サービス 介護予防サービス		訪問介護 ★ 訪問入浴介護 ★ 訪問看護 ★ 訪問リハビリテーション ★ 居宅療養管理指導 ★ 通所介護 ★ 通所リハビリテーション ★ 短期入所生活介護 ★ 短期入所療養介護 ★ 特定施設入居者生活介護 ★ 福祉用具貸与 ★ 特定福祉用具販売	都道府県 （指定都市、中核市）
施設サービス		介護老人福祉施設 介護老人保健施設 介護医療院	都道府県 （指定都市、中核市）
地域密着型サービス 地域密着型予防サービス		定期巡回・随時対応型訪問介護看護 夜間対応型訪問介護 地域密着型通所介護 ★ 認知症対応型通所介護 ★ 小規模多機能型居宅介護 ★ 認知症対応型共同生活介護 地域密着型特定施設入居者生活介護 地域密着型介護老人福祉施設入所者生活介護 看護小規模多機能型居宅介護	市町村
その他		居宅介護支援 介護予防支援	市町村
		介護予防・生活支援サービス事業	市町村

※ ★は予防給付におけるサービス（要支援認定を受けた人が提供を受けられるサービス）にも
同等のものがある

PART 4　介護サービス事業を開始するための法律知識

**指定事業者になる
ための必要な要件**

2011年の介護保険法
改正により、指定事業
者に必要な要件につい
て、原則として条例に
より定められることに
なった。

■ 指定事業者になるための必要な要件

　介護保険の適用を受ける事業者の指定を受けるためには、以下のような要件（指定基準など）を満たすことが必要です。

① 　原則として事業者が法人であること（法人格を持っていること）

② 　人員基準を満たしていること

③ 　設備基準や運営基準を満たし、適切な事業の運営が行えること

④ 　欠格事由に該当しないこと

■ 居宅サービスについての指定

　指定が必要な居宅サービスには、前ページ図のようなサービスがあります。介護給付、予防給付の各サービスの指定は都道府県が行います。都道府県の指定の事務は、指定都市および中核市に移譲されています。そのため、都道府県（指定都市、中核市）の担当窓口に事前相談を行う必要があります。

　なお、健康保険法で保険医療機関としてすでに指定されている病院や診療所が訪問看護や訪問リハビリテーションなどを行う場合や、薬局が居宅療養管理指導などを行う場合は、指定申請を行わなくてもサービスを開始できます（みなし指定）。

■ 施設サービスについての指定

　指定が必要な施設サービスには、前ページ図のようなサービスがあります。介護給付の各サービスの指定は都道府県が行います。なお、施設サービスの場合、指定申請を行う前に土地の取得や施設整備の準備などがあるため、都道府県の施設整備計画に沿って募集が行われます。募集に応募して選定され、工事の着工などを経て指定申請を行うという流れになります。

■ 地域密着型サービスについての指定

　指定が必要な地域密着型サービスには、前ページ図のようなサービスがあります。介護給付、予防給付の各サービスの指定

は市町村が行います。そのため、市町村の担当窓口に事前相談を行う必要があります。

なお、2018年4月からは「保険者（市町村）の機能強化」が行われています。地域のマネジメントを推進するため、保険者である市町村が介護サービスなどの供給量を調整できるように、指定拒否や条件付加のしくみが導入されています。これにより、地域密着型通所介護事業所などの数が市町村の介護保険事業計画の見込み量に達している場合に、事業所の指定を拒否することが可能になっています。

■ その他のサービスについての指定

① 居宅介護支援、介護予防支援

居宅サービスなどのケアプラン作成がおもなサービス内容です。これまで都道府県による指定でしたが、2018年4月からは市町村が指定を行うことになりました。その背景には、保険者（市町村）の機能強化があります。ケアプランは、介護保険の利用者と地域でサービス提供を行う事業所の橋渡し的存在です。ケアマネージャーを育成、指導、支援することが、サービスの質向上には欠かせないため、市町村単位でそれらを行えるしくみが構築されました。

② 介護予防・生活支援総合事業

介護予防・生活支援総合事業は、一般介護予防事業と介護予防・生活支援サービス事業で構成されます。従来の介護予防訪問介護や介護予防通所介護が2017年度までに介護予防・生活支援総合事業へと移行しました。後者の介護予防・生活支援サービス事業については、訪問型サービス（第1号訪問事業）と通所型サービス（第1号通所事業）に分かれており、ともに市町村の指定を受ける必要があります。

PART 4　介護サービス事業を開始するための法律知識　**129**

PART4

3

介護サービス事業
を開始するための
法律知識

介護報酬

加算中心の報酬改定によって、小規模事業所が淘汰されるおそれもある

■ 介護報酬とは

　介護報酬とは、事業者が利用者に介護サービスを提供した場合に、保険者である市町村や利用者から事業者に対価として支払われるサービス費用です。介護報酬については、訪問介護や訪問入浴介護などの介護サービスの費用に応じて基本単価が設定されており、事業者の体制や利用者の状況に応じて加算・減算が行われます。

　介護保険では、サービスの単価を「単位」と呼ばれる指標で設定しています。厚生労働省の告示で、地域ごとに1単位あたり10.0円から11.4円と設定されており、月ごとに集計した単位数の合計に地域ごとの単価を乗じた金額が、その月に事業者が提供したサービスの対価となります。

　介護保険は費用の1割（原則）を利用者が負担するしくみになっているため、サービスの対価のうち1割を利用者が負担し、残りの9割を事業者が市町村から受け取ります（代理受領の場合）。ただし、一定以上の所得がある場合は、その所得に応じて利用者負担の割合が2割または3割に引き上げられていることに注意が必要です。

■ 介護報酬はどのように決定するのか

　介護報酬の額は、厚生労働大臣が定める基準により算定されます。この基準は介護給付費単位数表として公開されます。介護給付費単位数表の作成にあたっては、原則として、介護サービスごとに、そのサービスに必要な平均的な金額を考慮して算

介護報酬の改定

介護報酬は3年度ごとに大幅な改定が実施されており、直近では「2024年度（令和6年度）介護報酬改定」（2024年度改定）が大幅な改定にあたる。

130

介護報酬とは

| 介護報酬 | 事業者が利用者に介護サービスを提供した場合に、保険者である市町村や利用者が事業者に対価として支払うサービス費用（利用者負担は1割が原則） |

▶1単位：原則10円として設定されている

（例）1か月に4回訪問介護を利用した場合の介護報酬の算定方法

20分以上30分未満の身体介護（訪問介護）⇒ 介護報酬は244単位

（2024年度介護報酬改定による）

244単位 × 10円 × 4回 ＝9,760円

∴事業者は9,760円の介護報酬を受け取ることができる
（利用者から976円、市町村から8,784円を受け取るのが原則）

定します。ただし、介護サービスを提供する職員は、賃金水準などが市町村によって異なるため、市町村間にある地域差にも留意しなければなりません。そこで、地域差を考慮して介護報酬の額が変動するしくみが採用されています。先ほど介護報酬の単価が地域に応じて1単位10.0〜11.4円と説明したことが、この地域差を考慮した変動に該当します。中山間地域（平野の外側から山間部にかけての地域のこと）に訪問介護を行う場合などに介護報酬が加算されることも、地域差を考慮したものです。

また、介護報酬の算定方法については、提供されるサービスの種類に応じて、異なる方法が定められています。たとえば、居宅サービスの場合、サービスの利用時間に応じた金額で算定されます。これに対し、施設サービスの場合、提供されるサービスが対象とする要介護認定の度合いに応じて、1日当たりの金額で算定されます。

このように、定率で利用者負担額が定められる場合、必要と

介護報酬算定の例

たとえば、訪問介護のうち20分以上30分未満の身体介護は、介護報酬が244単位と設定されている（2024年度改定により250単位から引き下げられた）。このサービスを1か月に4回提供すると、244単位×10円×4回より9,760円が事業者の受け取る介護報酬となる（1単位＝10円の場合）。

この場合、事業者は、介護報酬9,760円のうち1割の976円を利用者から、9割の8,784円を市町村から、それぞれ受け取ることになる（1割負担かつ代理受領の場合）。

PART 4　介護サービス事業を開始するための法律知識　131

する介護の程度が重度の人や所得が低い人にとっては、負担が過大になるおそれがあるため、高額介護サービス費という制度が設けられています。高額介護サービス費は、定率による利用者負担額が一定金額を超過した場合、後に超過分が利用者に償還されるしくみです。また、介護保険利用者があわせて医療保険の対象になる費用を負担している場合、介護保険の利用者負担金額と医療保険の一部負担金額の合計が高額になったときに備えて、高額医療合算介護サービス費の支給も行われています。

■ さまざまな加算が行われる

　介護報酬については、基本の報酬部分に加えて、さまざまな加算が行われます。たとえば、職員のキャリアを考慮したサービス提供体制強化加算があります。サービス提供体制強化加算が適用されるのは、介護福祉士や勤続年数の長い人などを一定割合以上雇用している事業所です。

　医療との連携や認知症への対応を強化するための加算もあります。医療との連携は、居宅介護支援を受けている人が入院・通院をした場合の情報連携や、専門性の高い看護師が訪問看護の実施に関する計画的な管理を行うこと（2024年度改定で新設）などについて加算が認められています。一方、認知症への対応は、若年性認知症者の受け入れ体制や認知症高齢者等への専門的なケア体制が整っている場合や、認知症の行動・心理症状の発生予防等に職員がチームで取り組んでいる場合（2024年度改定で新設）などに加算の対象となります。

　また、2021年度介護報酬改定で、LIFE（科学的介護情報システム）の導入により取得できる加算が追加されました（科学的介護推進体制加算）。LIFEとは、利用者の状況やケアプランなどをインターネット上で厚生労働省と共有できるシステムです。科学的介護推進体制加算の適用要件について、2024年度改定で、LIFEへのデータ提出頻度が「6か月に1回以上」から

処遇改善のための加算

2022年度介護報酬改定で、介護職員の賃金を3％程度（月額平均9,000円相当）引き上げるため、2022年10月から「介護職員等ベースアップ等支援加算」として補助金を交付する処遇改善措置が講じられた。しかし、介護職員の処遇改善措置は他にもあるため、2024年度改定で、2024年6月から処遇改善措置が「介護職員等処遇改善加算」に一本化された。介護職員等ベースアップ等支援加算は、加算額の3分の2を介護職員等のベースアップ等（基本給または決まって毎月支払われる手当の改善）に充てるのが要件とされていた。
一方、介護職員等処遇改善加算には、新加算IV相当の加算額の2分の1以上をベースアップ等に充てるとの要件がある（2025年度より適用）ものの、加算財源について事業所内での柔軟な職種間配分を認めている。

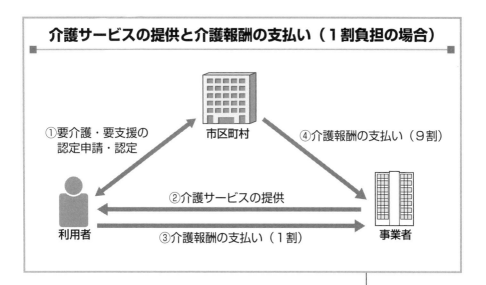

「3か月に1回以上」に見直されています。

■ 利用者との関係でどのようなことに気をつけるべきか

　介護報酬の改定により介護報酬が上がると、結果的に利用者の自己負担分も増加するため、自己負担分の支払いが困難になった利用者がサービスの利用を中止することが予想されます。利用者の負担が増えると、結果的にサービスが利用されなくなり、事業者が経営難に陥るおそれも生じます。

　また、介護保険は、要介護度に応じて支給限度額が定められており、支給限度額を超える部分については利用者が自己負担しなければなりません。そのため、介護報酬の増加は、保険で利用できるサービスの範囲の縮小につながります。

PART4 4

介護サービス事業を開始するための法律知識

介護サービス情報公表システム

地域で提供している介護サービスをいつでも検索できる

介護サービス情報公表サービス

介護サービスの利用を希望する本人(利用者)はもちろん、その家族などが、利用者に適した介護サービス事業所を検索・閲覧し、比較検討する場合に用いることが可能である。

また、介護サービス情報公表サービスは、介護サービス事業者の検索画面において「本人家族に合ったサービス」「目的・場所に合わせた介護サービス事業者」「ケアマネジャーなど詳しい条件」による検索などが可能になっている。

■ 介護サービス情報公表システムとは

介護サービス情報公表システムとは、介護サービス事業所に関する情報を掲載しているインターネット上のサービスです。厚生労働省が運営しています。日本全国にある約21万か所の介護サービス事業所に関する情報について、24時間・365日いつでも誰もが検索・閲覧できます。

■ どんな情報が公開されているのか

介護サービス情報公表システムに掲載されているおもな情報として、以下のものが挙げられます。都道府県を選択して検索すると、全26種類54サービス(2024年6月現在)について、以下の情報を閲覧できます。

・事業所の概要

提供している介護サービスの種類、事業所の名称・所在地・電話番号、運営方針、サービス提供地域、営業時間などの閲覧が可能です。

・事業所の詳細

介護サービス事業所は1年に1回、必要な情報を都道府県に対して報告する義務を負います。そして、この事業所の報告に基づき、事業所の基本情報として、提供している介護サービスの一覧、介護サービスの利用料、設備状況、関係医療機関、従業者に関する事項などが掲載されています。

・事業所の特色や運営状況

介護サービスの利用希望者が事業所を選ぶ際に、文字による

介護サービス情報公表システムの掲載情報

事業所の概要
- 介護サービス事業所の名称・住所・電話番号、運営方針、営業時間など

事業所の詳細
- 介護サービスの一覧、介護サービスの利用料、設備状況、関係医療機関に関する情報など

事業所の特色や運営状況
- 事業所のサービス提供の様子や、事業所独自の取組みについて写真や動画
- 事業所の運営状況（バランスシートの掲載）

情報のみで決定すると、後にイメージと実際のサービスとの間に食い違いがあったなどのトラブルが発生するおそれがあります。このようなトラブルを少しでも避けるため、事業所のサービス提供の様子や、事業所独自の取組みについて、写真や動画を閲覧することもできます。

また、「利用者の権利擁護」「サービスの質の確保への取組」「相談・苦情等への対応」「安全・衛生管理等」「従業員の研修等」などの項目について、0〜5点でポイント化され、バランスシートで運営状況が示されています。

■ 訪問調査の実施

介護サービス情報公表システムに掲載されている情報は、いずれも利用者にとって重要なものですから、情報の内容に誤りがあったり、虚偽の報告に基づいて情報を掲載することは許されません。そこで、介護サービス事業所が新規指定または指定更新を受けた場合や、介護サービス事業所から報告を受けた内容に虚偽の疑いがある場合、都道府県は、その介護サービス事業所に対して訪問調査を実施することができます。

> **運営状況の掲載**
> バランスシートにより運営状況が掲載されていることで、各事業所の運営状況の比較が容易となる。

> **訪問調査の結果の反映**
> 訪問調査の結果については、介護サービス情報公表システムに反映することが認められている。

PART 4　介護サービス事業を開始するための法律知識

PART4

5

介護サービス事業
を開始するための
法律知識

介護サービスについて苦情がある場合の不服申立て

サービス内容に対する不服と介護認定に対する不服に分けられる

■ サービスに苦情があるときどうすればいいか

　介護サービスに関する苦情については、大きく分けて、介護サービスの内容に関する不服と、市町村が関与する介護認定結果に対する不服に分類できます。ここではまず、介護サービスの内容に関する不服について見ていきましょう。

　利用者が、実際に介護サービスを利用した後、事業者の対応やサービスの内容に関して苦情がある場合は、まず、介護サービスを提供した事業者に対して苦情を申し出ます。事業者は、あらかじめ利用者に対して、苦情の申し出ができることや、苦情を申し出る窓口について示しておかなければならず、利用者は、あらかじめ示された窓口に対して苦情を申し出ます。

　事業者は、利用者からの苦情に対して、迅速かつ適切に対応しなければならないことはもちろん、申し出のあった苦情や、その苦情への対応に関して記録を残しておくことが必要です。問題が事業者内部では解決できず、後述する国保連や運営適正化委員会における手続きなどに発展した場合、苦情の内容や事業者が苦情に対していかなる対応をとったのかを事後的に検証することを可能にするためです。

■ 国保連や運営適正化委員会はどんなことをするのか

　介護サービスを提供する事業者が設ける苦情窓口は、あくまでも事業者内部の機関にすぎず、苦情への対応について十分な公平性・客観性を期待するのが難しいといえます。また、利用者が直接事業者に苦情の申し出がしにくい場合もあります。

136

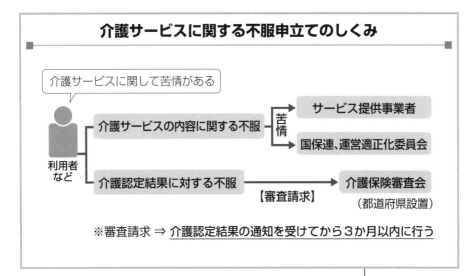

そこで、都道府県が設置する国民健康保険団体連合会(国保連)や都道府県の社会福祉協議会が設置する運営適正化委員会に対して、介護サービスに関する苦情を申し出ることが可能です。国保連は介護サービスなどに特化した苦情相談窓口であるのに対し、運営適正化委員会は福祉サービス全般についての苦情相談窓口です。

■ 市町村の決定に不服がある場合

介護サービスの内容ではなく、市町村が行った介護認定結果に不服がある場合には、行政不服審査法が規定する審査請求を行うことができます。事業者による介護サービスの提供とは異なり、介護認定は市町村(行政)が個別の利用者(私人)に対して行う、権利・利益の変動を伴う行政処分に該当するためです。具体的には、介護認定結果の通知を受けてから3か月以内に、都道府県が設置する介護保険審査会に対して、審査請求を申し立てることができます。

国保連や運営適正化委員会の対応

国保連は、苦情を受け付けた後、事業者の運営する施設の調査などをふまえて、必要に応じて事業者に対して指導を行い、その結果を利用者に通知している。一方、運営適正化委員会は、あっせんを通じて利用者と事業者の話し合いによる解決を図っている。

審査請求

行政不服審査法に基づく不服申立てのひとつである。原則として処分庁(行政処分をした行政庁)の直近上級行政庁に対して不服申立てを行う。また、介護保険審査会(介護保険法に基づいて設置されている行政機関)などの法律で定める行政機関に対して不服申立てを行うことも審査請求と呼ぶことが多い。

Column

介護施設で起きる事故の種類

　介護施設で起きる可能性がある事故にはさまざまなものがありますが、おもな事故は以下のとおりです。施設側は、利用者が安全・快適に生活できるように配慮する義務（安全配慮義務）を負っています。施設側が安全配慮義務に違反したために事故が起きて利用者がケガをした場合、利用者は施設側に安全配慮義務違反を理由とする損害賠償請求ができます。

・転倒・転落事故

　介護施設において発生する事故の中で、最も多く発生している事故が、転倒・転落事故です。

・誤嚥事故

　誤嚥とは、食べ物が誤って気管に入ってしまうことです。

・身体拘束

　身体拘束とは、入所者である高齢者を固定し、身体の自由をきかなくするための行為です。もっとも、身体拘束は高齢者の人権を侵害するとされ、虐待とみなされる可能性があります。

・床ずれ

　床ずれとは、褥瘡とも呼ばれており、体の一部が体重で圧迫されることで、血液の循環が悪くなり、皮膚が発赤するなどの症状が生じてしまうことです。

・徘徊・無断外出・失踪

　介護施設の利用者は、精神的機能が低下していることがあり、施設側が適切な管理をしていないと、施設内外を徘徊、あるいは無断で外出をすることも珍しくありません。

・管理の不備に基づく事故

　たとえば、脱衣室の床が濡れたままになっており、利用者が足を滑らせて転倒してしまったというケースです。

PART 5

障害福祉サービスの
しくみと利用法

PART5
1
障害福祉サービスの
しくみと利用法

障害者に関する法律

障害者総合支援法を中心としたさまざまな法律がある

■ 障害者福祉の基本法と障害者総合支援法

障害者総合支援法

正式名称は「障害者の日常生活及び社会生活を総合的に支援するための法律」である。

　障害者福祉に関する基本的な施策や、その施策を決定する際の原則を定めている法律として、障害者基本法があります。障害者基本法において示されている基本方針として、ノーマライゼーションが挙げられます。つまり、日常生活・社会生活を営む上で、障害の有無により区別するのではなく、すべての人々が等しく日常生活・社会生活を送ることができるような環境の整備が何よりの優先課題であると認識されています。そこで、障害者基本法は、医療・教育・雇用など、個別の施策について、障害者が障害のない人と同等の生活を送ることを保障し、そのための弊害の除去を基本理念として掲げています。

障害者自立支援法の問題点

障害者自立支援法は応益負担（利用したサービスの量に応じた負担）を原則としていたため、サービス利用時に低所得者をはじめとする障害者の負担が増大したことを背景に、全国規模で障害者自立支援法が違憲であると主張する訴訟が多く提起された。そこで、2012年に制定されたのが障害者総合支援法である（2013年4月施行）。障害者総合支援法は応能負担（支払能力に応じた負担）を原則としている。

　そして、障害者に対する支援でもっとも中心的な法律が障害者総合支援法です。障害者総合支援法は、それまで施行されていた障害者自立支援法の内容や問題点をふまえた上で、障害者の日常生活や社会生活を総合的に支援するために制定された法律です。障害者総合支援法の目的としては、障害者が自立して地域生活を送ることができるよう、障害者に対する福祉サービスの提供について、共通の制度の下で一元的に提供するしくみを定めることにより、統一的な基準の下に福祉サービスが提供されるのを保障することが挙げられます。また、障害者への福祉サービスが障害者自身による一定程度の経済的負担の下に成り立っている制度であることを考慮し、特に低所得の障害者や所得に比べて高額な支援が必要な障害者に対する負担軽減に関する制度の構築も重要な目的のひとつといえます。

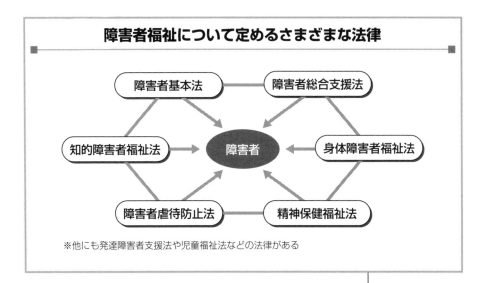

■ その他にどんな法律があるのか

　障害者総合支援法や障害者基本法をベースとして、障害の種別に応じた法律も制定されています。知的障害者福祉法は、知的障害者への援助に関し、実施機関や入所措置、費用などを規定しています。身体障害者福祉法は、身体障害者への援助に関し、実施機関や更生援護、費用などを規定しています。精神保健福祉法は、精神障害者の医療や保護、援助に関し、精神保健福祉センターや精神保健指定医、措置入院などを規定しています。児童福祉法は、児童の育成に関する施設や責任の他、障害児への支援などを規定しています。

　また、障害者雇用促進法は、障害者が雇用の機会を得ることができる環境を整備し、障害者を雇用する事業者が負う義務などについて規定を置いています。その他、比較的新しく制定された法律として、障害者虐待防止法、障害者優先調達推進法、障害者差別解消法などがあります。障害者福祉の充実は国際的な取組みであり、国連で障害者権利条約が採択されたことも、我が国の障害者福祉を推進する重要な背景になっています。

障害者権利条約
障害者権利条約は2006年に国連で採択され、我が国は2014年に批准した。

PART5
2

障害福祉サービスの
しくみと利用法

障害者基本法と障害者基本計画

障害者施策の基本事項を定めている

障害者基本法の制定

障害者基本法は、心身障害者対策基本法を改称する形で1993年に制定され、2004年と2011年に大きな改正が行われている。これらの改正で、障害を理由とする差別の禁止や、障害者の定義の拡大などが規定された。現在では、地域社会における障害者の社会進出や雇用の拡大、障害者スポーツなどを通して、健常者と共生する社会を実現しようとしている。

共生社会の実現

障害者基本法において、本文記載のように共生社会の実現が基本理念として定められた背景には、国連で採択された「障害者の権利に関する条約」への締結に必要な法整備の必要性が挙げられる。

■ 障害者基本法とは

障害者基本法は、文字通り他の障害者関連法の基本となる法律です。障害者基本法では、障害者の自立や社会参加の支援などの施策に関する基本的施策を定めており、基本的施策をベースにして、さまざまな法律が規定されています。たとえば、障害の種別に応じた支援などを規定する法律として、身体障害者福祉法、知的障害者福祉法、精神保健福祉法、発達障害者支援法があります。また、障害者を支援する福祉サービスを具体的に定めた障害者総合支援法があります。

障害者基本法は、障害の有無にかかわらず、等しく個人として尊重されること（個人の尊重）、障害の有無によって差別されることなく共生する社会を実現すること（共生社会の実現）を基本理念にしています。障害の有無によらず、障害者があらゆる活動に社会参加する機会が確保され、障害者が自立するための支援が実現するよう、さまざまな規定が存在します。

国や地方公共団体は、障害者の自立や社会参加の支援などのための施策を総合的かつ計画的に実施する責務があります。また、国民は、障害者基本法がめざす基本原則を理解することに努めなければなりません。

障害者基本法では、基本的施策ごとに、障害者の自立や社会参加の支援等のために必要な基本事項も規定しています。基本的施策には、医療、介護、年金、教育、療育、職業相談、雇用の促進、住宅の確保などがあります。障害者が生活する上で基本となる部分であり、障害の有無によらず等しく必要な施策が

障害者基本計画

障害者支援 —支援→ 障害者

限られた資源の中で、効率性・平等性の実現が重要！
∴ 国が障害者基本計画を作成

【横断的視点】
① 条約の理念の尊重及び整合性の確保
② 共生社会の実現に資する取組みの推進
③ 当事者本位の総合的かつ分野横断的な支援
④ 障害特性等に配慮したきめ細かい支援
⑤ 障害のある女性、こども及び高齢者に配慮した取組みの推進
⑥ ＰＤＣＡサイクル等を通じた実効性のある取組みの推進

受けられるようにしています。手話や点字などのコミュニケーションの手段を確保し、適切に情報を取得・利用できるよう配慮すべきであることも規定しています。

■ 障害者基本計画とは

　障害者基本計画は、国（政府）が定める障害者施策の最も基本的な計画です。障害者支援においては、個々の障害者の状態に応じた支援を行う必要があります。しかし、限られた資源の中でそれぞれの障害者に対して支援を提供すると、かえってめざすべき方向とズレたり、非効率・不平等が生じる可能性があります。そのことを避け、障害者施策を総合的かつ計画的に実施するために障害者基本計画を作成します。

　現在の障害者基本計画は、2023年度からの5年間を計画期間とした第5次計画です。共生社会の実現に向けて、障害者が社会のあらゆる活動に参加し、その能力を最大限発揮して自己実現できるよう支援するとともに、障害者の社会参加を制約する社会的障壁を除去することを目的にして、第5次計画が作成されています。

障害者の定義

障害者基本法における障害者は、身体障害者、知的障害者、精神障害者（発達障害者を含む）だけではない。その他の心身の機能の障害があり、障害や社会的障壁により継続的に日常生活や社会生活に制限を受ける状態にある者も、障害者の定義に含めている。

第5次計画の内容

第5次計画においては、地域社会における共生等、差別の禁止、国際的協調の3つを基本原則として掲げている。その上で、各分野に共通する横断的視点として、上図にある6つの視点を掲げている。

PART5 3

障害福祉サービスの
しくみと利用法

障害者の対象

障害福祉サービスの対象者

■ 障害福祉サービスを受けることができる障害者の対象

障害福祉サービスの給付の対象者は、以下のいずれかに該当する人です。給付を希望する人は市区町村に申請し、障害の程度や支給の要否について審査を受けます。障害者総合支援法の制定により、障害者の範囲に一定の難病患者が加わっています。

① 障害者

障害者とは、18歳以上の者で、以下に該当する者のことです。

・身体障害者

身体障害者福祉法に規定されている肢体不自由、視覚障害、聴覚障害、などの障害をもつ者のことです。

・知的障害者

知的障害者とは、知能の発達の遅れによって日常生活や社会生活に支障がある者のことです。知的障害者福祉法に定義規定はなく、各都道府県の知的障害者更生相談所が判定します。

・精神障害者、発達障害者

精神障害者とは、統合失調症、精神作用物質による急性中毒などの精神疾患を有する者のことです。発達障害者とは、自閉症、アスペルガー症候群、学習障害などにより、日常生活や社会生活上、制限を受ける者のことです。

② 障害児

児童とは、満18歳に満たない者のことです。身体に障害のある児童、知的障害のある児童、精神に障害のある児童（発達障害者支援法所定の発達障害児を含む）が、障害児の対象に含まれます。

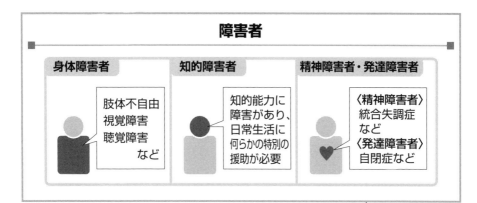

■ 難病患者も障害者に含まれるのか

　障害者総合支援法では、一定の難病患者も障害者や障害児の対象者として扱われます。難病患者とは、治療方法が確立していない疾病や特殊な疾病にかかっている者です。

　難病患者として認められる具体的な疾患として、パーキンソン病、スティーヴンス・ジョンソン症候群、関節リウマチ、筋ジストロフィー、骨形成不全症などが挙げられます。

　難病等による障害の程度が、「特殊の疾病による障害により継続的に日常生活又は社会生活に相当な制限を受ける程度」と認められる場合に、障害者総合支援法の障害者として扱われることになります。難病患者に該当するかどうかの判断は、個々の市町村で行われます。難病患者等に対する障害支援区分の調査や認定は、障害者に対して実施している現行の調査項目や基準等で行いますが、難病患者であることをふまえて認定調査が行われます。具体的には、居住する市区町村の担当窓口で、対象疾患を患っていることがわかる証明書（診断書や特定疾患医療受給者証など）を提出して支給申請します。

　対象疾患の患者は、身体障害者手帳の所持の有無にかかわらず、必要と認められた障害福祉サービスの受給や相談支援の利用が可能です。

> **難病**
> 2024年4月現在、369の疾病が難病として指定を受けている。

PART 5　障害福祉サービスのしくみと利用法

PART5 4

障害福祉サービスの
しくみと利用法

障害者総合支援法等の改正

2024年4月から施行されている

■ どんな改正がいつから行われるのか

今回の障害者総合支援法等の改正は、2024年4月1日から施行されています。障害や難病を持つ人などが、自分らしく安心して暮らすことや、希望する生活をより実現できるように、障害や難病を持つ人などの地域での生活や、働くための支援を強化することなどが盛り込まれています。

具体的には、①障害者等の地域生活の支援体制の充実、②障害者の多様な就労ニーズに対する支援及び障害者雇用の質の向上の推進、③精神障害者の希望やニーズに応じた支援体制の整備、④難病患者及び小児慢性特定疾病児童等に対する適切な医療の充実及び療養生活支援の強化、⑤障害福祉サービス等、指定難病及び小児慢性特定疾病についてのデータベースに関する規定の整備、⑥事業者指定や居住地特例の見直し、の措置を講じるものとなっています。

■ 障害者等の地域生活の支援体制の充実

・グループホーム制度の見直し

今回の改正では、グループホームから一人暮らしへ移ることを希望する人への支援も、グループホームの支援内容に含まれることを、障害者総合支援法の中で明確化しました。具体的な支援内容として、グループホームに入居している間からの支援（一人暮らしに向けた家事支援、金銭等の管理支援、住居確保支援）、グループホームの退去後の支援（入居していたグループホームの事業者が相談等の支援を一定期間継続）があります。

グループホーム

グループホームとは、障害者総合支援法では共同生活援助といわれる障害福祉サービスのひとつ。障害者同士が共同生活をする住居において、おもに夜間に、相談、入浴、排せつ等の日常生活上の支援が行われており、一人暮らしに不安を抱えている障害者が利用できる。グループホームの利用者は増加傾向にある中で、グループホームでの共同生活を継続したい利用者もいれば、グループホームを退所して、生活の支援を受けながらの一人暮らし（アパートなど）を希望している人もいる。

就労選択支援

障害者本人と協同の上で、就労アセスメントを活用した就労支援

本人への情報提供等	多機関連携によるケース会議
作業場面等を活用した状況把握	アセスメント結果の作成

事業者等との連絡調整

就労系障害福祉サービスを利用	一般就労
就労継続支援A・B型事務所	ハローワーク等 ➡ 企業等
就労移行支援事務所	

・地域の相談支援体制の整備

　今回の改正では、基幹相談支援センターの設置について市町村の努力義務等を設けました。また、地域生活支援拠点等（地域生活の緊急時の対応や地域移行を推進するサービス拠点）についても、市町村による整備が努力義務化されました。

　その他、市町村等による精神保健に関する相談支援についても、精神障害者の他、精神保健に課題を抱えている者も相談支援の対象とするなど、障害者本人やその家族等への相談支援体制を整備し、一層強化するように定められています。

■ 障害者の多様な就労ニーズに対する支援

　今回の改正では、就労アセスメントの手法を活用した新たなサービスとして「就労選択支援」が障害者総合支援法に創設されました。就労選択支援とは、障害者本人と協同して、就労先や働き方についてより良い選択ができるように、①本人への情報提供等、②作業場面等を活用した状況把握、③多機関連携によるケース会議、④アセスメント結果の作成、を行う障害福祉サービスです。そして、そのアセスメント結果が、就労系障害

基幹相談支援センター

地域の障害者等の相談支援の中核的な機関である基幹相談支援センターは、相談支援を総合的に行うことを目的として、2012年から障害者総合支援法に位置付けられていたが（従来は設置が任意であった）、設置している市町村は半数程度にとどまる。

就労アセスメント

現在も、障害者の就労支援として、就労アセスメントによる支援が行われている。就労アセスメントとは、主として就労移行支援事業所が、就労面での情報（作業の能力、就労に対する意欲、集中力があるかどうかなど）を把握して客観的に評価（アセスメント）をするとともに、本人が得意としていることや今後の課題を明らかにして、就労に必要な支援を行うことである。

PART 5　障害福祉サービスのしくみと利用法　147

福祉サービス（就労移行支援事業など）を利用する際の支給決定等に勘案されます。また、ハローワークは、就労選択支援のアセスメントの結果を参考として、障害者に対して職業指導等を実施することになります（障害者雇用促進法）。

他には、障害者が企業等に一般就労中であっても一時的に就労系障害福祉サービスを利用できることや、雇用と福祉の連携を強化することが障害者総合支援法に盛り込まれました。

■ 障害者雇用の質の向上の推進

・障害者雇用率の算定対象者の拡大

今回の改正では、週所定労働時間が10時間以上20時間未満の重度身体障害者、重度知的障害者、精神障害者も算定対象者に含めることにしました。これらの障害者は、障害者雇用率の算定に際して、1人をもって0.5人とカウントされます。

・障害者雇用調整金等の見直し

今回の改正では、超過人数分に支給される障害者雇用調整金等の支給額の調整（一部引き下げ）を行うのと同時に、新たな助成金を創設することで、単に法定の障害者雇用率の達成のために障害者を雇用するのではなく、障害者雇用の質の向上のために取り組む事業主への支援を目的とした措置が行われます。

■ 精神障害者の希望やニーズに応じた支援体制の整備

・医療保護入院の見直し

医療保護入院とは、精神障害者が医療や保護のための入院が必要な場合、本人の同意が得られなくても、家族等の同意があれば入院させることができる措置です（精神保健福祉法）。また、意思表示を行うことができる家族等がいなくても、市町村長の同意があれば医療保護入院をさせることができます。今回の改正では、さらに、家族等が意思表示を行わない場合（家族等と長期間親交がない場合など）においても、市町村長が同意

障害者雇用率

事業主は、障害者雇用促進法が定める一定の割合（障害者雇用率）以上の障害者を雇用する義務がある。従来は、障害者雇用率の算定対象者は、週所定労働時間が20時間以上の障害者に限られていた。

特例給付金の廃止

今回の改正で、週所定労働時間が10時間以上20時間未満の障害者を雇用した場合に支給される特例給付金は廃止された。

障害者雇用調整金等

常時100人超の労働者を雇用する事業主が法定の障害者雇用率を達成した場合、法定雇用障害者の数を超える人数につき一人当たり月額2万7,000円の障害者雇用調整金が支給される。
また、常時雇用する労働者が100人以下の企業は、一定数を超える障害者を雇用した場合、その一定数を超える人数につき一人当たり月額2万1,000円が報奨金として支給される。今回の改正で、障害者雇用調整金や報奨金（障害者雇用調整金等）の支給額の調整が行われることになる。

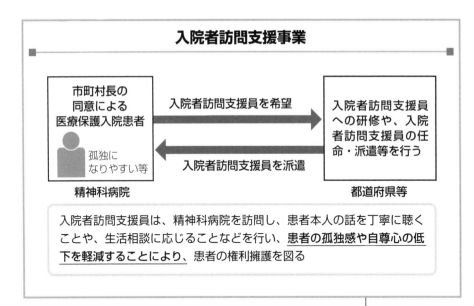

の可否を判断できるようになりました。

他には、入院中の精神障害者の権利を擁護するための取組みとして、医療保護入院の入院期間を定め、その期間ごとに入院の要件(同意能力や病状など)の確認を行うこと等が定められています。

・入院者訪問支援事業の創設

市町村長の同意によって医療保護入院をした患者は、家族等との関わりがなく、外部との面会交流の機会がないことにより、孤独感や自尊心の低下を生じることがあります。

今回の改正では、市町村長の同意による医療保護入院者等の権利擁護を図る目的で、新たに「入院者訪問支援事業」を創設しました。具体的には、都道府県知事等が行う研修を修了した「入院者訪問支援員」が、入院患者本人の希望があった場合に、精神科病院を訪問し、本人の話を聴くことによって必要な情報提供などを行います。

・精神科病院での虐待防止に向けた取組み

精神科病院において虐待が行われることを防止するため、管

理者のリーダーシップの下で、組織全体での取組みをより一層推進するために、以下の①～④の内容が規定されました。

① 職員等への研修や、患者が相談できる体制の整備など、虐待防止に向けての措置の実施を、精神科病院の管理者に義務付け

② 職員から虐待を受けたと思われる患者を発見した人に、速やかに都道府県等に通報することを義務化し、あわせて、通報者が不利益な取扱いを受けないことを明確化

③ 都道府県等は、毎年度、職員による虐待状況等を公表する

④ 国は、精神科病院の職員による虐待の調査及び研究を行う

■ 難病患者及び小児慢性特定疾病児童等に対する適切な医療の充実及び療養生活支援の強化

・難病患者等への療養生活支援の強化

指定難病患者は、各種障害福祉サービスを利用できますが、十分に認知されていないため、サービスを充分に利用できないでいる現状があります。今回の改正では、指定難病患者が各種支援（福祉や就労など）を円滑に利用できるように、指定難病患者のデータを都道府県等に登録する際に、「登録者証」を発行する事業が創設されました。他には、難病相談支援センターの連携主体に、福祉関係者や就労支援関係者を明記すること等が定められ、難病患者等への支援の強化が行われています。

・小児慢性特定疾病児童等への自立支援強化

都道府県等が行う小児慢性特定疾病児童等の自立支援事業については、任意事業（療養生活支援事業など）の実施率が低いことが課題になっています。今回の改正では、任意事業の実施を努力義務化するとともに、任意事業の実施及び利用を促進するための「実態把握事業」を努力義務として追加する措置が行われました。

登録者証の役割

登録者証をマイナンバーと連携させることにより、市町村やハローワーク等において、各種支援を利用することができる。

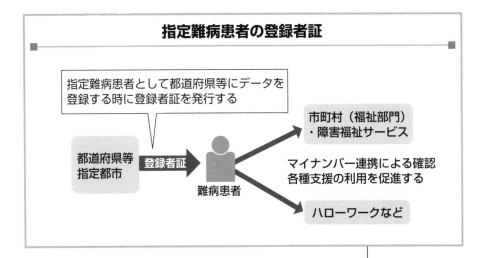

■ データベースの整備に関する規定の整備

　障害者福祉・難病対策の分野においては、医療や介護の分野に比べて、データベースの整備が進んでいない現状がありました。今回の改正では、障害者・障害児・難病患者・小児慢性特定疾病児童のデータベースについて、その作成のための法的根拠が新設されました。また、安全管理措置や第三者提供ルール等の諸規定が新設されました。これにより、データベースの利活用による調査・研究が強化されることが期待されています。

■ 事業者指定や居住地特例の見直し

　地域の障害福祉サービスについて必要なサービスの提供体制を図る目的で、都道府県が行う通所・訪問・障害児サービス等を行う事業者の指定について、市町村が都道府県に対して意見の申し出等ができるようになりました。

　また、居住地特例の対象サービスに、2023年4月から介護保険施設等が追加されています。これにより、介護保険施設等の入所者が障害福祉サービスを利用する場合に、施設がある市町村に財政的負担が集中することを防ぎます。

居住地特例
障害者支援施設等に入所する障害者の支給決定を、障害者が入所前に住んでいる地域の市町村が行うこと。

PART5

5

障害福祉サービスの
しくみと利用法

障害者総合支援法に基づく支援

自立支援給付と地域生活支援事業が支援の柱

障害者への福祉サービスの分類

障害者総合支援法の前身である、障害者自立支援法より以前は、障害者福祉の分類は、居宅サービスと施設サービスとに分類されていた。しかし現在では、サービスの場所による分類ではなく、サービスの内容に応じた分類が用いられている。

自立支援給付の提供

自立支援給付を提供するのは市町村の義務であるが、費用の面では、国が50％、都道府県と市町村が25％ずつを義務的に負担することになっている。

事業者の指定権者

原則は都道府県知事であるが、指定都市（政令指定都市）または中核市の場合は、その市の市長が指定権者となる。

■ 自立支援給付の内容

障害者総合支援法が定める障害者への福祉サービスは、自立支援給付と地域生活支援事業に大きく分けられます。

自立支援給付とは、在宅サービス、通所サービス、入所施設サービスなどの利用者に個別給付されます。おもな自立支援給付としては、介護給付費、訓練等給付費、特定障害者特別給付費（補足給付）、地域相談支援給付費、計画相談支援給付費、自立支援医療費、療養介護医療費、補装具費、高額障害福祉サービス等給付費があります。

障害福祉サービスにおいて中心的な役割を果たしているのが介護給付費と訓練等給付費です。介護給付費や訓練等給付費はサービスの給付を希望する人が市町村に申請します。申請を受けた市町村は、障害支援区分の認定と支給の要否の決定を行います。支給が必要であると市町村から認められると（支給決定）、サービスを受ける本人が、都道府県知事の指定を受けた事業者（指定障害福祉サービス事業者）の中から選んだ事業者と間で契約を結び、必要なサービスを受けることができます。

■ 介護給付費の内容

介護給付費は自立支援給付のひとつで、障害福祉サービスのうち介護給付を受けるのに必要な費用を支給する制度です。

介護給付は、障害者の日常生活に必要な介護などの支援を提供するサービスで、認定を受けた障害支援区分などによって対象者が決定されます。そして、居宅介護、重度訪問介護、同行

介護給付と訓練等給付に含まれるサービス

介 護 給 付

- ・居宅介護
- ・重度訪問介護
- ・同行援護
- ・行動援護
- ・療養介護
- ・生活介護
- ・短期入所
- ・重度障害者等包括支援
- ・施設入所支援

訓 練 等 給 付

- ・自立訓練（機能訓練・生活訓練）
- ・就労移行支援　・就労継続支援
- ・就労定着支援　・自立生活援助
- ・共同生活援助　・就労選択支援
  （2025年10月1日より）

援護、行動援護、療養介護、生活介護、短期入所、重度障害者等包括支援、施設入所支援を利用した場合に介護給付費が支給されます。なお、申請から支給決定までの間にサービスを受けた場合は、特例介護給付費が支給されます。

■ 訓練等給付費の内容

　訓練等給付費は自立支援給付のひとつで、障害福祉サービスのうち訓練等給付を受けるのに必要な費用を支給する制度です。訓練等給付は、日常生活や社会生活を営むために必要な訓練等の支援を提供するサービスで、障害支援区分に問わず、定められたサービス内容に適合していれば支給対象者になります。そして、自立訓練、就労移行支援、就労継続支援、就労定着支援、自立生活援助、共同生活援助を受けた場合に訓練等給付費が支給されます。なお、申請から支給決定までの前にサービスを受けた場合は、特例訓練等給付費が支給されます。

■ 地域生活支援事業の内容

　地域生活支援事業とは、障害者をとりまく地域の地理的な条件や社会資源の状況や地域に居住する障害者の人数や障害の程

各サービスの具体的な内容

居宅介護や重度訪問介護など、各サービスの具体的な内容については本書184〜211ページを参照。

就労継続支援

就労継続支援にはＡ型（雇用型）とＢ型（非雇用型）がある。

就労選択支援

2025年10月に導入される就労選択支援を受けた場合も訓練等給付費が支給される。

地域生活支援事業の費用負担

地域生活支援事業を行うときの費用の負担割合は、市町村の行う地域生活支援事業は、市町村が25％、国が50％、都道府県が25％の負担割合である。一方、都道府県の行う地域生活支援事業は、都道府県が50％、国が50％の負担割合である。

成果目標として掲げた7つの項目

① 福祉施設の入所者の地域生活への移行
② 精神障害にも対応した地域包括ケアシステムの構築
③ 地域生活支援の充実
④ 福祉施設から一般就労への移行等
⑤ 障害児支援の提供体制の整備等
⑥ 相談支援体制の充実・強化等
⑦ 障害福祉サービス等の質を向上させるための取組みに係る体制の構築

度などに応じて、必要な支援を柔軟に行う事業です。地域生活支援事業の実施主体は基本的に市町村ですが、広域的なサポートや人材育成など、一部は都道府県が主体となります。

■ 障害福祉サービスを提供するのは市町村なのか

　現在の制度では、原則として障害者にとって身近な市町村にサービスの提供主体が一元化されています。ただし、都道府県が主体となってサービスを提供しているものもあります。

　障害福祉サービスのうち、介護給付費の給付、自立支援医療費（育成医療・更生医療）の給付、市町村地域生活支援事業の実施、市町村障害福祉計画の策定などは市町村の役割です。

　これに対し、自立支援医療費（精神通院医療）の給付、障害福祉サービスを提供する事業者の指定、都道府県地域生活支援事業の実施、都道府県障害福祉計画の策定、障害者介護給付費不服審査会の設置などは都道府県の役割です。さらに、都道府県は、障害福祉サービスを提供する事業者に対して指導・監督を行う権限を有します。事業者が虚偽の事実を報告するなど不正な手段で事業者の指定を受けた場合や、事業者が障害福祉サービスに関して不正を行っていたことが発覚した場合、都道府県は指定を取り消す措置をとることができます。

■ 障害者が安心して暮らせるための計画が立てられる

　障害福祉計画とは、障害者が地域で安心して暮らし、当たり前に働ける社会を実現するため、障害者総合支援法に基づき、障害福祉サービス等の提供体制の確保のために国が策定する基本指針（自立支援給付や地域生活支援事業の円滑な実施を確保するための基本的な指針）に即して、市町村・都道府県が策定する計画で、3年を一期として作成するのが基本とされています。2024年度を初年度とする第7期計画では、基本方針において、7つの項目を成果目標として掲げています。

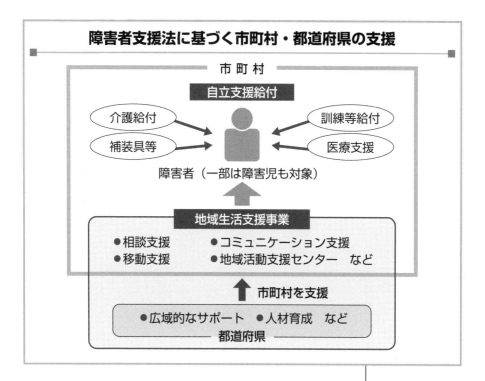

　市町村の定める障害福祉計画(市町村障害福祉計画)には、①障害福祉サービス、相談支援および地域生活支援事業の提供体制の確保に係る目標に関する事項、②各年度における指定障害福祉サービス、指定地域相談支援または指定計画相談支援の種類ごとの必要な量(サービスの件数)の見込み、③地域生活支援事業の種類ごとの実施に関する事項などが定められています。

　都道府県障害福祉計画には、①障害福祉サービス、相談支援および地域生活支援事業の提供体制の確保に係る目標に関する事項、②都道府県が定める区域ごとに当該区域における各年度の指定障害福祉サービス、指定地域相談支援または指定計画相談支援の種類ごとの必要な量(サービスの件数)の見込み、③各年度の指定障害者支援施設の必要入所定員総数、④地域生活支援事業の種類ごとの実施に関する事項などが定められます。

障害福祉計画の位置付け

市町村障害福祉計画(市町村が策定する障害福祉計画)を都道府県障害福祉計画(都道府県が策定する障害福祉計画)に反映させ、都道府県障害福祉計画を国による基本指針の策定に反映させるためのものとして位置付けられている。

PART5
6

障害福祉サービスの
しくみと利用法

障害福祉サービスの利用手続きと障害支援区分

２段階の認定調査を経て障害支援区分が決定する

■ 市町村への申請とサービス等利用計画案について

　障害福祉サービスを利用したい場合は、居住地の市町村に申請します。注意しなければならないのは、市町村ごとに対応窓口の名称が一定ではないことです。一般に生活福祉課や障害福祉課などの名称が付けられていることが多いようです。

　市町村は相談支援事業を行っており、障害者が自身に適切な障害福祉サービスの内容や必要な手続きに関するアドバイスを受けることができます。その際、指定を受けた相談支援事業者からのアドバイスなどを受けます。相談支援事業者は障害者の代わりに申請に関する手続きを代行することも可能です。

　相談支援事業者は、指定一般相談支援事業者と指定特定相談支援事業者に分類されます。指定一般相談支援事業者は、基本相談支援および地域相談支援を行います。これに対し、指定特定相談支援事業者は、基本相談支援および計画相談支援を行います。そして、計画相談支援のひとつとして、サービス等利用計画案の作成を行うことが含まれます。

　サービス等利用計画案とは、障害支援区分とともに、障害福祉サービス利用申請の際に提出を求められる書類です。サービス等利用計画案には、障害者が、自身の障害の状況に応じて、提供を希望する障害福祉サービス内容の詳細を記載します。そのため、セルフプランとも呼ばれています。サービス等利用計画案は、障害者自身が作成することも可能です。しかし、障害者自身が自分の障害の状態に合わせて、適切な障害福祉サービスの内容を選別するのは容易でなく、指定特定相談支援事業者

相談支援事業者の指定権者

指定一般相談支援事業者は都道府県知事（指定都市または中核市の場合はその市の市長）が指定権者であるのに対し、指定特定相談支援事業者は市町村長が指定権者である。

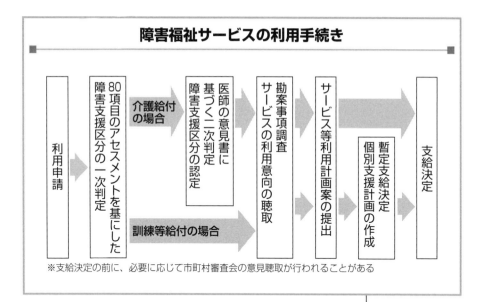

とともにサービス等利用計画案を作成するのが一般的です。

障害福祉サービスの支給決定が行われた後は、障害福祉サービスの提供を担当する事業者を交えて、サービス担当者会議が開催されます。そして、サービス等利用計画案の内容に基づき、より実践的に、提供するサービス内容に関する協議が行われ、最終的にサービス等利用計画書としてまとめられます。

■ 障害支援区分はどんなことに活用されているのか

障害福祉サービスの利用申請を受けた市町村は、障害者の心身の状態を把握し、支援が必要かどうか、どの程度の支援が必要かについての認定を行います。その際に、最も重要な指標になるのが障害支援区分です。障害支援区分とは、身体障害者や知的障害者、精神障害者、難病患者等の障害の多様な特性、その他の心身の状態に応じて、必要とされる標準的な支援の度合いを総合的に示す区分です。

障害支援区分は、調査員による認定調査や主治医による医師

意見書の内容をもとに、コンピュータによる一次判定、市町村審査会による二次判定を経て判定されます。

判定される障害支援区分は「非該当」「区分1～6」の7段階で構成されます。区分の数字は、大きい数字であるほど、支援を必要としている度合いが大きいことになります。したがって、「非該当」と判断された場合は支援の必要性が低く、多くの障害福祉サービスを受けることができません。一方、「区分6」は支援の必要性が一番高い状態を示しています。

■ 障害支援区分に関する認定調査と具体的な認定方法

市町村は、訪問調査に基づく、障害者の状況、居住の場所、障害の程度、市町村審査会の意見などを総合考慮して、支給決定案を作成することになります。

障害支援区分の認定調査は2段階に分かれています。認定調査員による訪問調査の結果と主治医の意見書の内容をもとにコンピュータによって判定が行われる1次認定調査（1次判定）と、認定調査員による特記事項と主治医の意見書の内容をもとに市町村審査会によって判定が行われる2次認定調査（2次判定）です。

1次判定に先立って行われる訪問調査については、市町村の職員あるいは指定一般相談支援事業者の相談支援専門員が行います。認定調査員が障害者の自宅などを訪問して、障害者本人や家族に関する基本的な情報の他、介護の有無、現在受けている福祉サービスの有無など、生活状況全般に関する質問が行われます。そして、回答が得られた情報については、概況調査票に記入されます。

あわせて、利用者に対してどのようなサービスを行うのがよいのかについて聴取が行われます。具体的には、6種類のカテゴリー（全80項目）に分類された障害者の心身の状況や活動などについて、障害者などに質問を行い、回答を得る形で、該当

調査票の様式

訪問調査で用いられる概況調査票や認定調査票については、介護保険の場合と同様に、厚生労働大臣が定める全国一律の調査票の様式が用いられる。

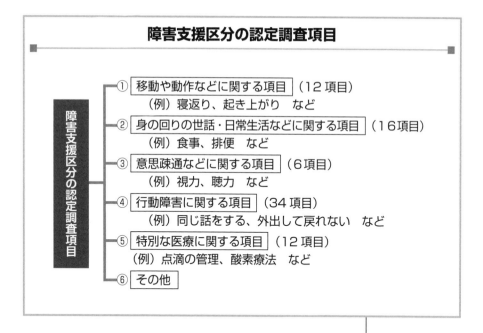

項目に関して「できる」あるいは「できない」などのように、認定調査票に聴き取った結果を記入していきます。認定調査員が明確に判断できない場合は、特記事項として判断が困難であることを記入し、後の判断の材料とします。

そして、認定調査員による訪問調査の結果と主治医の意見書の内容をもとに、1次判定としてコンピュータによる判定が行われます。1次判定では、認定調査項目（80項目）の結果および医師意見書（24項目）の一部項目をふまえ、判定ソフトを活用したコンピュータ処理が行われます。認定調査項目には訪問調査における事項と同様に、移動や動作等に関する項目、日常生活等に関する項目、行動障害に関する項目、意思疎通に関する項目、特別な医療に関する項目、その他の項目などがあります。医師意見書は、まひ、関節の拘縮、生活障害評価（食事・生活リズムなど）などが調査項目になっています。

その後、1次認定調査（1次判定）と、認定調査員による特

記事項と主治医の意見書の内容をもとに市町村審査会によって行われる判定が、2次認定調査（2次判定）です。2次認定調査（2次判定）まで通ると、ようやく障害支援区分の認定が決定し、申請者へ結果が通知されることになります。

　障害支援区分には有効期限があり、原則として3年間有効です。ただし、障害の状況や程度が刻一刻として変化することもあり、3年間という有効期間では、適切に障害の程度を把握することが困難な場合も少なくありません。そこで、身体・精神障害の程度が容易に変動することが見込まれる場合、障害者の生活環境が大きく変動する場合、その他市町村審査会が認めた場合には、3か月から3年の間で、より短縮した有効期限を定めることも認められています。

　無事に支援区分認定が終わると、続いて市町村による勘案事項調査（社会活動、介護者、居住などの状況についての調査）が行われます。この際に注意しなければならないのは、障害支援区分は、あくまでも勘案事項の一要素だということです。したがって、障害支援区分の認定が行われたからといって、障害福祉サービスの利用が可能になるという保証はありません。たとえば、個別の障害者が住んでいる地域において、十分な障害福祉サービスの提供ができる環境が整っていない場合には、支給決定がなされないこともあります。この勘案事項調査に通ると、支給を受ける障害者に対し、サービスの利用意向の調査（聴取）が行われます。なお、訓練等給付のサービスについては、支給の要否を判断するために、一定期間サービスを利用することができます（暫定支給決定）。

　障害者のサービス利用意向の確認後、サービス利用等計画案の提出が行われます。さらに、市町村審査会の意見をもとに、支給の要否が決定され、支給が決定した障害者には、障害福祉サービス受給者証が交付されます。

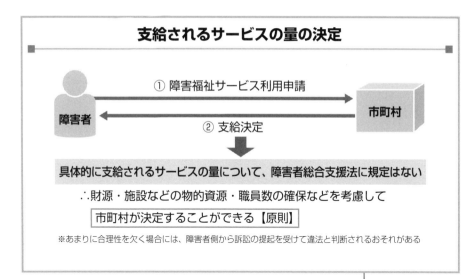

■ 実際に支給されるサービスの量はどのように決定されるのか

支給決定を受けた障害者が、どの程度の障害福祉サービスを利用することができるのかについて、障害者総合支援法は、基準を定めているわけではありません。したがって、具体的にどの程度の量のサービスを支給するのかについては、原則として市町村に幅広い裁量が認められています。

市町村に比較的広い裁量が認められている理由として、障害福祉サービスの財源が公費負担（税金）であることが挙げられます。市町村は、限られた財源の中で公平性を考慮しつつも、財源の他にも施設などの物的資源や職員数の確保などにも注意して、安定的に提供できるサービスの量を見極めていきます。

ただし、市町村の判断（提供するサービスの量など）があまりにも合理性を欠く場合は、障害者側から必要なサービスが提供されていないとして訴訟を提起され、その中で市町村の判断が裁判所によって違法と判断されるおそれもあります。

市町村の判断が違法と判断される場合

障害福祉サービスの支給の有無を判断するにあたり、障害者総合支援法施行規則において勘案事項が定められている。したがって、勘案事項として考慮すべき事項を考慮しなかった場合や、あるいは考慮すべきではない事項を考慮した場合に、市町村の判断が違法と判断されるおそれがある。

PART5

7

障害福祉サービスの
しくみと利用法

サービス等利用計画の作成

相談支援事業者に本人・家族の意向を伝えることになる

■ 障害者ケアマネジメントとは何か

　障害者ケアマネジメントとは、単に障害福祉サービスを提供するだけでなく、障害者が自ら望む生活を送れるようにするため、ケア計画を作成した上で、福祉・保健・医療・教育・就労などに関するさまざまな障害福祉サービスを総合的かつ継続的に提供することです。障害者ケアマネジメントは、障害をかかえている本人の意思をより汲み取ることができるようにするための制度といえます。

　現在の障害福祉サービスは、利用者とサービス提供者間での契約制度になっています。利用者のニーズに合わせて、さまざまなサービスの中から適切なものを選び、その選んだサービスを提供する事業者と契約を結んで、実際にサービスの提供を受けることになります。そこで、個々の利用者のためのサービスのプラン設計や、利用者やその家族への相談支援や補助を行うための障害者ケアマネジメントが導入されています。市町村に障害福祉サービスの利用を申請した場合、ケア計画に該当するものとしてサービス等利用計画が作成されます。

■ サービス等利用計画を作成する際の注意点

　障害福祉サービスの支給決定が行われると、サービス等利用計画を作成します。障害福祉サービスは、これを提供する事業者として指定を受けた社会福祉法人やNPO法人など（指定障害福祉サービス事業者）により提供されます。サービス等利用計画は、どのような障害福祉サービスを、どのような形で利用

**障害者ケアマネジ
メントのメリット**

障害者自身が自分に適切な障害福祉サービスの内容を的確に把握できる場合は少ないといる。そこで、障害者ケアマネジメントによって、個々の障害者の状況に応じた障害福祉サービスの助言やあっせんを行うことができるのがメリットである。

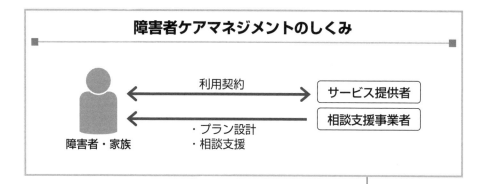

するのかを計画したものです。

　サービス等利用計画に基づき、利用者は、指定障害福祉サービス事業者との間で契約を結び、実際にサービスの提供を受けることになります。サービス等利用計画は、個人での作成もできますが、相談支援事業者に作成を依頼することもできます。依頼を受けた相談支援事業者は、障害者やその家族の意向を聞き入れながら、サービス等利用計画を作成します。なお、サービス等利用計画の作成依頼をする際、利用者側に費用の負担はありません。

　そして、サービス等利用計画は、市町村による支給決定後に作成するのではなく、支給決定をするにあたっての判断材料とした方がよいことから、支給決定前の段階でサービス等利用計画案の作成・勘案が行われます。

　相談支援事業者は、サービス等利用計画を作成すること以外にも、サービス利用のあっせんや契約の援助などを行っています。サービスの利用開始後も、障害者宅を訪問してモニタリング（164ページ）を行ったり、引き続き相談や支援を受け付けたりしています。

　このような障害者に継続的な支援を行う場合、相談支援事業者には計画相談支援給付費（サービス等利用計画作成費）などの給付が行われています。

指定特定相談支援事業者

相談支援事業者には、指定一般相談支援事業者と指定特定相談支援事業者があり、このうちサービス等利用計画（案）を作成できるのは指定特定相談支援事業者である。

サービス等利用計画の作成費用

サービス等利用計画の作成は計画相談支援給付費の対象になる。そのため、本文記載のように、サービス等利用計画の作成について利用者は費用を負担する必要がない。

PART5 8

障害福祉サービスの
しくみと利用法

モニタリング

利用者のニーズに合っているかどうかの再評価を行う

モニタリングの頻度

市町村や利用するサービスの内容によっても異なるが、最低でも年に1回は実施される。個別の支援計画では、PDCAが重要と言われている。つまり、計画（P）、実行（D）、評価（C）、改善（A）のサイクルがうまく回っているほど良いとされる。モニタリングは評価（C）にあたる作業である。

モニタリング期間の設定など

指定特定相談支援事業者が本文記載の事項を勘案してモニタリング期間を設定し、サービス利用等計画案に記載する。サービス利用計画案は市町村に提出され、市町村は支給決定などと併せてモニタリング期間の決定を行う。なお、指定特定相談支援事業者を通さず、自らサービス等利用計画を作成している場合は、モニタリングが実施されない。

■ サービスの利用計画の見直し

　モニタリングとは、利用者の状況を定期的に確認して計画見直しなどの必要性を検討することです。障害福祉サービスを利用する際はサービス等利用計画を作成する必要があり、サービス等利用計画が利用者のニーズに合った計画であるかを確認し、それを基に再計画や再評価につなげる重要な作業となっています。再評価の過程で、援助の全体目標や生活全般の解決すべき課題、提供されるサービスの目標や達成時期、提供されるサービスの種類、内容、頻度などが再設定されます。サービス等利用計画の作成を指定特定相談支援事業者に依頼すると、担当の相談支援専門員が、定期的に利用者の状況を確認するという方法によってモニタリングが行われます。

■ モニタリングを行う期間（モニタリング期間）

　モニタリング期間は、利用者の心身の状況、置かれている環境、援助の方針や解決すべき課題などの他、国が定める標準期間を勘案して決定されます。たとえば、新規サービス利用者もしくは変更によってサービスの種類・内容・量に著しい変動があった利用者は、利用開始から3か月間は毎月実施します。在宅サービス利用者は、6か月ごとに1回の実施が基本ですが、障害支援施設からの退所などによって一定期間集中的に支援が必要な利用者や、常時介護を要する利用者などは、毎月実施します。また、障害者支援施設入所者や重度障害者等包括支援の利用者も、6か月ごとに1回の実施が基本となります。

モニタリングで考慮するべき事項

モニタリングにおける考慮事項	障害者などの心身の状況	
	障害者などの置かれている状況	家族の状況
		障害者の介護を行う人の状況
		生活の状況（日中の活動の状況など）
	サービスによる援助の全体目標	
	提供される障害福祉サービスの種類・内容・量	
	提供される障害福祉サービスの個別目標・達成時期	
	支給決定の有効期間	

■ モニタリングを行う際の注意点

モニタリングを行う際には、いくつか注意する点があります。以下、紹介していきます。

① 利用者や家族の視点が中心に置かれた計画を立てているか

サービスを受ける上で、利用者である障害者やその家族が主体的に参加することが必要不可欠です。利用者や家族のニーズをふまえて、それを充足する計画を立てることが必要です。

② 権利擁護の視点で作成しているか

権利擁護（アドボカシー）とは、意思疎通が難しい人（判断能力が十分でない人）の権利やニーズを代弁することを意味します。モニタリングの際には、サービスの実施状況などから、利用者の不利益が生じていないかを確認する必要があります。また、サービス提供の現場に出向き、どのような表情で過ごしているか、自分の目で確かめることも必要です。

③ ニーズの変化を見逃していないか

①の利用者や家族視点の計画作成に共通する部分ですが、前回の訪問から今回の訪問までの変化の有無、本人の障害の状態や健康に変化はないか、本人・家族などの介護者に変化はないか、介護環境などに変化はないかを確認する必要があります。

権利やニーズの把握

利用者の権利やニーズの把握について、実際には利用者に最も近い障害福祉サービス事業所の責任者から情報を得ることが多いようである。

利用者の変化

本文記載のような変化が利用者本人にあったと考えられる場合は、利用者や家族のニーズが変化していることが多く、サービス等利用計画も適していない可能性がある。

PART 5　障害福祉サービスのしくみと利用法　165

PART5 9

障害福祉サービスの
しくみと利用法

サービスを利用するときの費用

家計の負担能力に応じて負担額を決定する

■ サービス利用のための負担のしくみ

障害福祉サービスを利用する場合、利用者は一定の利用料を負担します。この負担額については、利用者や世帯の所得を考慮して料金を決定するという考え方（応能負担の原則）に基づいて決定します。利用料の決定方法には、他に、サービスを利用する程度の多さに応じて、多くの負担を求めるという考え方（応益負担）もあります。応益負担は、サービスの対価としての性格が強く、利用者が不要なサービスを受給することを抑止する役割があります。ただし、障害者が低所得である場合には、本当に必要なサービスが行き渡らなくなるおそれがあるため、応能負担が採用されています。

具体的には、市区町村は、障害福祉サービスの種類ごとに指定障害福祉サービスなどに通常要する費用につき、厚生労働大臣が定める基準により算定した費用の額から、家計の負担能力その他の事情を考慮して政令で定められた額を控除した額について、介護給付費または訓練等給付費を支給します。

家計の負担能力が高い人は高額の負担であっても、全額を自己負担しなければならないというわけではなく、利用者の負担額は最大でも利用料の1割となっています。

サービスの利用料の負担が重くなり過ぎないようにするために、障害者が負担する障害福祉サービスの利用費は、世帯に応じて上限額が設定されています。なお、ここでいう世帯とは、障害者の年齢によってその範囲が異なります。具体的には、18歳以上の障害者の場合は障害者とその配偶者、障害児の場合は保護者の

障害福祉サービスにおける応益負担

かつての応益負担では、利用した障害福祉サービスの1割の金額を負担する必要があり、低所得者に対する配慮もなかったため、障害者自立支援法が違憲であると提訴された訴訟の和解において、応益負担の廃止が合意された。

166

応能負担の原則

応能負担の原則 利用者や世帯の所得を考慮して負担額を決定する

家計の負担能力などを基に設定されている自己負担額（下図）が上限となる。
ただし、その自己負担額よりもサービス費用の1割相当額の方が低い場合、1割相当額を負担することになる

利用者負担の上限額

所得区分	世帯の状況	負担上限額
生活保護	生活保護受給世帯	0円
低所得	市区町村民税非課税世帯	0円
一般1	【障害者】概ね670万円以下の世帯で、入所施設利用（20歳以上）、グループホーム利用を除く	9,300円
	【障害児】概ね920万円以下の世帯で入所施設利用（18歳・19歳を含む）の場合	
	【障害児】概ね920万円以下の世帯で通所支援、ホームヘルプ利用の場合	4,600円
一般2	上記以外 【障害者】市区町村民税課税世帯で、入所施設利用（20歳以上）、グループホーム利用の場合	3万7,200円

属する住民基本台帳の世帯で所得が判断されることになります。

世帯の区分は、①生活保護を受給している世帯、②低所得世帯（市区町村民税非課税世帯）、③一般1（市区町村民税課税世帯のうち、世帯収入が一定所得以下の世帯）、④一般2（①〜③以外の者）、の4種類です。

上図のように、生活保護世帯と低所得世帯については、自己負担はありません。一般の世帯についても自己負担の上限は月額3万7,200円とされています。

医療型個別減免

PART5
10

障害福祉サービスの
しくみと利用法

医療費や食事など一部の費用が免除される制度のこと

■ 医療型個別減免とはどんな制度なのか

障害福祉サービスの利用者負担を軽減するための措置には次ページ図のように、さまざまなものがあります。

所得別の上限額の制限に加えて、食費などの減免措置、高額障害福祉サービス等給付費（174ページ）、家賃助成など、利用するサービスに応じた負担軽減措置があります。

医療型入所施設や療養介護を利用する場合、医療型の個別減免措置を受けることができます。医療型の個別減免措置とは、医療費や食費などの一部の費用の負担が軽減される制度のことです。これによって、障害者が、障害福祉サービスにかかる費用を支払った後でも、一定の金額が障害者の手元に残るように配慮されています。

■ 障害者についての医療型個別減免

医療型個別減免措置が適用される対象者は、市区町村民税非課税（低所得）者で、療養介護などの療養を行うサービスを利用している人や施設に入所している人です。定率負担、医療費、食事療養費を合算した利用者負担の上限額が、収入や必要な生活費などを考慮して設定され、それを超える部分は免除されます。

また、20歳以上の入所者の場合、少なくとも2万5,000円が手元に残るように、利用者負担額が減免されます。

市区町村民税非課税世帯にある者が、医療型個別減免措置の対象となるためには、申請の際に本人の収入額を示す書類（年金証書・源泉徴収票・市区町村の課税証明書など）、必要経費

利用者負担額の減免に関して

障害基礎年金1級の者、60歳から64歳の者、65歳以上で療養介護の利用者については、手元に残る金額が2万8,000円になるように、3,000円が加算して計算される。

利用者負担に関する配慮措置

	入所施設利用者 （20歳以上）	グループホーム 利用者	通所施設 利用者	ホームヘルプ 利用者	入所施設利用者 （20歳未満）	医療型施設利用者 （入所）
	❶ 利用者負担の月額負担上限額設定（所得別段階）					
	❸ 高額障害福祉サービス等給付費（世帯での所得段階別負担上限）					**❷ 医療型 個別減免** （医療、食事 療養費と合 わせ上限額 を設定）
	❽ 生活保護への移行防止（負担上限額を下げる）					
食費・光熱水費等	**❹ 補足給付** （食費・光熱 水費負担を 軽減）	**❼ 補足給付** （家賃負担を 軽減）	**❻ 食費の 人件費支 給による 軽減措置**		**❺ 補足給付** （食費・光熱 水費負担を 軽減）	

の額がわかる書類（たとえば、国民健康保険の保険料等を納付した証明書）、その他それぞれの市区町村が要求している書類の提出が必要です。

■ 障害児についての医療型個別減免

医療型の個別減免措置は20歳未満の障害児に対しても適用されます。その地域で子を養育する世帯の負担額を考慮して負担額の上限額を設定します。

利用者が20歳以上の場合、「市区町村民税非課税世帯」という所得要件がありますが、障害児の場合には所得要件はありません。

PART 5　障害福祉サービスのしくみと利用法　**169**

PART5

11

障害福祉サービスの
しくみと利用法

食費・光熱水費など軽減措置

年齢や所得に応じた軽減措置がある

■ 食費や光熱費は利用者の全額実費負担なのか

利用するサービスは障害の程度や状況によって変わってきますが、基本的に食費や光熱水費は実費負担です。通所施設を利用する場合には、食費については実費を自己負担します。入所施設を利用する場合、食費だけでなく個室利用料や医療費も自己負担することになります。

サービスの利用料は最大1割（166ページ）とされていますので、利用者は最大1割の利用料と食費・光熱水費（実費負担）を支払うことになります。

もっとも、食費・光熱水費を実費で負担しなければならないとすると、それぞれの世帯の事情によっては、経済的負担が過大なものになってしまう可能性があります。そのため、年齢などに応じて最低限のお金が手元に残るように、食費や光熱水費の一部について、特定障害者特別給付費が支給されます。特定障害者特別給付費は補足給付と呼ばれることもあります。

また、基準該当サービスを利用している障害者に対しては、食費と光熱水費の一部について特例特定障害者特別給付費が支給されます。特例特定障害者特別給付費も、障害福祉サービスを受ける者の経済的負担が過大にならないことを目的として支給されている給付です。

■ 食費や光熱費はどの程度まで軽減されるのか

20歳以上の施設入所者への補足給付は、低所得の人を対象に、食費や光熱水費以外の「その他の生活費」が一定額残るように、

補足給付の対象

補足給付の対象に含まれるのは、市町村民税非課税世帯である。

基準該当施設

人員基準、設備基準、運営基準の一部を満たして市区町村から基準該当施設として指定を受けている施設のこと。

170

補足給付とはどんな給付なのか

概 要	入所施設の食費・光熱水費（実費負担分）等に対する負担を軽減する措置 **【20 歳以上の場合】** 福祉サービスと食費等の実費を負担しても、少なくとも手元に25,000円が残るように、給付が行われる
対象者	**【20 歳以上の場合】** 生活保護受給者　市区町村民税非課税（低所得）の者 **【20 歳未満の場合】** すべての所得区分の者（18〜19歳は監護する者の属する世帯の所得区分を認定して決定する）

食費や光熱水費に負担限度額を設定します。その他の生活費の額は2万5,000円（障害基礎年金1級受給者の場合は2万8,000円）と決められています。食費・光熱水費の負担限度額は、必要経費等控除後の収入からその他生活費を差し引いて算出します。

ただし、就労により得た収入については、2万4,000円までは収入として認定しません。つまり、就労収入が2万4,000円までは食費等の負担は生じないことになります。また、2万4,000円を超えた場合でも、超える額については、超える額の30％は収入として認定しません。

通所施設利用者についても、食費などの負担を軽減するための措置が実施されています。低所得、一般1（所得割16万円未満、グループホーム利用者を含む）の世帯の場合、食材料費のみの負担となり、実際にかかる額のおおよそ3分の1の負担となります（月22日利用の場合、約5,100円程度と想定されています）。

なお、食材料費については、施設ごとに額が設定されます。そのため、施設は事前に、実費負担として利用者から徴収する額（補足給付額と分けて記載する必要があります）を契約書に

所得割16万円未満
収入が概ね670万円以下の世帯。

PART 5　障害福祉サービスのしくみと利用法　171

明示しなければなりません。あわせて施設は、その額を都道府県に届け出なければならず、これによって、都道府県は、利用者の負担額を確認することができるというしくみがとられています。

■ 障害をもつ子どもの施設利用についての食費などの負担

食費や光熱水費などの費用については、その負担を軽減するために、補足給付を受給することができます。

補足給付は、施設入所者が20歳未満の場合にも、負担軽減措置を受けることが可能です。ただし、補足給付費の算出方法は、施設入所者が20歳以上の場合とは異なります。20歳未満の場合、すべての所得区分に属する人が対象になります。ただし、18歳・19歳の障害者については、監護者の属する世帯の所得区分を認定して決定されることになります。具体的には、①医療型入所施設に入所する障害児については、地域で子どもを養育する世帯と同程度の負担（低所得世帯、一般1については5万円、一般2については7万9,000円）となるように負担限度額が設定されており、限度額を上回った額について、減免が行われます。

また、②障害児が福祉型入所施設を利用する場合については、補足給付の支給額の目安は、地域で子どもを養育する費用（金額は①と同じ）と同様の負担となるように設定されています。

その他、③通所施設を利用する場合にも、食費の減免のための負担軽減措置が行われています。上限額は次ページ図のように設定されています。

■ その他の軽減措置

医療費や食費の減免措置の他にも、グループホーム利用者へ家賃を助成する制度や、生活保護への移行を防止する措置などがあります。

・グループホーム利用者への家賃助成

グループホーム（208ページ）の利用者が負担する家賃を対象

施設に入所する障害児に対する食費などの減免

障害児に対する食費の減免措置については、「所得に関する要件はない点に注意が必要である。

通所施設を利用する障害児の食費負担軽減措置

所得の状況	上限額
低所得	1,540 円
一般1	5,060 円
一般2	14,300 円 ※軽減なし

グループホーム利用者への家賃助成の額

家賃が1万円未満	実費を支給
家賃が1万円以上	1万円（上限）を支給

として、利用者1人あたり月額1万円を上限に補足給付が行われます。家賃が1万円未満である場合は、実費として支払った額が支給されることになります。家賃助成の対象者は、生活保護世帯、市町村民税非課税（低所得）世帯に該当する利用者です。

家賃助成の申請をする際には、過去1年間の収入額を証明する書類、グループホームの家賃額を証明する書類、住民税の課税（非課税）証明書などを提出する必要があります。過去1年間の収入額が、各自治体が定める基準を上回っている場合には家賃助成を受けることができません。なお、対象となるグループホームには、重度障害者等包括支援の一環として提供されているものも含まれます。

・生活保護への移行防止

上記の負担軽減策が講じられても、実費負担のために生活保護の対象となる場合には、実費負担を生活保護の対象にならない額まで引き下げます。

PART 5　障害福祉サービスのしくみと利用法

PART5

12

障害福祉サービスの
しくみと利用法

高額障害福祉サービス等給付費

負担した金額が上限を超えた場合には償還払いが受けられる

■ 家族に複数の障害者がいる場合の特別な軽減措置

　障害福祉サービスを利用する人が同一世帯に複数いる場合には、個人個人ではなく、世帯全体で合算された金額が利用者負担の上限（167ページ図参照）と比較されます。同じ世帯で、障害福祉サービスを受ける者が複数いる場合などには、世帯として支払う費用の額が大きくなります。そのような世帯の負担を軽減するために、高額障害福祉サービス等給付費が支給されます。

　また、利用者が障害福祉サービスと介護保険法に基づくサービスを両方受けた場合で、かかった費用の合計額が一定の限度額を超えるときには、その超えた分についても高額障害福祉サービス等給付費が支給されます。利用者が障害児の場合で、障害福祉サービスと児童福祉サービスを両方受けたというケースでも、同様に、限度額を超える分については高額障害福祉サービス等給付費が支給されます。

■ 高額障害福祉サービス等給付費の具体的な計算方法

　同じ世帯に障害者・障害児が複数いる場合などで、利用している障害福祉サービス等の利用者負担額が高額になる場合、1か月の負担額の合算が基準額を超えていれば、その超えた部分について払戻しを受けることができるのが高額障害福祉サービス等給付費の制度です。

　申請できるのは、利用者負担額を世帯で合算し、そこから基準額を差し引いた額です。基準額は世帯の収入状況や利用しているサービスのパターンによって異なりますが、一般の課税世

174

高額障害福祉サービス等給付費のしくみ

障害福祉サービス等の利用者負担額の世帯合計※	−	（上限の額）高額障害福祉サービス等給付費算定基準額	=	（償還払いされる額）高額障害福祉サービス等給付費の支給対象額

> ※合算の対象
> ・障害福祉サービス　　・補装具
> ・介護保険サービス　　・障害児支援サービス

帯で、障害福祉サービス・障害児支援・補装具等のいずれか2つ以上を利用している場合は、3万7,200円となっています。

また、具体的には、介護保険法に基づく訪問介護などの介護保険サービス、障害児の場合には児童福祉法に基づく入所・通所サービスの利用費なども対象に含まれます。

■ 高額障害福祉サービス等給付費の支給対象者の拡大

高額障害福祉サービス等給付費の支給については、障害者総合支援法76条の2に規定が置かれています。

なお、障害をもつ高齢者は、65歳を超えると、介護保険法と障害者総合支援法の双方の制度の適用を受けることになりますが、両者が重複した場合には、介護保険法が優先されるという原則が存在しています。

そのため、65歳を超えると、障害福祉サービスの支給決定を受けることができなくなり、高額障害福祉サービス等給付費も受けることができなくなります。その結果、費用の負担が増えてしまい、生活に困窮するおそれがあります。そこで、高齢障害者の所得の状況や障害の程度等の事情を考慮し、介護保険サービスの利用者についても、障害福祉制度によって負担を軽減できるしくみが整備されています。

> **高額障害福祉サービス等給付費の支給対象者の拡大（新高額障害福祉サービス等給付費）**
>
> 新高額障害福祉サービス等給付費の支給対象は、以下の要件を満たす者である。
> ①65歳に達する日の前5年間について、継続して介護保険に相当する障害福祉サービスに関する支給決定を受けていた
> ②障害者が65歳に達する日の前日が含まれる年度分について、市区町村民税が課されていないなど
> ③65歳に達する日の前日において障害支援区分が2以上である
> ④65歳に達するまでに介護保険法に基づく保険給付を受けていない

PART 5　障害福祉サービスのしくみと利用法　　175

PART5

13

······················

障害福祉サービスの
しくみと利用法

支給決定や障害支援区分の認定に不服がある場合

都道府県知事に対して不服申立てを行う

■ 不服申立てはどのようなときに行うのか

　障害福祉サービスとして給付される内容などについて、法律は具体的な給付の量を規定しているわけではありません。そのため、障害支援区分の認定、支給決定、利用者負担に関する決定などに対して不服がある場合は、都道府県知事に対して不服申立て（審査請求）を行うことができます。

　たとえば、障害支援区分は、障害のさまざまな特性や心身の状態に応じて６つの区分（＋非該当）が設定され、コンピュータ判定による１次判定の後、市町村審査会による２次判定を経て、市町村がどの区分に該当するのかを決定し、申請者に通知します。障害の程度や認定調査の状況によって、市町村と障害者との間での行き違いなどが生じる可能性があり、そういった場合に不服申立てを行います。

　不服申立てについては、支給決定を行う市町村に対して行うのではなく、公平性や客観性を確保するため都道府県知事に対して行うことに特徴があります。

■ 不服申立ての手順

　不服申立て（審査請求）を受けた都道府県知事は、都道府県に設置されている障害者介護給付費等不服審査会（不服審査会）に対して諮問を行います。なお、不服審査会の設置は任意ですが、専門的な機関で公平かつ中立的な立場で審査するため、各都道府県に設置されています。不服審査会の委員などの構成員も、身体障害や知的障害、精神障害の各分野に対してバラン

**不服申立てが
できる理由**

障害福祉サービスを利用する上で、市町村による認定や決定（行政処分）が適正でない場合、障害者が等しくサービスを受ける権利が侵害されている可能性があるからである。

176

支給決定に対する不服申立て

障害者

（例）支給決定

①支給決定 ⇒ 障害者が内容に不満
②審査請求
（①の翌日から60日以内）

→ 都道府県知事
（障害者介護給付費等不服審査会に諮問を行う）

【審査請求の対象】
①障害支援区分の認定、②障害支援区分の変更認定、
③介護給付費などの支給要否決定、
④支給決定（障害福祉サービスの種類、支給量、有効期間）、
⑤支給決定の変更の決定、⑥利用者負担上限月額に関する決定など

スよく配置されることが求められています。

　審査請求のおもな対象として、①障害支援区分の認定、②障害支援区分の変更認定、③介護給付費などの支給要否決定、④支給決定（障害福祉サービスの種類、支給量、有効期間）、⑤支給決定の変更の決定、⑥利用者負担上限月額に関する決定などがあります。

　審査請求ができる期間（審査請求期間）は、原則として認定や決定があったのを知った日の翌日から起算して60日以内です。審査請求をする際は、審査請求書を都道府県または市町村に書面で提出するか、口頭で審査請求を行う必要があります。

　その他、障害福祉サービスなどの苦情の受付は、利用している事業所内の苦情解決体制の中で行われます。しかし、事業所内で対応できない場合や直接言いにくい場合は、都道府県の社会福祉協議会に設置されている運営適正化委員会に相談することができます。

　また、介護保険制度をあわせて利用している場合、介護保険制度に関する不服申立て（審査請求）については、各都道府県に設置されている介護保険審査会に申し立てます。

Column

障害者手帳はどんな場合に交付されるのか

　障害者に対しては、障害の内容に応じて、身体障害者手帳、療育手帳、精神障害者保健福祉手帳が交付されます。また、それぞれの障害の状態に合わせて、さまざまな福祉サービスを受けることができます。

①　身体障害者手帳

　身体障害者が日常生活を送る上で、最低限必要な福祉サービスを受けるために必要な手帳です。身体障害者手帳の交付対象となる障害の範囲は、障害の程度の重い方から1級〜6級に分けられます。身体障害者手帳の交付を受けるためには、交付申請書と各都道府県知事により指定を受けた医師の診断書が必要です（身体障害者福祉法15条）。

②　療育手帳

　知的障害者と認められた人に交付される手帳です。東京都においては、申請があった場合、本人との面接や知能検査を経て、療育手帳（愛の手帳）を交付すべきか判定します。療育手帳は、知的障害者と判定されても、必ず持たなければならないものではありません。手帳の交付を受けるには、本人が居住している地域の福祉事務所へ申請します。

③　精神障害者保健福祉手帳

　精神障害のため日常・社会生活において制約のある人の自立と社会復帰・参加を促進して、各種福祉サービスを受けやすくするために交付されます。精神障害者保健福祉手帳の申請には、精神保健指定医または精神障害者の診断・治療を行っている医師の診断書が必要な場合があります。精神障害者保健福祉手帳は、障害の程度の重い方から1級〜3級と等級が分かれており、等級により受けられる福祉サービスが異なります。また、2年間の有効期間があり、有効期限が切れる前に更新手続きをしなければなりません。なお、精神障害の状態に変化があり、現在の等級が適当でないと思われる場合は、有効期限内でも等級の変更申請をすることが可能です。

PART 6

障害福祉サービスの
内容

PART6
1

障害福祉サービスの
内容

サービスの利用

利用者は必要なサービスを組み合わせて利用すること
になる

障害者総合支援
法によるサービス

介護給付（居宅介護や
重度訪問介護など、障
害のある人への介護の
給付のこと）、訓練等給
付（自立訓練や就労移
行支援など、リハビリ
や就労につながる支援
のこと）、地域生活支援
事業（移動支援事業や
意思疎通支援事業な
ど、障害のある人が自
立した地域生活を営む
ことを支援する事業の
こと）などからサービ
スの提供が行われる。

■ 人によって受けたいサービスは異なる

　障害者総合支援法によって受けられるサービスは、サービス
の利用方法によって日中活動、居住支援、居宅支援、相談等支
援、医療支援、補装具等支援のカテゴリに分けられます。

　実際には、利用者は、これらのサービスの中から必要なサー
ビスを組み合わせて利用します。たとえば、日中は療養介護を
利用し、夜間は施設入所支援を利用するといった具合です。

■ 自宅で生活支援をしてもらうことはできるのか

　居宅における生活支援とは、障害のある人が住みなれた家庭
で日常生活を送れるように支援するサービスです。

　介護給付による支援で居宅支援に関するサービスには、居宅
介護（障害支援区分1以上の人などが利用者）、重度訪問介護
（障害支援区分4以上であって二肢以上にまひがある人などが
利用者）、同行援護（移動困難な視覚障害のある人が利用者）、
行動援護（知的障害や精神障害のある人が利用者）、重度障害
者等包括支援（常時介護が必要な人や障害支援区分6以上の意
思疎通が困難な人などが利用者）、短期入所（障害支援区分1
以上の人が利用者）があります。

　これに対して、地域生活支援事業による支援で居宅支援に関
するサービスには、移動支援事業（介護給付による個別の給付
で対応できない複数名の移動や、突発的に必要が生じた場合の
移動支援を行うサービス）、日中一時支援事業（一時的に支援
が必要となった人に、社会適応訓練、見守り、日中活動の提供、

180

自宅での生活を支援するサービスとその内容

サービス名	内容
居宅介護	居宅における身体介護・家事援助・通院介助など
重度訪問介護	重度障害者が自宅で生活するための総合的な支援
同行援護	外出時に必要となる情報の提供や移動同行
行動援護	移動時の問題行動に対する援助・介護
重度障害者等包括支援	寝たきりなどの重度障害者に対し複数のサービスを包括的に行う
短期入所	介護者の不在時に一時的に施設で生活する

送迎などを行うサービス)、意思疎通支援事業(手話通訳や要約筆記者の派遣、手話通訳の設置支援などを行うサービス)があります。

■ 夜間の居住支援をサポートするサービス

居住支援とは、入所施設などで夜間に居住する場を提供するサービスのことです。居住支援については、介護給付、訓練等給付、地域生活支援事業から以下の支援が行われます。

まず、介護給付による支援として、施設へ入所する障害のある人に対し、入浴や排せつ、食事などの介護を行う施設入所支援があります。次に、訓練等給付による支援として、共同生活援助(グループホームを利用する障害者に対しては、共同生活をする賃貸住居で、相談や日常生活上の援助)が行われます。

また、地域生活支援事業による支援で夜間の居住支援に関するサービスには、福祉ホーム(障害者に対して低額な料金で居室を提供している施設のことで、民間の事業者が運営しています)による日常生活の支援や、入居後の相談支援を行う居住サポート事業(賃貸借契約による一般の住宅に障害者が入居することを支援する事業)があります。

PART 6　障害福祉サービスの内容　181

■ 日中活動を支援するためのサービス

日中活動の支援とは、入所施設などで昼間の活動を支援するサービスです。日中活動の支援については、介護給付、訓練等給付、地域生活支援事業から以下の支援が行われます。

まず、介護給付による支援には、療養介護と生活介護があります。次に、訓練等給付による支援には、自立訓練、就労移行支援、就労継続支援があります。また、地域生活支援事業による支援には、地域活動支援センター機能強化事業による支援があります。

■ 医療支援や用具の購入費用の支給を受けるサービス

障害のある人は、以下のような医療支援や用具の購入などの費用の支給を受けるサービスを受けることができます。

・医療支援

障害の軽減を図り、日常生活や社会生活で自立するために必要な医療を提供する自立支援医療（障害の軽減を図り日常生活や社会生活を自立して営むため必要な医療が提供されるサービスで、障害者や障害児が利用者）と、療養介護医療（医療の他に介護を受けている場合に、医療費の部分につき支給される給付で、常時介護を要する身体障害者が利用者）があります。

・用具の購入などの費用（補装具費）の支給

日常生活で必要な用具の購入や修理にかかる費用については、自立支援給付により、補装具費（車いす、義肢、補聴器などのための費用で、身体障害者が対象になります）として支給されます。補装具は購入が原則ですが、貸与が適切と考えられる場合（成長に伴って交換が必要となる障害児など）は、貸与にかかる費用も補装具費の支給対象となっています。

就労選択支援

2025年10月に導入される就労選択支援は訓練等給付による支援に含まれる。

地域生活支援事業による給付

重度の障害がある人は、地域生活支援事業により、市町村から日常生活に必要な用具の貸与・購入に要する費用の給付（身体障害者が利用者）を受けることができる。

障害者へのサービス（介護給付・訓練等給付により行われるもの）

居宅支援	**居宅介護**：身体介護・家事援助・通院等介助・通院等乗降介助を行う
	重度訪問介護：重度の障害者が、自宅で日常生活を営むことができるように、総合的な支援を行うサービス
	同行援護：視覚障害者の外出時に同行などを行うサービス
	行動援護：自己判断能力が制限されている障害者の行動時に、危険回避のための必要な援助を行うサービス
	重度障害者等包括支援：重度障害者などに対して複数のサービスを包括的に行う支援
	短期入所：施設で短期間生活する際に受けることのできるサービス
居住支援	**施設入所支援**：施設入所者に対して夜間を中心に排せつや入浴、食事の世話を行うサービス
	共同生活援助：地域の中で障害者が集まって共同生活をする住居を設け、生活面の支援をするサービス
	自立生活援助：一人暮らしに必要な生活力などを養うために、必要な支援を行うサービス
日中活動	**療養介護**：難病患者や重症心身障害者に医療・介護を行うサービス
	生活介護：昼間に施設で介護や生産活動のサポートを行うサービス
	自立訓練（機能訓練）：一定期間、身体機能の維持回復に必要な訓練を行う
	自立訓練（生活訓練）：一定期間、生活能力の維持と向上に必要な訓練を行う
	就労移行支援：就労に必要な能力や知識を得るための訓練を行う
	就労継続支援A型：一般企業に就労するのが困難な障害者と雇用契約を結び、就労の機会の提供や必要な訓練を行う
	就労継続支援B型：一般企業に就労するのが困難な障害者と雇用契約を結ばずに、就労の機会の提供や必要な訓練を行う
	就労定着支援：就労に伴う生活面の課題に対して支援を行う
医療支援	**自立支援医療費**：障害の軽減を目的とする医療費の公費負担制度
	療養介護医療費：医療の他に介護が必要な障害者に支給される
補装具支援	**補装具費**：義肢、車椅子、義眼などの給付についての費用を補助する制度
相談支援	**計画相談支援給付費**：サービス等利用計画（案）の作成・見直し
	地域相談支援給付費：地域の生活に移行できるようにするための支援（地域移行支援）と、常時の連絡体制の確保などのサービス（地域定着支援）

※上表の他、地方自治体の地域生活支援事業により行われる各種の給付もある
※2025年10月1日に「日中活動」について就労選択支援が追加される

PART6
2

障害福祉サービスの内容

居宅介護

在宅において障害のある人に必要な介護を提供する

■ 居宅介護とは

　居宅介護とは、障害者の自宅において提供されるサービスのことです。ホームヘルプとも呼ばれています。障害者福祉における重要な視点として、障害者が地域で自律的に生活することができる社会を実現することが挙げられます。つまり、必要な支援を行うことで、障害者が常に障害福祉サービス事業所に通い詰めるのではなく、自宅を中心に地域社会の中で自由な生活を送ることを保障するためのサービスであるといえます。

　居宅介護の対象になるのは、障害支援区分1以上にあたる人です。ただし、居宅介護のうち、身体介護を伴う通院等介助が必要な人については、障害支援区分2以上にあたる必要があるとともに、障害支援区分の認定調査項目について、以下の事項のうち1つ以上の認定を受けている必要があります。

・**歩行に関して**

　全面的な支援が必要と認められることが必要です。

・**移乗または移動に関して**

　全面的な支援が必要、見守りなどの支援が必要、部分的な支援が必要、のいずれかが認められることが必要です。

・**排尿または排便に関して**

　全面的な支援が必要、部分的な支援が必要、のいずれかが認められることが必要です。

■ サービスの内容や特徴

　具体的に、居宅介護は、ホームヘルパーが障害者（または障

居宅介護の対象

障害児の場合、障害支援区分1以上と同等の心身の状態であると認められた場合に、居宅介護のサービスが利用可能である。

184

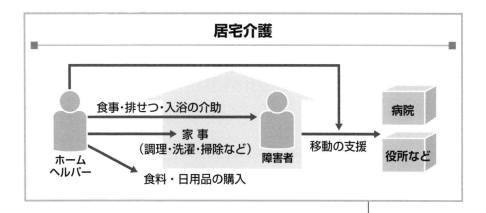

害児）の自宅を訪問し、必要なサービスを提供するという形態がとられています。居宅介護は、身体介護、家事援助、通院等介助、通院等乗降介助の4つに分類できますが、以下のように介護が必要な局面に応じて分類可能です。

・**障害者の身の回りの介護**

ホームヘルパーは、障害者の食事・排せつ・入浴にあたり、介助を行います。その他、障害者の生活全体を通じて相談に応じるとともに、必要なアドバイスを提供します。

・**障害者の日常生活に対する介護**

ホームヘルパーは家事全般（食事の調理や掃除・洗濯など）を担うとともに、食料や日用品の購入なども行います。

・**通院や社会生活を送る上での必要なサポート**

居宅介護は、原則として障害者の自宅において行われるサービスですが、障害者の社会生活をサポートするという目的があるため、障害者が外出するときも必要な支援を行います。たとえば、身体障害により移動が困難な障害者は、定期的に通院が必要な場合があります。その場合には、ホームヘルパーが移動介助などを行います。その他にも、選挙の投票や、役所などの行政機関での必要な手続きなどについても、ホームヘルパーによる移動介助などを受けることができます。

PART6

3

障害福祉サービスの
内容

重度訪問介護

在宅の重度障害者に訪問介護や移動支援を総合的に提供する

■ 重度訪問介護とはどんなサービスなのか

　重度訪問介護は、重度の障害者が自宅で日常生活を営むことができるように、入浴・排せつ・食事などの介護や、調理・洗濯・掃除などの支援を行います。ヘルパーなどが自宅に訪問する居宅介護と支援内容はほとんど同じです。居宅介護との相違点は、重度訪問介護の支援の中で外出時の移動支援や、入院時の支援なども総合的に行うことです。そのため、重度訪問介護を利用する場合は、居宅介護、同行援護、行動援護の支援は併用できません。また、2018年の法改正で入院時の支援が追加されました。入院時の支援とは、障害者それぞれの特性に合わせた介護を提供できるヘルパーが入院中の病室を訪問し、見守りなどをすることで、入院中であってもいつもと同じ介護を受けることが可能になっています。

　重度の障害者の場合、常時介護が必要な状態のため、ホームヘルパーは長時間にわたって見守りを行う必要があります。そのため、24時間サービスを受けることが可能なしくみになっています。

　重度の障害者が、住み慣れた地域、自宅で住み続けていくために重度訪問介護は必須のサービスとなっています。しかし、重度の障害で医療との連携も深く、専門的知識を要する人材が不足したり、支援の特性上、長くサービスを提供するため単価が低くなってしまったりするなど、重度訪問介護の事業所が増えないという課題があります。

入院時の支援

障害のある人にとって、環境の変化をもたらす入院は強い精神的なストレスにつながるため、入院時の支援はメリットが大きいといえる。

186

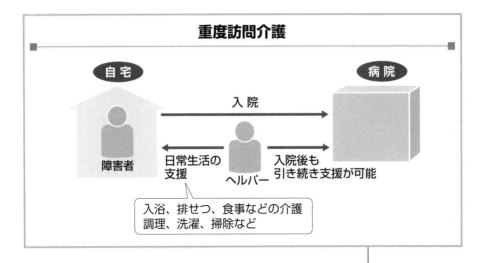

■ 支援の対象はどういった障害者なのか

重度訪問介護はより重い症状をもつ障害者に対するサービスで、重度の肢体不自由者などで、常に介護を必要としている人が対象になります。

具体的には、障害支援区分4以上であって、二肢以上にまひなどがあり、障害者支援区分の認定調査項目のうち「歩行」「移乗」「排尿」「排便」のいずれも支援が不要以外と認定されていることが条件とされています。なお、入院時の支援を受ける場合は、障害支援区分が6以上で入院前から重度訪問介護を利用している必要があります。

重度の肢体不自由者だけでなく、知的障害者や精神障害者も対象となっています。その場合は、障害支援区分4以上であって、障害者支援区分の認定調査項目のうち行動関連項目等（12項目）の合計点数が10点以上であることが必要です。行動関連項目等とは、コミュニケーション、説明の理解、異食行動、大声・奇声を出す、多動・行動停止などの12項目を0～2点で評価したものです。

> **支援の対象**
>
> 重度訪問介護の対象から、障害児が除かれている点に注意が必要である。

PART6
4

障害福祉サービスの
内容

同行援護

視覚障害者の外出支援の範囲が決められている

■ 同行援護とはどんなサービスなのか

視覚障害者にとって、外出をすることは困難で家に閉じこもりがちになってしまう傾向があるようです。障害者の自立をめざす上で望ましいとはいえません。また、国や地方公共団体によって、公共交通機関や歩道などのバリアフリー化が進められていますが、安心して外出できるレベルには達していないのが現状ではないでしょうか。

そこで同行援護によって、視覚に障害があり、移動が困難な障害者が生活できるよう、障害者が外出する際に必要な情報を提供したり、障害者の移動に同行して支援を行います。今までは視覚障害者への移動支援という位置付けでしたが、2011年の法改正によって、外出中や外出先での視覚情報の支援という位置付けとなりました。

同行援護を利用できるのは、視覚障害により移動に著しい困難を有する障害者などです。さらに、同行援護アセスメント調査票によって、調査項目中の「視力障害」「視野障害」「夜盲」のいずれかの点数が1点以上であるとともに、「移動障害」の点数が1点以上であることが必要です。身体介護が伴わない場合は、障害支援区分の認定がなくても利用可能となっています。

これに対して、身体介護が伴う場合は、障害支援区分2以上であるとともに、障害支援区分の認定調査項目のうち「歩行」「移乗」「移動」「排尿」「排便」について、いずれか1項目でも支援が必要な状態であることが必要です。

身体介護が伴う場合

本文記載の「いずれか1項目でも支援が必要な状態」とは、歩行は「全面的な支援が必要」の状態、移乗や移動は「見守り等の支援が必要」「部分的な支援が必要」「全面的な支援が必要」のいずれかの状態、排尿や排便は「部分的な支援が必要」「全面的な支援が必要」のいずれかの状態のことを指す。

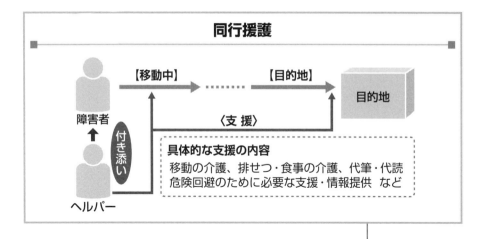

■ 同行援護の対象になる外出とは

　視覚障害者などの外出時に付き添うヘルパーは、移動中や目的地において、移動の介護、排せつ、食事の介護、代筆・代読、危険回避のために必要な支援を行います。外出を支援するサービスだけでなく、移動先での代筆や代読も提供できる点が特徴で、役所や病院などで何かを読んでもらうことが可能です。ただし、すべての外出が支援の対象になるわけではなく、通勤や営業活動などのための外出、一年を通じた長期の外出の他、パチンコに行くなど、同行援護の対象に社会通念上（常識的に見て）不適切な外出は対象になりません。具体的に同行援護の支援範囲となるのは、日常生活での買い物や通院、公的機関・銀行などへの外出、社会参加、余暇活動・スポーツなどです。

　また、支援サービスの始まりと終わりの場所は、自宅でなくてもよく、病院から自宅までの支援でも可能とされています。

　介護保険の対象者でも、同行援護を利用できる場合があります。同行援護のサービス内容は、介護サービスの中にないからです。しかし、買い物や通院などの場合、介護サービスの訪問介護と重なる部分が多く、市町村によっては認められない可能性もあります。

同行援護の対象
原則として1日の範囲内で用務を終えるものでなければならない。

PART6 5	
障害福祉サービスの内容	

行動援護

障害者の行動に伴う危険回避の援助を行う

■ 行動援護とはどんなサービスなのか

　行動援護は、知的障害や精神障害により行動上著しい困難があり、常時介護を必要とする障害者に対して提供します。支援内容は、移動する際に生じる危険を回避するために必要な援助や、外出時における移動中の介護などを行うことです。

　行動援護の具体的なサービスは、制御的対応、予防的対応、身体介護的対応に分けられます。まず、制御的対応とは、障害者による突然動かなくなる、物事に強いこだわりを示すなどの問題行動に適切に対応することです。次に、予防的対応とは、障害者が初めての場所で不安定になったり、不安を紛らわすために不適切な行動を起こしたりしないよう、前もって不安を取り除く対応です。また、身体介護的対応とは、便意の認識ができない障害者の介助、食事介助、衣類の着脱の介助などの対応です。場合によっては、情緒不安定に陥り自傷行為を行うケースもあるため、他人に対する危険以外にも注意を配らなければなりません。この制御的対応や予防的対応が、移動する際に生じる危険を回避するために必要な援助に該当します。

　知的障害者や精神障害者は、障害の程度によって自分の行動や感情のコントロールが難しい場合があります。たとえば、突然泣き出したり、大声を出したり、相手に危害を加えたりすることがあります。また、日々のルーティンと異なることで不安になる場合もあります。そういった状況において、制御的対応や予防的対応を主とした行動援護をうまく活用することで、知的障害者や精神障害者も社会生活を過ごすことができます。

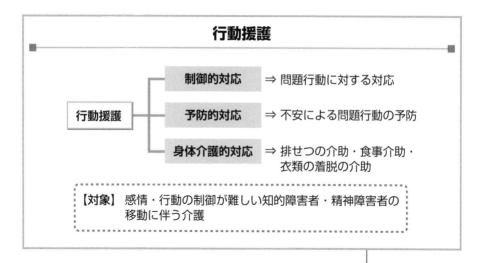

■ 対象者となる障害の程度とは

　行動援護の対象になるのは行動上著しい困難を有する障害者です。具体的には、障害者支援区分3以上で、障害支援区分の認定調査項目のうち行動関連項目等（12項目）の合計点数が10点以上である者が対象となります。

　実際の対象者の例としては、統合失調症などを有しており、危険回避などができない重度の精神障害者、てんかんや自閉症などを有する重度の知的障害者、そして自傷・異食・徘徊などの危険を有する障害者などが挙げられます。

　障害者の特性に合わせて、制御的対応や予防的対応などを行わなければならないため、行動援護を行うヘルパー（ガイドヘルパー）も高い知識と経験が必要になってきます。2021年4月以降は、ヘルパーの資格要件として、養成研修の修了者であり、かつ、知的障害者または精神障害者への直接処遇経験が1年以上必要となっています。よりよい支援を行うため、資格要件が厳しくなっています。なお、資格要件については経過措置が設けられていましたが、2024年3月末日をもって経過措置が終了していることに注意を要します。

> **障害児の場合**
> 障害児の場合、本文記載の対象になる障害者と同等の心身の状態であると認められた場合に、行動援護のサービスが利用可能である。

> **養成研修の終了者**
> 行動援護従業者養成研修課程修了者または強度行動障害支援者養成研修（基礎及び実践研修）修了者のことを指す。

PART6

6

障害福祉サービスの内容

重度障害者等包括支援

複数のサービスを組み合わせて利用する

■ 重度障害者等包括支援とはどんなサービスなのか

　重度障害者の場合、多くの介護や支援が必要となるケースが多く、想定していなかったサービスが急に必要になる可能性も高いといえます。そのため、対象者が日常生活においてさまざまなサービスを心身の状態などに合わせて臨機応変に利用できることが必要になります。つまり、重度障害者等包括支援の対象者は、居宅介護、同行援護、重度訪問介護、行動援護、生活介護、短期入所、共同生活介護、自立訓練、就労移行支援、就労継続支援といった複数のサービスを包括的に利用できます。

　重度障害者等包括支援のサービスの対象者は、障害支援区分6に該当し、意思疎通が著しく困難な障害者です。その上で、重度障害者をⅠ類型、Ⅱ類型、Ⅲ類型に分類しています。重度障害者等包括支援事業者は、運営規定の中で事業の対象者としてⅠ～Ⅲ類型を明記する必要があります。

　Ⅰ類型とⅡ類型は、四肢すべてに麻痺があり、常時寝たきり状態である者です。そして、Ⅰ類型は、筋ジストロフィーや脊椎損傷など人工呼吸器で呼吸管理をしている身体障害者が該当します。Ⅱ類型は、最重度の知的障害者が該当します。これに対して、Ⅲ類型は、障害支援区分の認定調査項目の行動関連項目により判断され、強度行動障害者などが該当します。

■ 事業者は具体的にどのように支援を行うのか

　重度障害者等包括支援は複数のサービスを組み合わせて提供されます。具体的には、朝夕の食事などの介護を重度訪問介護、

就労選択支援も含まれる

2025年10月に導入される就労選択支援も、重度障害者等包括支援の対象者が包括的に利用できるサービスに含まれる。

障害児の場合

障害児の場合、本文記載の対象になる障害者と同等の心身の状態であると認められた場合に、重度障害者等包括支援のサービスが利用可能である。

Ⅲ類型の対象者

障害支援区分の認定調査項目のうち行動関連項目等（12項目）の合計点数が10点以上である者が対象に含まれる。

192

重度障害者等包括支援

複数の介護・支援が必要になる

重度障害者 → 居宅介護、同行援護、重度訪問介護、行動援護、生活介護、短期入所、共同生活援助、自立生活援助、自立訓練、就労移行支援、就労定着支援を包括的に利用できるしくみが整えられている

対象者

四肢すべてにまひで、常時寝たきり ┬ 人工呼吸器で呼吸管理をしている身体障害者 ⇒ Ⅰ型

└ 最重度の知的障害者 ⇒ Ⅱ型

強度行動障害者など ⇒ Ⅲ型

日中は事業所へ移動し、入浴などの生活介護をそれぞれ行い、切れ目のないサービスを提供します。また、家族の入院など緊急時や障害者本人の通院時は、重度訪問介護で夜間の見守りや通院支援を行います。家族の介護負担を減らすために、泊まりの短期入所を組み合わせる場合もあります。すべての事業を同一の事業所で提供することは難しい場合は、他事業所と連携して提供することも可能です。その場合も、利用者の状態変化で生じたニーズに臨機応変に対応する体制を整えたり、緊急なサービス内容の変更への調整を行ったりできるように事業所間で連絡を密にしておく必要があります。

しかし、事業所にとっては、複数のサービスの提供に加え、急に介護や支援が必要になった場合の緊急の要請にも備えなければならず、非常に負担の大きいサービスです。そのため、実施事業者数、利用者数ともに伸び悩んでいるのが現状です。

なお、利用者は原則１割の利用料を負担しますが、一定の金額を上限として定め、利用者の負担が過度にならないように配慮しています。その際には、所得を基準にして上限月額（毎月の利用料の上限）を算定します。

所得を基準とした上限額

18歳以上の場合は利用者（障害者）とその配偶者の所得、18歳未満の場合は利用者（障害児）を監護する保護者の属する世帯の所得に応じた自己負担の上限月額がある。

PART 6　障害福祉サービスの内容　193

PART6
7

障害福祉サービスの
内容

短期入所

介護者のリフレッシュも兼ねる

■ 短期入所とはどんなサービスなのか

　短期入所は、通常、自宅での介護サービスを受けている障害者が、その介護者の病気、冠婚葬祭への出席、公的行事への参加などの理由から、施設で短期間生活する際に受けることのできるサービスのことで、ショートステイとも呼ばれます。介護者が不在となる障害者を一時的に預かり、必要に応じて排せつ、食事、入浴などの介護や日常生活上の支援を行います。障害者の高齢化が進むとともに、障害者の介護にあたる家族の高齢化も進んでいます。短期入所は、家族による障害者の介護の負担軽減を図る制度としても期待されています。

　短期入所は福祉型と医療型に分かれています。どちらも身体障害者、知的障害者、精神障害者を問わず利用することができます。福祉型は障害者支援施設などで実施されており、対象となるのは、障害支援区分1以上の障害者、または障害児に必要とされる支援の程度に応じて厚生労働大臣が定める区分における区分1以上に該当する児童です。これに対して、医療型は病院、診療所、介護老人保護施設で実施されており、対象者は遷延性意識障害者（児）や重症心身障害者（児）などです。

　短期入所を利用できる日数は、各市町村の判断によって決定されます。なお、短期入所は介護者の急用などで突然利用が必要になることも多いため、すぐに利用予定がない場合でも、事前に利用申請をしておくことができます。

　短期入所は地域社会において必要不可欠なサービスとなっています。一般は障害者支援施設に併設しているため、設備や人

医療型の対象者

医療型の対象者の具体例として、本文記載の障害者（児）の他にも、筋萎縮性側索硬化症（ALS）などの運動ニューロン疾患に分類される者が挙げられる。

194

短期入所

	福祉型
短期入所	障害者支援施設などで実施 （対象）障害支援区分１以上の障害者など
	医療型
	病院・診療所・介護老人保護施設で実施 （対象者）遷延性意識障害者・重症心身障害者など

役 割

- 介護者の病気、冠婚葬祭への出席、公的行事への参加などの緊急な場合に、施設などで必要なサービスを臨時に受けることができる
- 介護に疲れた家族のリフレッシュのために利用する（レスパイトケア）

員面に関しても安心してサービスを利用することができます。

■ 短期入所の役割とは

　短期入所の利用理由は、介護者の病気など、緊急・臨時的に介護が必要という理由だけでなく、旅行や休息など、介護に疲れている家族がリフレッシュすることを目的としたものでもかまいません。家族がリフレッシュするために、一時的に介護を離れ、障害者を預かることをレスパイトケアといいます。

　近年では、介護のための時短勤務や、場合によっては離職して介護をしなければならないケースが増えてきました。日本では家族が介護をするという考え方がまだまだあるからです。

　しかし、短期入所のように気軽にレスパイトケアとして利用することが可能なサービスが増えれば、そういった介護者の負担軽減になり、介護者の社会進出も可能になります。短期入所のサービスは、障害者の一時的な介護や支援を提供するだけでなく、介護者の身体的・精神的負担軽減の役割もあります。

PART 6　障害福祉サービスの内容　195

PART6
8

障害福祉サービスの内容

療養介護

医療機関で介護と医療的ケアを行う

■ 療養介護とはどんなサービスなのか

　療養介護とは、障害者総合支援法で定められた自立支援給付のうち、介護給付に含まれる障害福祉サービスです。障害の種類によっては、食事や排せつなどの介護だけでなく、医療的なケアを要する障害もあります。具体的には、ALS（筋萎縮性側索硬化症）や筋ジストロフィーといった難病患者、重症心身障害者などが該当します。つまり、長期の入院が必要である障害者のためのサービスとなっています。

　療養介護では、病院などの医療機関に長期入院して、機能訓練や療養上の管理、看護などの医療的ケアとともに、食事や排せつなどの介護を受けることができます。つまり、日常的な介護の他に、医療行為の提供などを受けることができ、これを療養介護医療と呼んでいます。

　療養介護の対象者は、ALSなどを患っており気管切開を伴う人工呼吸器による呼吸管理をしている人のうち障害支援区分6の人、または筋ジストロフィー患者か重症心身障害者のうち障害支援区分5以上の人です。いずれの場合も、長期入院による医療的ケアに加えて常時の介護を必要とする人が対象です。

　療養介護を利用するためには市町村に申請し、障害支援区分についての認定を受けなければなりません。障害支援区分には有効期間があり、3か月から3年の期間内で期間が決定されます。さらに、支給を受けるためには、指定特定相談支援事業者が作成したサービス等利用計画案を提出し、支給決定を受けなければなりません。サービスの利用開始後も、利用者の実情に

療養介護の対象者

本文記載の対象者以外に、改正前の児童福祉法に基づき、重症心身障害児施設に入所した者あるいは指定医療機関に入院した者であって、2012年4月以降に指定療養介護事業所を利用する者も対象に含まれる。

療養介護

【対象】長期入院・常時介護が必要な障害者
- ALS（筋萎縮性側索硬化症）などにより気管切開を伴う人工呼吸器による呼吸管理をしている障害支援区分6の人
- 筋ジストロフィー患者・重症心身障害者など一定の要件に該当し、障害支援区分5以上の人

受けられるサービス

〈日常生活上の介護〉
食事、入浴、排せつなどの介護

＋

〈療養介護医療〉
医療行為や看護など

合ったサービスを提供するため、事業者は1年ごとにモニタリングを行い、利用計画を見直します。支給決定の更新もそれに基づいて決定されます。

■ 療養介護も選択肢のひとつになっている

療養介護は、医療的ケアを必要とする障害者が長期入院をすることを想定して作られたサービスです。医療の発達や機能訓練などで、必ずしも療養介護を利用しなければならないわけではありません。筋ジストロフィー患者の中には、自らの意思で療養介護を継続した人もいれば、自宅で自立生活を送っている人もいます。なお、自立生活を行う場合は、重度障害者等包括支援を利用することになります。

難病患者や重症心身障害者は、体を動かすことや意思疎通が困難な場合があります。しかし、「こういう生活がしたい」という意思や感情までなくなったわけではありません。障害が重いから入院しかできないではなく、療養介護はあくまで選択肢のひとつであり、障害者本人の意思を優先し、望んでいる生活が可能となるサービスや支援の拡充が必要となっています。

PART 6　障害福祉サービスの内容

PART6
9

障害福祉サービスの内容

生活介護

日常生活上の介護から創作的活動まで支援する

■ 生活介護とはどんなサービスなのか

生活介護とは、障害者総合支援法で定められた自立支援給付のうち、介護給付に含まれる障害福祉サービスです。昼間に障害者支援施設など適切にサービスを行うことができる施設で、排せつや入浴、食事などの基本的な日常生活上の介護だけでなく、生産活動や創作的活動のサポートも行います。施設に入所している障害者も昼間に生活介護を利用することができます。

生活介護の対象者は、身体障害、知的障害、精神障害にかかわらず、常時介護を必要とする障害支援区分3以上の人（施設入所者の場合は障害支援区分4以上の人）です。ただし、年齢が50歳以上の場合は、障害支援区分2以上（施設入所者の場合は障害支援区分4以上）が対象となります。障害児による利用はできません。施設には利用者の障害支援区分に応じて、看護師、理学療法士、作業療法士などが配置されています。

生活介護を利用するためには、市町村に申請し、障害支援区分についての認定を受けなければなりません。障害支援区分の有効期間、支給を受けるための過程については療養介護と同じです（196ページ）。療養介護と同様にモニタリングが行われますが、療養介護が1年ごとに行われるのに対して、生活介護の場合は、通常6か月ごとにモニタリングが行われます。

■ 生産活動や創作的活動の意義とは

生活介護の特徴は、日常生活上の介護だけでなく、生産活動や創作的活動を提供することにあります。障害者が日常生活を

障害者支援施設の入所者の特例

障害者支援施設の入所者は、障害支援区分4（50歳以上の場合は障害支援区分3）より低くても、指定特定相談支援事業者によるサービス等利用計画案の作成の手続きを経て、市町村によって利用の組合せの必要性を認められた場合も対象となる。

生活介護と入所施設の支援を組み合わせる場合

指定特定相談支援事業者によるサービス等利用計画案を作成するという手続きが必要になる。

生活介護

```
障害者支援施設など

【生活介護】
おもに昼間に提供されるサービス

対象障害者
```

日常生活上の介護	生産活動・創作的活動
排せつ、入浴、食事などの介護	(例) 手芸などの自主製品の製作 パンやクッキーの製造 企業からの内職 など

送る上で必要な介護などを提供するとともに、さまざまな生産活動や創作的活動に取り組むことで、社会参加への足がかりを作ることに生活介護の目的があります。生産活動や創作的活動の具体例としては、手芸などの自主製品の製作や、パンやクッキーの製造、趣味活動などのサポート、企業からの内職などの多種多様な活動があります。

こうした生産活動や創作的活動は、製作や内職をして工賃を稼ぐためではなく、健康の維持・増進、自立に向けた自信や生活意欲の醸成、経験値の拡充などの目的があります。

生活介護の利用者は、比較的障害支援区分が高い障害者が多いため、生産活動や創作的活動の内容を充実させることは、前述した目的達成のために重要な要素になります。たとえば、内容を充実させるために、製作をただの作業で終わらせず、創作活動の成果を発表する場を設ける、就労支援施設との連携を図るなどが考えられます。

PART 6　障害福祉サービスの内容

PART6
10

障害福祉サービスの
内容

自立訓練

機能訓練と生活訓練では対象者が違う

■ 自立訓練（機能・生活訓練）とはどんなサービスなのか

　自立訓練とは、自立支援給付のうち、訓練等給付に含まれる障害福祉サービスです。病院や施設を退院した人が、地域社会で自立した生活を営むことができるように、身体機能の訓練や生活能力の維持・向上のためのサービスが受けられます。

　自立訓練は、身体障害者を対象とした機能訓練と、知的障害者・精神障害者を対象とした生活訓練に分けられます。

・機能訓練

　機能訓練とは、身体障害者の身体機能の維持回復に必要な訓練を行うサービスです。具体的には、理学療法士や作業療法士によるリハビリテーションや、日常生活を送る上での相談支援などを行います。利用者の状況に応じて、通所と訪問などのサービスを組み合わせて訓練を行います。

　機能訓練のサービスを利用するためには、指定特定相談支援事業者が作成したサービス等利用計画案を市町村に提出し、支給決定を受けなければなりません。障害支援区分についての認定は必要ありませんが、サービスの長期化を防ぐため、18か月間の標準利用期間が設定されています。また、利用者が安定して地域生活を営むことができるように、定期的な連絡・相談を行うため、原則として6か月ごとにモニタリングが実施されます。

・生活訓練

　生活訓練とは知的障害者と精神障害者の生活能力の維持と向上に必要な訓練を目的とした障害福祉サービスです。地域の中

機能訓練における訪問サービス

機能訓練は、原則として通所による訓練が中心である。訪問サービスについては、個別支援計画の進行に合わせて、必要な場合に認められるしくみになっている。

200

機能訓練と生活訓練の違い

	機能訓練	生活訓練
利用者	地域生活を営む上で、身体機能・生活能力の維持・向上等の必要がある身体障害者。以下の①②などがおもな対象者。 ①病院・施設などを退院（所）した者で、身体的リハビリテーションの継続や身体機能の維持・回復などの支援が必要な者 ②特別支援学校を卒業した者で、身体機能の維持・回復などの支援が必要な者	地域生活を営む上で、生活能力の維持・向上等の必要がある知的障害者・精神障害者。以下の①②などがおもな対象者。 ①病院・施設などを退院（所）した者で、生活能力の維持・向上などの支援が必要な者 ②特別支援学校を卒業した者や継続した通院により症状が安定している者で、生活能力の維持・向上などの支援が必要な者
サービス内容	身体的リハビリテーションの実施　など	社会的リハビリテーションの実施　など

で生活をするために、事業所への通所や利用者の自宅への訪問を通じて必要な訓練を実施します。具体的には、食事や家事など日常生活能力を向上させるための訓練を行います。

　生活訓練のサービスを利用するためには、指定特定相談支援事業者が作成したサービス等利用計画案を市町村に提出し、支給決定を受けなければなりません。障害支援区分についての認定は必要ありませんが、サービスの長期化を防ぐため、24か月間の標準利用期間が設定されています。この標準利用期間は、長期間、入院・入所していた人については36か月間に延長されます。また、定期的な連絡・相談を行うため、機能訓練と同様、原則として6か月ごとにモニタリングが実施されます。

宿泊型自立訓練

生活訓練には、積極的な地域移行を図るのを目的として、施設に宿泊して夜間における生活訓練を行う宿泊型自立訓練も設けられている。

PART 6　障害福祉サービスの内容

PART6
11

....

障害福祉サービスの
内容

就労支援

....

障害者が就労するのに必要な知識や技能に関する支援
を行う

一般就労

一般企業や公的機関に
就職して労働すること。

就労移行支援の
対象者

本文記載の対象者以外
にも、あん摩マッサー
ジ指圧師免許、はり師
免許、きゅう師免許を
取得して就労を希望す
る者も対象者となる。

■ 就労移行支援とはどんなサービスなのか

就労移行支援とは、障害者総合支援法で定められた自立支援
給付のうち、訓練等給付に含まれる障害福祉サービスです。障
害者が一般就労や独立開業を希望する場合に、就労に必要な能
力や知識を得るための訓練が受けられます。

就労移行支援の対象者は、サービス利用開始時に65歳未満の
障害者であって、おもに一般就労を希望する人や技術を習得し
て在宅で就労などを希望する人を想定しています。ただし、65
歳以上の障害者であっても、65歳になる前の5年間のうちに障
害福祉サービスの支給決定を受けており、65歳になる前日にお
いて就労移行支援の支給決定を受けていた人は、引き続き就労
移行支援を受けることが認められています。

就労移行支援は、大きく以下の4つの段階に分類して、必要
な支援を行います。

① **基礎訓練**

就労移行支援事業所において、一般的な労働に必要な基礎的
な知識・技能に関する支援を受けることができます。具体的に
は、基礎体力向上に関する支援、集中力や持続力などの習得に
関する支援などを通じて、利用者一人ひとりの適性や就労に向
けた課題を見つけることが目的です。

② **実践的訓練**

職業習慣の確立やマナー・挨拶・身なりの習得など、就労に
あたって必要になる基本スキルの習得に関する支援が行われま
す。その他には、職場を見学したり、職場で実習を行ったりし

202

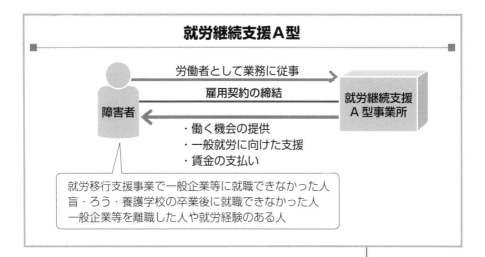

て、就労後の直接的なイメージをつかむことも行われます。

③ **事業者とのマッチングなど**

求職活動や職場開拓のサポートなどを通じて、利用者にふさわしい職場への就職をめざした支援が行われます。ハローワークや事業者との間で連携を取り、事業者への試行雇用（トライアル）や事業所内での職場適応訓練などが行われます。

④ **就職後のフォロー**

事業者が障害者を雇うことにした後も、ハローワークなどの関係機関と連携し、障害者の適性や希望に応じた職場を作り出す必要があります。特に、障害者が職に就いた後もその職場に定着できているかを確認し、支援を続ける必要があります。

なお、就労移行支援期間中の訓練であっても、訓練を受けている間の工賃（賃金）は障害者に支払われます。

■ 就労継続支援A型（雇用型）とはどんなサービスなのか

就労継続支援とは、障害者総合支援法で定められた自立支援給付のうち、訓練等給付に含まれる障害福祉サービスです。主として一般企業等（一般企業や公的機関）への就労が困難な障

施設外支援

実践的訓練においては、外部の関連機関などを活用し、より経験的に就労に必要な知識や技術を学ぶこと（施設外支援）も行われている。

害者に対して、就労や生産活動の機会を提供し、能力や知識の向上を目的とした訓練その他の便宜を供与しています。就労継続支援には、Ａ型とＢ型の２つのタイプがあります。

就労継続支援Ａ型は雇用型とも呼ばれ、雇用契約に基づく就労が可能と見込まれる65歳未満の障害者が対象です。具体的には、就労移行支援事業で一般企業等への雇用が実現できなかった人、盲・ろう・養護学校卒業後就職できなかった人、一般企業等を離職した人や就労経験のある人が対象です。

もっとも、就労移行支援と同様で、65歳以上の障害者であっても、65歳になる前の５年間のうちに障害福祉サービスの支給決定を受けており、65歳になる前日において就労継続支援Ａ型の支給決定を受けていた人は、引き続き就労継続支援Ａ型の支援を受けることが認められています。

■ 就労継続支援Ｂ型（非雇用型）とはどんなサービスなのか

就労継続支援Ｂ型は非雇用型とも呼ばれ、雇用契約を結ぶＡ型とは異なり、雇用契約を結ばずに就労の機会や居場所を提供し、就労支援を行います。Ｂ型の特徴は、年齢や体力などが理由で負担の大きい仕事に就けない障害者を対象に、軽作業などを中心に行う中で、必要な職業訓練などが行われる点にあります。また、就労移行支援やＡ型に移行する前提としてＢ型を利用することも可能で、一般就労を希望する利用者にはＢ型の中でも一般就労に必要な知識や技術に関する支援が行われます。

就労継続支援Ｂ型の対象者は、通常の事業所に雇用されることが困難なであるものの、就労の機会を通じて生産活動に関する知識や能力の向上が期待される障害者です。具体的には、就労移行支援事業を利用したが一般企業等への雇用に結びつかずＢ型の利用が適当と判断された人、一般企業等に就労経験があり年齢や体力的に雇用が困難と予想される人、50歳に達している人あるいは障害基礎年金１級受給者などです。

就労継続支援B型

軽作業などに従事（非雇用）→ 就労継続支援B型事業所
障害者 ←
・働く機会の提供
・一般就労に向けた支援

就労移行支援事業を利用したが一般企業等に就職できなかった人
一般企業等に就労経験があり年齢や体力の面で雇用が困難となった人
50歳に達しているか、障害基礎年金1級受給者　など

■ 就労定着支援

　就労定着支援とは、就労移行支援などの結果、一般企業等に就職することになった障害者に対して、就労に伴って生じるさまざまな問題に対する支援を行う制度です。

　障害者は、一般企業等への就職の前後で環境に大きな変化が生じるため、日常生活などにおいて問題を抱えるケースも少なくありません。そこで、具体的な支援としては、障害者からの相談に応じて、生活上の問題点を把握して、問題点を克服する上で必要な事業者などとの連絡調整などを行います。障害者に就労定着支援事業所に来所してもらう場合もあれば、障害者の自宅や職場に就労定着支援事業所の職員が訪問することで、収支の管理や体調の管理に必要な支援などを行います。

　就労定着支援の対象者は、就労移行支援や就労継続支援（A型・B型）などを通じて、一般企業等に就職した障害者のうち、就労後6か月を経過した人です。就労移行支援を通じて就職した場合を例に挙げると、就労後6か月を経過するまでの間のサポートが就労移行支援に含まれているため、就労定着支援はその後の就労支援を行う制度といえます。就労定着支援の利用期間は最長3年間です。

> **就労選択支援**
>
> 就労選択支援は2022年成立の法改正で導入が決定し、2025年10月に導入されるサービスである。障害者が就労先・働き方についてより良い選択ができるよう、就労アセスメントの手法を活用し、障害者の希望、就労能力、適性などに合った選択（たとえば、就労継続支援や就労移行支援を利用するか、それとも一般就労をするか）を支援する新たなサービスとして位置付けられている。

PART6

12

障害福祉サービスの
内容

施設入所支援

施設に入所して夜間を中心に生活支援を行う

■ 施設入所支援とはどんなサービスなのか

　施設入所支援は、障害者総合支援法で定められた自立支援給付のうち、介護給付に含まれる障害福祉サービスです。施設に入居する障害者に対し、夜間を中心に排せつや入浴、食事といった日常生活の介護や支援、生活に関する相談や助言を行うサービスです。そのため、施設に通所することが困難な障害者のケアを担う重要なサービスだといえます。日中時間帯は、就労移行支援事業や生活介護事業などを利用します。1日の時間帯ごとに適切なサービスが配置されていることで、障害者の1日の生活すべてにおいて、必要なケアが行き届くしくみが採用されています。

　以前にあった身体障害者や知的障害者を対象とする更生施設では、日中と夜間のサービスが一体的に提供されていました。しかし、「日中に適した訓練が施されるが、その施設には住居機能がない」、反対に「住居機能があるがその施設では満足な訓練が受けられない」などの不都合が生じるケースがありました。そのような背景があり、障害者自立支援法の施行に伴って施設入所支援が規定されたことで、障害者は自分に合った日中活動や夜間のケアを選択することができるようになりました。

　利用者は、施設でのサービスを日中のサービスと夜間のサービスに分けることによって、サービスの組み合わせを選択できます。施設入所支援を利用する場合は、利用者一人ひとりの個別支援計画が作成され、その計画に沿ってサービスが提供されます。また、施設入所支援を利用する障害者は、地域移行支援

**施設入所支援の
規定**

旧法である障害者自立支援法の枠組みが、現行法である障害者総合支援法へと引き継がれている。

個別支援計画

個別支援計画は、サービス管理責任者が、サービス等利用計画における総合的な援助方針などをふまえ、事業所が提供するサービスの適切な支援内容などを検討して作成するものである。

206

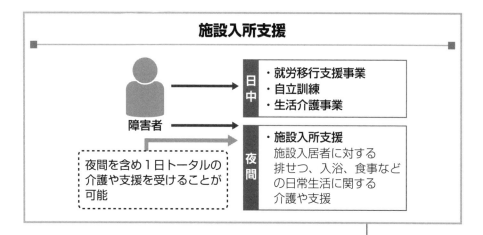

の対象でもあります。そのため、個別支援計画を作成する際は、地域への移行も想定しなければなりません。その障害者がどのような生活が適しているのか、どのような支援が必要なのかを意識して作成する必要があり、障害者本人中心の支援計画を作成することが求められています。

■ どんな人が利用できるのか

施設入所支援のおもな利用者は、①生活介護を受けている障害支援区分4以上の人（50歳以上の場合は障害支援区分3以上の人）、②訓練等（自立訓練または就労移行支援）を受けている人で、入所して訓練等を行うことが必要的かつ効果的と認められる人、③生活介護を受けている障害支援区分4（50歳以上は障害支援区分3）より低い人で、指定特定相談支援事業者によるサービス等利用計画案の作成手続きを経て、市町村が利用の組み合わせの必要性を認めた人、④就労継続支援B型を受けている人で、指定特定相談支援事業者によるサービス等利用計画案の作成手続きを経て、市町村が利用の組み合わせの必要性を認めた人です。

対象者

本文記載の対象者以外にも、2012年4月の改正児童福祉法の施行の時点で、障害児施設などに入所しており、継続して入所している人も対象に含まれている。

共同生活援助

PART6 13

障害福祉サービスの内容

比較的軽度な障害者の生活の場を提供する

■ 共同生活援助とはどんなサービスなのか

共同生活援助（グループホーム）は、障害福祉サービスの中で、自立支援給付のうちの訓練等給付にあたります。地域の中で障害者が集まって共同で生活する場を設け、サービス管理責任者や世話人を配置して生活面の支援をするサービスです。

おもに昼間は就労継続支援や小規模作業所などのサービスを受けている知的障害者や精神障害者などの利用を想定しています。つまり、介護サービスまでは必要ないものの、地域の中で1人で生活していくのが困難という障害者が利用するということです。障害者の場合、親や親族など支援をしていた人が、亡くなったり高齢になったりして支援できなくなることで、生活の場を失うおそれがあります。そのような障害者の受け皿として、グループホームの必要性は高まっています。また、障害者が社会の中で孤立することを防ぎ、安心して社会生活を送ることをサポートするという役割も担っています。

グループホームの具体的なサービス内容は、日常生活上必要な相談を受ける、食事の提供、入浴、排せつ、金銭管理、健康管理、緊急時の対応などです。こういったサービスを直接提供するのが世話人の役目です。グループホームには居住者6人に対し1人の割合で世話人が配置されています。

共同生活援助を利用できる対象者は、障害のある人（身体障害者、知的障害者、精神障害者）です。ただし、身体障害者の場合は、65歳未満の人か、65歳になる日の前日までに障害福祉サービスなどを利用したことがある人に限定されます。

共同生活援助の目的

本文記載の役割の他にも、障害者が共同生活を通じて心身の状態が安定することが期待されている。

65歳以上の身体障害者

65歳以上の身体障害者については、障害福祉サービスではなく介護保険制度を利用するのが基本となる。

共同生活援助

共同生活援助（グループホーム）

★おもに夜間において、日常生活上必要な相談の受付け、食事の提供、入浴、排せつ、金銭管理、健康管理、緊急時の対応などを行う

介護サービス包括型
⇒ 介護を含めた必要なサービスを基本的にグループホームで行う

外部サービス利用型
⇒ 相談や日常生活上の援助をグループホームが行い、食事や入浴などの介護は外部の居宅介護事業により行う

日中サービス支援型
⇒ 障害者の重度化や高齢化への対応に重点を置く

■ グループホームには種別がある

　グループホームは、①介護サービス包括型、②外部サービス利用型、③日中サービス支援型に分類されます。介護サービス包括型は、相談や日常生活上の援助、食事や入浴などの介護を合わせて行うサービスです。一方で、外部サービス利用型は、相談や日常生活上の援助は行い、食事や入浴などの介護は外部の居宅介護事業を受ける形態です。日中サービス支援型は、障害者の重度化や高齢化に対応するために創設された形態です。日中においても常時の支援体制を確保する必要があるため、その分だけ世話人の配置も多くしなければなりません。

　グループホームは原則として、障害者が共同で生活することを基本としています。しかし、グループホームの支援が不要となっても、支援がまったくないことで不安を抱え、なかなか自立できないといったケースもあります。そのため「サテライト型住居」が認められています。普段は民間のアパートなどで生活し、余暇活動や食事などは本体となるグループホームを利用する形態になります。

> **日中サービス支援型**
> 2018年4月に障害者総合支援法改正で新たに創設された共同生活援助の形態である。

PART 6　障害福祉サービスの内容　209

PART6

14

障害福祉サービスの
内容

自立生活援助・就労定着支援

一人暮らしや就労定着の継続支援を行う

■ 自立生活援助とはどんなサービスか

　自立生活援助とは、これまで施設入所支援や共同生活援助（グループホーム）の利用者となっていた人たちを対象として行われるサービスです。これまでは一人暮らしをすることが難しいと思われていた障害者が、アパートなどで一人で生活できるようにすることが目的です。そのため、自立生活援助の対象者は、障害者支援施設などを利用していた一人暮らしを希望する障害者です。

　サービスの内容としては、定期的に自宅を巡回訪問したり、必要なときには随時対応することにより、障害者が円滑に地域生活を送ることができるよう、相談や助言などを行います。知的障害や精神障害で理解力や生活力が不十分であるために、一人での生活を選択できないような場合に利用されます。

　このサービスが創設された背景には、深刻に進む障害者の高齢化問題への対策という意味合いがあります。今後、障害者を受け入れる施設やグループホームが不足することが想定されるため、年齢が若かったり、障害の程度が軽い人については、なるべく施設などからアパートなどに移り、地域生活を送ることができるようにすることをめざしています。そして、これによって空きの出た施設やグループホームには、高齢であったり、障害の程度が重度な人を、優先的に入所させることになります。

■ 就労定着支援で就労の変化をサポートする

　就労定着支援とは、生活介護や就労移行支援などを利用して

**自立生活援助の
対象者**

おもな対象者は、①障害者支援施設や共同生活援助を行う住居などを利用していた一人暮らしの障害者で、理解力や生活力に不安のある人、②現に一人暮らしの障害者で、自立した日常生活を営む上で家族などから必要な支援を受けることが困難な人である。

**自立生活援助と
就労定着支援**

ともに2018年4月に障害者総合支援法改正で新たに創設されたサービスである。

210

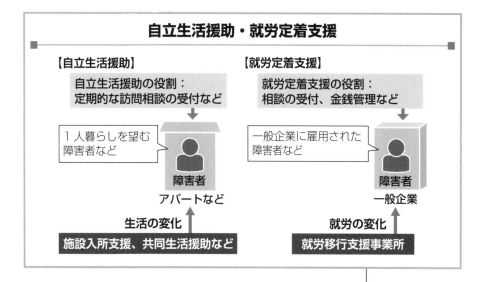

　一般の企業に雇用された障害者の相談を受けたり、金銭管理などの生活上の課題を支援するサービスです。雇用されている企業、医療機関などとの連絡調整役となり、就労がなかなか定着しない障害者などを支援することを目的としています。

　また、自立生活援助や就労定着支援は、障害福祉サービスによるサポートから一般社会での生活への移行で起こる負担を減らすことをめざしています。施設やグループホームから一人暮らしに移行したり、就労支援施設から一般企業に雇用されたりするなど、障害者の社会進出は増加しています。障害福祉サービスを利用していた人が、自立した生活へ変化することは負担が大きいといえます。そういった負担から、施設生活に逆戻りすることや、企業を退職してしまうことは、社会にとっても本人にとっても好ましいことではありません。

　自立生活援助や就労定着支援は、地域社会での自立をめざすため、障害者が徐々に日常生活や就労に慣れ、安心して地域での生活ができるようにサポートする専門的機関として機能することが期待されています。

PART6

15

障害福祉サービスの
内容

医療支援のサービス

障害の種類・程度・年齢等の事情をふまえた上で適切
な医療が提供される

■ 自立支援医療とはどんなものなのか

自立支援医療とは、障害の軽減を図り、自立した日常生活や
社会生活を支援するために行う医療費の公費負担制度です。

自立支援医療は、従来別々に行われてきた、①身体障害児の
健全な育成や生活能力の獲得を図るための医療（旧育成医療）、
②身体障害者の自立と社会経済活動への参加促進を図るための
医療（旧更生医療）、③精神障害者が入院しないで受ける精神
医療（旧精神通院医療）の３つが統合されたものです。

・育成医療

実施主体は市区町村、申請窓口は市区町村の担当課

・更生医療

実施主体は市区町村、申請窓口は市区町村の担当課

・精神通院医療

実施主体は都道府県、申請窓口は市区町村の担当課

経済的事情で自立支援医療が受けられないという状態を避け
るため、利用負担に関して、所得に応じた細かい区分や上限額
が設定されています。申請の有効期間は精神通院医療が１年、
育成・更生医療は原則３か月（最長で１年）で、期間が過ぎる
と更新が必要になります。

育成医療・更生医療の対象は、基本的には治療により状態が
よくなる見込みがある、障害者手帳を持っている障害児（者）
です。育成医療の対象は18歳までで、その後は身体障害者更生
相談所（身更相）の判定を経て、更生医療に切り替えて治療を
続けます。精神通院医療は、状態を良くするために通院治療を

**自立支援医療の
申請**

申請には、医師の診断
書や意見書、健康保険
証、さらにその人に
とっての妥当な利用料
を設定するため、所得
に関する書類が必要に
なる。

212

自立支援医療費の負担の上限額（1か月あたり）

所得区分 (医療保険の世帯単位)		更生医療 精神通院医療	育成医療	重度かつ継続
生活保護	生活保護世帯	0円		
低所得①	市区町村民税非課税 （本人または障害児 の保護者の年収が 80万円以下）	2,500円		
低所得②	市区町村民税非課税 （低所得1以外）	5,000円		
中間所得①	市区町村民税 33,000円未満	総医療費の 1割または 高額療養費 の自己負担 限度額	5,000円※	5,000円
中間所得②	市区町村民税 33,000円以上 235,000円未満		10,000円※	10,000円
一定所得以上	市区町村民税 235,000円以上	対象外	対象外	20,000円※

※2027年3月31日までの経過措置

続ける精神障害者が対象です。更生医療と同じく、判定を経る
必要があり、その業務は精神保健福祉センターが担います。

■ 療養介護医療費とは

　障害福祉サービスを受けている者が、医療の他に介護を受け
ている場合に、医療費の部分について支給されるのが療養介護
医療費・基準該当療養介護医療費です。

　おもに昼間、病院など医療機関での日常生活の世話や医学的
管理下での介護、療養上の看護・管理、機能訓練を受ける際に
療養介護医療費が支給されます。

　また、障害福祉サービス事業を提供するための事業所・施設
が基準該当事業所や基準該当施設（事業所や施設について、設
備・運営基準のすべてを満たしていないが、一定の基準を確保
していることから、サービスの提供や施設の運営が認められる
もの）の場合、基準該当療養介護医療費が支給されます。

PART 6　障害福祉サービスの内容　213

PART6
16

障害福祉サービスの
内容

育成医療

障害の除去や軽減ができる児童の医療費の一部を負担
する制度

**育成医療の位置
付け**

育成医療は、自立支援
医療制度のひとつとし
て位置付けられている。

■ **育成医療は障害の除去や軽減ができる児童が対象**

　障害のある児童で、手術などの治療により、障害を除去する
ことや軽減することができる者もいます。しかし、障害に対す
る治療は高額になることがあり、また、長期的に治療が必要で
あることから、経済的に継続することが困難となる場合もあり
ます。そのような児童の治療を助けるため、育成医療が制定さ
れました。

　育成医療の対象となる者は、障害の除去や軽減ができる児童
です。まず、児童であるためには、18歳まででなければなりま
せん。満18歳以上になった場合には、育成医療の対象ではなく、
更生医療の対象になります。

　育成医療の対象になる児童は、児童福祉法4条2項に規定す
る障害児、あるいは、治療を行わなければ将来障害を残すと認
められる疾患がある児童です。これらの児童は、手術などの医
学的な治療により、障害の除去や軽減を確実に図れる者でなけ
ればなりません。

■ **対象となる疾病**

　対象となる疾病は、たとえば、白内障などの視覚障害、先天
性耳奇形などの聴覚障害、口蓋裂などの言語障害、先天性股関
節脱臼など肢体不自由が対象になります。他にも、内部障害と
して、心臓の弁口や心室心房中隔に対する手術で治療できる先
天性疾患や、ペースメーカーの埋め込み手術により治療できる
後天的な疾患が対象になる他、肝臓移植によって治療可能な肝

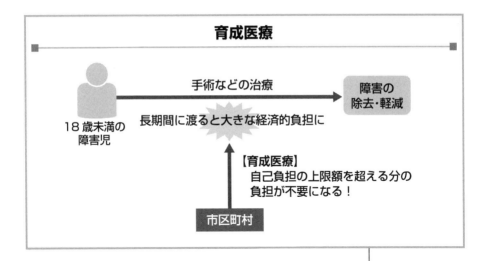

機能障害、HIVによる免疫機能障害も対象になります。

そして、育成医療の対象となる医療は、診察、薬剤、治療材料、医学的処置、手術、入院における看護などが対象になります。たとえば、先天性耳奇形、口蓋裂などに対する形成術、尿道形成や人工肛門の造設、HIVによる免疫機能障害に対する抗HIV療法などが対象になります。

■ 支給認定手続き

育成医療を申請する者は、市区町村に申請書と添付書類を提出します。申請を受けた市区町村は、負担上限月額の認定を行います。

育成医療の自己負担上限月額の決定には、世帯の所得状況や高額治療継続者に該当するかなど、さまざまな要素が考慮されます。そのため、事前に市区町村の担当課や医療機関のソーシャルワーカー（MSW）に相談することが勧められます。

市区町村は、自己負担上限月額の決定に際して、育成医療の支給の有効期間も決定します。有効期間は原則3か月ですが、治療が長期におよぶ場合については、1年以内になります。

PART6
17

・・・・・・・・・・・・・・
障害福祉サービスの
内容

更生医療

・・
育成医療と同様に除去・軽減することができる障害の
治療の一部を負担する制度

■ 更生医療は18歳以上の身体障害者が対象

　更生医療も、育成医療と同様の制度です。治療により、障害
を除去し、あるいは軽減することが確実にできるにもかかわら
ず、治療費が高額であることや、治療が長期にわたり、負担が
大きいことから、治療を断念してしまう者は少なくありません。
そのような者の負担を軽減し、治療による改善を促すため、更
生医療が制定されました。

　育成医療は18歳までの者が対象であったのですが、更生医療
は、18歳以上でなければなりません。また、更生医療の対象に
なる者は、身体障害者でなければなりません。身体障害者とは、
身体障害者福祉法4条に定義されています。

　身体障害者福祉法4条によると、身体障害者にあたるという
ためには、身体障害者手帳の交付が必要になります。身体障害
者手帳は、市区町村の窓口において申請し、交付を受けること
ができます。

■ 対象となる疾病

　更生医療は、身体障害者が対象であるため、障害の種別とし
て、身体障害でなければなりません。

　そして、身体障害でも、その障害が継続するものである必要が
あります。これは、治療により除去・軽減することができる障害
でなければならないことが理由です。たとえば、白内障や網膜剥
離などの視覚障害や外耳性難聴などの聴覚障害などがあります。

　なお、言語機能障害については、鼻咽腔閉鎖機能不全に対す

更生医療の対象者

本文記載の対象者で
あっても、年間の市区町
村民税が23万5,000
円以上の世帯の者は、
原則として対象外にな
る。育成医療や精神通
院医療についても同様
の取扱いになっている。
ただし、障害の程度が
重度で継続している者
はこの限りではない。

216

更生医療の対象になる障害と治療例

対象になる身体障害		具体的な治療例など
視覚障害		水晶体摘出手術、網膜剥離手術、虹彩切除術、角膜移植術など
聴覚障害		鼓膜穿孔閉鎖術、外耳性難聴形成術
言語障害		発音構語障害形成術、歯科矯正など
肢体不自由		関節形成術、人工関節置換術など
内部障害など	心臓	弁口・心室心房中隔に対する手術など
	腎臓	人工透析療法、腎臓移植術（抗免疫療法含む）など
	肝臓	肝臓移植術（抗免疫療法含む）など
	小腸	中心静脈栄養法など
	免疫	抗HIV療法など

る手術以外に、歯列矯正によって改善が期待できる場合には、歯列矯正も対象に含まれます。また、内部障害として、心臓の先天性疾患や肝機能障害、HIVによる免疫機能障害も更生医療の対象の障害にあたります。支給対象となる医療の内容は、診察、薬剤、治療材料、医学的処置、手術、入院における看護などです。これらのうち、医療による確実な効果が期待できるものに限られます。たとえば、白内障に対する水晶体摘出手術や、HIVによる免疫機能障害に対する抗HIV療法などです。

■ 支給認定手続き

　更生医療を利用する者は、まず、市区町村に申請をしなければなりません。申請は、申請書を提出する方法によりなされます。市区町村は、申請を受理すると、身体障害者更生相談所に判定依頼をします。身体障害者更生相談所は、医療の具体的な見通しや障害の程度などの事情から、申請内容の妥当性や給付の必要性を審査します。身体障害者更生相談所が判定した後、その判定をもって、市区町村が支給認定をします。

PART 6　障害福祉サービスの内容

PART6
18

障害福祉サービスの内容

精神通院医療

医療機関に通院し精神疾患を治療している者の、医療費の一部を負担する制度

■ 精神通院医療は治療のため通院している人が対象

　育成医療や更生医療は、医学的な治療により、障害の除去や軽減ができるなど、確実な効果が期待できる身体障害者が対象でした。また、育成医療や更生医療の実施主体は市区町村ですが、精神通院医療の実施主体は、都道府県や指定都市です。

　精神疾患は、医学的な治療による効果が出たかどうかを判断することが困難です。しかし、精神疾患にも医学的な治療は必要であり、治療を継続することは、身体障害と同様に困難になることがあります。にもかかわらず、精神疾患においては、医療費の給付が受けられないとすることは不平等であるため、精神通院医療が制定されています。

　精神通院医療の対象となる者は、精神疾患の治療のために通院している者です。そのため、入院して治療を受ける場合は対象になりません。「治療のために」とは、精神疾患が発症している者の他、再発予防で通院している者も対象となります。

　精神通院医療の対象となる疾患は、精神保健福祉法5条に規定する11つの精神疾患です（次ページ図）。このうち、高額治療継続者の対象疾患となるのが、「病状性を含む器質性精神障害」「精神作用物質使用による精神及び行動の障害」「統合失調症」「統合失調症型障害及び妄想性障害」「気分障害」「てんかん」の6つの精神疾患です。

　高額治療継続者とは、世帯などの所得が一定額以上で、治療費が公費負担の対象外にあたる場合でも、対象疾患について費用が高額な治療を長期間にわたり継続（「重度かつ継続」）しな

治療などを受ける機関

精神通院医療の給付の対象になるためには、指定自立支援医療機関（病院、診療所、薬局など）において、受けた治療などに限られる。

精神通院医療の対象になる精神疾患

ICDコード	精神疾患
F0	病状性を含む器質性精神障害
F1	精神作用物質使用による精神及び行動の障害
F2	統合失調症、統合失調型障害及び妄想性障害
F3	気分障害
G40	てんかん
F4	神経症性障害、ストレス関連障害及び身体表現性障害
F5	生理的障害及び身体的要因に関連した行動症候群
F6	成人の人格及び行動の障害
F7	精神遅滞
F8	心理的発達の障害
F9	小児期及び青年期に通常発症する行動及び情緒の障害

※ICDコード：「疾病及び関連保健問 題の国際統計分類」（国際疾病分類）に基づく

ければならない者のことです。高額治療継続者に該当する者は、治療費の一部が公費負担されます。

■ 支給認定手続き

　精神通院医療の申請は市区町村の窓口で行い、市区町村を経由して、都道府県の精神保健福祉センターに申請がなされます。精神通院医療の実施主体は都道府県なのですが、育成医療、更生医療と申請手続を同様にし、利用者の便宜を図るため、このような流れになっています。

　申請を受けた精神保健福祉センターは、申請内容を審査し、判定を行います。そして、精神保健福祉センターの判定をもって、都道府県や指定都市が支給認定をします。支給認定後、受領書が市町村を経由して申請者に交付されます（指定都市の場合は直接交付されます）。

PART 6　障害福祉サービスの内容　219

PART6
19

障害福祉サービスの
内容

補装具等の支援

利用者が義肢などを購入した上で、費用の補助が行われる

■ 補装具等としてどんな用具が提供されるのか

　補装具とは、障害者等の身体機能を補完・代替し、かつ長期間にわたって継続して使用される用具で、具体的には義肢、装具、車いすなどが該当します。

　障害者は、障害の程度によっては車椅子などの使用が欠かせなくなります。義肢や車椅子などの補装具は、市区町村に申請することによって給付を受けることができます。この場合、市区町村は、身体障害者更生相談所などの意見を聴きながら、補装具費を支給すべきか否かを審査した上で、適切であると認めた人に対して、補装具費の支給決定を行います。支給決定を受けた障害者には、補装具費支給券が交付されます。

　請求方法は、利用者が補装具を購入した上で市区町村の担当窓口へ自己負担額を除いた金額を請求し、市区町村の支給決定によって給付金が支払われるという流れになります。具体的には、購入時点においては、補装具業者との間で、利用者が購入などの契約を結びます。その際に、補装具費支給券を提示した上で、いったん、利用者自身が購入費用を負担しなければなりません。後に、領収書に補装具費支給券を添付して、市区町村に対して請求を行います。これにより、購入費用から自己負担額を差し引いた金額について、償還を受けることができるという制度がとられています。これを償還払方式といいます。もっとも、市区町村が利用者の状況などを考慮した上で、代理受領方式をとることも可能です。代理受領方式とは、利用者が補装具を購入する時点で、自己負担額のみを支払うことで、補装具

補装具等の支援の対象者

補装具の使用が必要な障害者・障害児、難病患者などが対象者である。なお、難病患者などについては、告示に定められた疾病にかかっている者のみが対象者になる。

220

補装具の種類

項目
義肢
義手、義足
装具
下肢、靴型、体幹、上肢
座位保持装置
モールド型、平面形状型、シート張り調節型
視覚障害者安全つえ
義眼
眼鏡
矯正眼鏡、遮光眼鏡、コンタクトレンズ、弱視眼鏡
補聴器
高度難聴用ポケット型、高度難聴用耳かけ型、重度難聴用ポケット型、重度難聴用耳かけ型、耳あな式（レディメイド）、耳あな式（オーダーメイド）、骨導式ポケット型、骨導式眼鏡型
車いす
普通型、リクライニング式普通型、ティルト式普通型、リクライニング・ティルト式普通型、手動リフト式普通型、前方大車輪型、リクライニング式前方大車輪型、片手駆動型、リクライニング式片手駆動型、レバー駆動型、手押し型、リクライニング式手押し型、ティルト式手押し型、リクライニング・ティルト式手押し型
電動車いす
普通型時速4.5キロメートル、普通型時速6キロメートル、簡易型、リクライニング式普通型、電動リクライニング式普通型、電動リフト式普通型、電動ティルト式普通型、電動リクライニング・ティルト式普通型
座位保持いす（身体障害児のみ）
起立保持具（身体障害児のみ）
歩行器
頭部保持具（身体障害児のみ）
排便補助具（身体障害児のみ）
歩行補助つえ
重度障害者用意思伝達装置
人工内耳

の引渡しを受けることができる制度です。その際に、利用者は
補装具の製作業者に対して、代理受領に関する委任状と補装具

費支給券を手渡します。そして、後に製作業者から、市区町村に対して、利用者から手渡された委任状・補装具費支給券を提示して、補装具に関する給付費に相当する金額の支払いを請求し、製作業者が、利用者に支給されるべき金額を受け取ります。

なお、障害者の費用負担については、利用者が負担すべき額は最大でも1割とされているため、障害者は最大で、補装具を利用する費用の1割を負担することになります。利用者負担以外の部分については、公費負担になります。このうち、国が2分の1を負担し、都道府県・市区町村がそれぞれ、4分の1ずつを負担します。

ただし、所得の状況によって以下のような負担上限額が定められています。

・生活保護受給世帯：0円（障害者の自己負担なし）
・市区町村民税非課税世帯：0円（障害者の自己負担なし）
・市区町村民税課税世帯：3万7,200円

注意しなければならないのは、所得制限が設けられているということです。つまり、障害者本人あるいは、その障害者が含まれる世帯のうち、いずれかの人が、市区町村民税所得税における納税額が46万円以上の場合には、補装具費の支給を受けることができません。

■ 補装具の要件

補装具として認められるためには、以下の3つの要件を満たしていなければなりません。

① 身体への適合を図るように制作されており、身体の欠損もしくは損なわれた身体機能を補完・代替するもの
② 同一製品を長期間に渡り継続して使用するという条件があり、身体に装着して日常生活・就労・就学に使用するもの
③ 医師などの診断書や意見書に基づいて使用されるもの
具体的な補装具の種類には前ページ図のようなものがあります。

■ 補装具の借受けに対する支援

　補装具は、個別の障害者に適合するように製作されていますので、補装具費用の支給対象になるのは、原則として、利用者が補装具を購入する場合が想定されています。しかし、以下の場合には、補装具の借受けについても、必要な費用の支給を受けることができます。

・身体の成長によって、短期間のうちに補装具の交換が必要になると認められる場合
・障害の程度が進行することが予測され、補装具の使用期間が短く、交換などが必要になると認められる場合
・補装具の購入について、複数の補装具などの比較が必要であり、借受けが適当であると認められた場合

　補装具の借受費用の支給を受ける手続きは、購入の場合の手続きと同様です。借受期間中は、毎月補装具費が支給されることになりますが、補装具費支給券については、借受期間の最初の月に、支給決定通知書と合わせて、借受期間にあたる月数分が交付されます。借受けから補装具の交換までの期間は、原則として1年間です。ただし、市区町村・身体障害者更生相談所などが必要性を認めた場合には、約1年ごとに判定・支給決定を行うことで、最大約3年間まで、補装具の交換までの期間を伸長することができます。

　借受期間の終了にあたっては、利用者は、補装具について購入可能であるのか、あるいは継続して、借受けによる給付を希望するのかを選択することができます。この際には、再び市区町村による支給決定の手続きが必要になりますので、改めて身体障害者更生相談所による判定を受けなければなりません。

　なお、現在のところ、借受けの対象になる補装具には、①義肢・装具・座位保持装置の完成用部品、②重度障害者用意思伝達装置、③歩行器、④座位保持椅子の4種類があります。

**身体障害者
更生相談所**

身体障害者福祉法に基づき、身体障害者福祉法に基づき、身体に障害のある人の自立と社会参加を進めるために、専門的な立場から相談を受けたり、必要に応じて医学的・職能的な判定を行う専門機関。身体に障害のある人が補装具、更生医療、施設利用等の各種福祉サービスを適切に受けることができるように、医師等の専門職員を配置し、専門的・技術的立場から各種の相談業務や判定業務等を行っている。

PART6
20

障害福祉サービスの内容

相談支援のサービス

指定特定相談支援事業者がサービス等利用計画を作成する

■ 計画相談支援とはどんなものなのか

　障害福祉サービスの支給申請を行った障害者や障害児の保護者は、市町村長の指定を受けた指定特定相談支援事業者（248ページ）の中から相談支援を受ける事業者を選ぶことができます。

　指定特定相談支援事業者は、障害者・障害児やその家族などからの福祉・保健・医療・就職といった基本的な相談（基本相談支援）をはじめ、障害福祉サービスの利用に関係する相談（計画相談支援）を受け付けています。

　指定特定相談支援事業者が計画相談支援を受け付けると、指定特定相談支援事業者に在籍する相談支援専門員が面接やアセスメント（現在の状況や問題点を解決するための課題につき調査すること）などを実施し、支給決定後にサービス等利用計画（支給決定前はサービス等利用計画案）を作成します（サービス利用支援）。その後は、一定期間ごとにサービス等利用計画を見直すモニタリングを行います（継続サービス利用支援）。

■ 計画相談支援給付費とは

　計画相談支援給付費とは、指定特定支援事業者が、サービス等利用計画案の作成を行ったり、作成後に計画の見直しを行ったりした場合に支給される費用です。障害者総合支援法においては、サービス利用者に支給されると規定されています。支援内容は、サービス等利用計画の作成、モニタリング（164ページ）、変更の他、関係機関との連絡調整などです。

計画相談支援の窓口

計画相談支援は、市町村の指定特定相談支援事業者や、指定障害児相談支援事業者（障害児の場合）が窓口になる。

代理受領

計画相談支援給付費は、本文記載のようにサービス利用者に支給するのが法律上の建前であるが、指定特定相談支援事業者が国民健康保険連合会から代理受領することもできる。具体的には、指定相談支援事業者が、国民健康保険連合会に対して支払請求を行い、サービス利用者に代わって受領することになる。

224

計画相談支援給付費の支給の流れ

利用者 →（サービス等利用計画の作成依頼）→ 相談支援事業者 →（計画相談支援給付費の請求）→ 国民健康保険連合会

相談支援事業者 →（サービス等利用計画の作成支援）→ 利用者

国民健康保険連合会 →（計画相談支援給付費の支給）→ 相談支援事業者

■ 地域相談支援給付費とはどんなものなのか

　地域相談支援給付費とは、都道府県・指定都市・中核市の指定を受けた指定一般相談支援事業者が、地域移行支援・地域定着支援を行った場合に支給される費用です。支給を希望する利用者は、氏名・居住地・生年月日・連絡先、地域相談支援（以下の地域移行支援と地域定着支援の2種類がある）の具体的内容を記載した申請書を市町村に提出し、申請を受けた市町村が地域相談支援給付費の支給の要否を決定します。

・地域移行支援

　地域移行支援とは、施設に入所中の障害者などが、地域における生活に移行できるように必要な住居の確保などの支援のことです。おもな対象者は、施設などに入所中の障害者や障害児です。他には、刑事施設・少年院に入所中の障害者や、生活保護法の更生施設に入所中の障害者も利用が認められています。

・地域定着支援

　地域定着支援とは、居宅で生活する障害者などに対して行う常時の連絡体制の確保など、緊急事態などにおける相談その他の支援のことです。おもな対象者は、居宅において障害者の家族等による緊急時の支援が見込めない状況にある人です。

PART 6　障害福祉サービスの内容　225

PART6
21

障害福祉サービスの
内容

地域生活支援事業

多くは市町村が行うが、一部の広域的な支援は都道府県が行う

地域生活支援事業の実施主体

多くは市町村によって行われるが、一部の広域的な支援は都道府県によって行われる。

■ 地域生活支援事業とは

　地域生活支援事業とは、市町村や都道府県などが、地域に居住する障害者に対して、障害の程度などに応じて柔軟に必要な支援を行う事業です。

　障害福祉サービスの中には自立支援給付があり、自立支援給付は「それぞれの障害者にとって必要なサービスはどのような内容か」という点に重点が置かれています。これに対し、地域生活支援事業は「その地域で提供できるサービスはどの程度の内容か」という点が重視されています。障害者がサービスを希望しても、その提供に必要な施設や職員の数には限界があります。1人の障害者のニーズに応えて、他の障害者のニーズを軽視することがあってはなりません。そこで、地域生活支援事業により、地域の財政などの実情を考慮し、効率的に多くの障害者のニーズに適したサービスの提供が実施されています。

　また、広域的な取組みが可能であることも、地域生活支援事業の特徴です。個別の障害者に対する支援では不十分であった支援についても、さまざまな機関への委託などを行うことで、緊急な事態にも対応できる弾力性を持っています。

■ 市町村が行う地域生活支援事業

　必ず実施しなければならない必須事業と、任意に行うことができる任意事業があります。市町村の必須事業には、①理解促進研修・啓発事業、②自発的活動支援事業、③相談支援事業、④成年後見制度利用支援事業、⑤成年後見制度法人後見支援事

地域生活支援事業と自立支援給付の関係

業、⑥意思疎通支援事業、⑦日常生活用具給付等事業、⑧手話奉仕員養成研修事業、⑨移動支援事業、⑩地域活動支援センター機能強化事業があります。市町村の必須事業のおもな内容は、以下のとおりです。

・理解促進研修・啓発事業

地域住民に対して障害者への理解を深めるための事業です。障害の特性に関する教室の開催や、障害福祉サービス事業所への訪問などの各種イベントの開催などが挙げられます。

・自発的活動支援事業

障害者やその家族、地域住民などが自発的に行う活動を支援する事業です。共通して抱える悩みなどを相談し合う交流会（ピアサポート）や、障害者を含む地域全体の災害対策、障害者の孤立防止に向けた地域の活動などが挙げられます。

・相談支援事業

障害者やその家族などからの相談に応じ、障害者支援に必要な情報の提供、サービスの利用支援、権利擁護のための必要な支援を行っています。

・成年後見制度利用支援事業

精神上の障害によって判断能力が不十分な人のために、市町村が行う成年後見制度の利用を支援する事業に対して助成を行

地域生活支援拠点等の整備

2024年4月施行の障害者総合支援法改正で、地域生活支援事業を効果的に実施するため、市町村に対して地域生活支援拠点等を整備する努力義務を課する規定が設けられた。

基幹相談支援センター

相談支援の中心的な役割を担う機関が基幹相談支援センターである。2024年4月施行の障害者総合支援法改正で、市町村に対して基幹相談支援センターを設置する努力義務を課する規定が設けられた。

PART 6　障害福祉サービスの内容　227

うことで、成年後見制度の利用を促す事業です。

・意思疎通支援事業

　視覚や聴覚に障害があるために、通常の人よりコミュニケーションがとりにくくなっている人を支援する事業です。

・日常生活用具給付等事業

　障害者が自立した生活を営むために、用具の給付や貸与を行う事業です。

・移動事業

　障害者が屋外での移動を円滑に行えるように、そのニーズに応じてサポートする事業です。障害者に対して個別に対応する個別支援型、複数の人が同じ目的で移動する際に行うグループ支援型、バスなどを巡回させて送迎支援を行う車両支援型があります。

・地域活動支援センター機能強化事業

　地域活動支援センターとは、障害者に社会との交流を図る機会や生産活動を行う機会を提供する施設です。障害を持つ人が地域で自立した生活を可能にするために、利用者や地域の状況に応じて柔軟に事業を運営することを目的としています。地域活動支援センターを通じて、障害者は自立した日常生活や社会生活を送る上での援助を受けることができます。

■ 都道府県が行う地域生活支援事業

　都道府県は、障害者を支援する事業の中でも専門的知識が必要とされる事業や、市町村ごとではなく広域的な対応が必要な事業を実施しています。市町村事業と同様に、都道府県事業についても必須事業と任意事業があります。都道府県の必須事業としては、以下の事業があります。

・専門性の高い相談支援事業

　発達障害者やその家族に対しての相談支援、高次脳機能障害に対する人材育成や情報提供・啓発活動、障害者が自立して職業生活を送ることができるようにするための雇用促進に関する

地域生活支援事業について

市区町村が行う事業

・相談支援
・基幹相談支援センターの設置
・成年後見制度利用支援
・地域活動支援センター
・日常生活用具の給付
・移動支援
・意思疎通支援　　　　　など

都道府県が行う事業

・相談支援体制整備事業
・専門性の高い相談支援事業
・福祉ホーム事業
・発達障害者支援センター
　運営事業
・障害者ICTサポート総合
　推進事業　　　　　　　など

活動があります。

・専門性の高い意思疎通支援を行う者の養成・研修事業

　手話を使いこなすことができる者の育成や、盲ろう者（目と耳の両方に障害がある人）向けの通訳や介助員の養成、障害福祉サービスの管理者の養成などを行います。

・専門性の高い意思疎通支援を行う者の派遣・連絡調整事業

　手話通訳者、要約筆記者、触手話、指点字を行う人の派遣や、市町村相互間での連絡調整に関する事業です。

・広域的な支援事業

　市町村域を越えて広域的な支援を行います。具体的には、地域のネットワークの構築、専門知識を必要とする障害者支援システムの構築に関する助言、広い地域にまたがって存在している課題の解決のための支援などがあります（相談支援体制整備事業）。

　また、精神障害者の地域移行・生活支援の一環として、アウトリーチ（多種職チームによる訪問支援）を行うとともに、アウトリーチ活動に関して関係機関との広域的な調整などを行います（精神障害者地域生活支援広域調整等事業）。

触手話

手話が見えない盲ろう者が、手のひらで相手の手話に触れて読み取る方法のこと。

PART6

22

障害福祉サービスの内容

相談支援事業

さまざまな助言や必要な情報の提供などの支援をする

相談支援事業の目的

地域ごとに異なる事情に合わせて、効率的に障害福祉サービスの利用を促すことで、障害者・障害児の自立した日常生活・社会生活を支援することを目的としている。

■ どんなサービスなのか

相談支援事業とは、障害者本人やその保護者（家族）などからの相談に応じ、障害者支援に必要な情報の提供、サービスの利用支援、権利擁護のための必要な支援をする事業です。

障害福祉サービスを適切に受けるには、さまざまな情報を得て適切に判断する必要があります。しかし、どのようなサービスがあるのかをすべて把握するのは簡単ではありません。サービス内容を把握できたとしても、実際に個別の障害者にとってどのサービスが最適であるのかを判断するための適切な知識を習得するのも容易ではありません。そこで、市町村は、障害者やその保護者などからの相談に応じ、障害者支援について必要な情報を提供しています。

■ サービスの具体的内容

相談支援事業の具体的な内容は、以下のように分類できます。

① 基本相談支援：障害者福祉に関するさまざまな問題について、情報の提供、障害福祉サービスの利用の支援、権利擁護のための必要な援助を行います。

② 計画相談支援・障害児相談支援：利用計画（障害者はサービス等利用計画、障害児は障害児支援利用計画）の作成や、利用計画の見直しなどについての相談や助言を行います。

③ 地域相談支援（地域移行支援・地域定着支援）：入所施設から退所した者や、家族との同居から一人暮らしに移行した者が、地域生活を継続できるように相談や助言を行います。

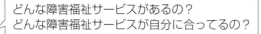

④ 住宅入居等支援事業:一般住宅への入居希望者に対し、入居に必要な調整などの支援を行う他、家主への相談や助言を行います。
⑤ 成年後見制度利用支援事業:成年後見制度の利用促進を図るために必要な相談や助言を行います。

相談支援事業は市町村で実施されます。市町村は、障害者やその家族などからの相談をもとに、必要な情報の提供や、その障害者に必要と考えられる障害者支援事業の紹介などを行います。障害者への虐待の相談を受けた場合は保護も行います。悩みを持つ障害者やその家族同士が集まり、話し合いや情報交換をすることを目的とした集団カウンセリング(ピアカウンセリング)を実施することもあります。

相談支援専門員は、障害者やその家族などからさまざまな相談を受け付け、助言や連絡調整を行う他、障害福祉サービスの利用に必要なサービス等利用計画を作成します。障害福祉サービスの開始後は、一定期間ごとにモニタリングを行います。その際、心身の状況や生活環境の変化を見極め、必要に応じて計画の見直しを行います。

PART6

23

障害福祉サービスの内容

協議会や基幹相談支援センターの役割

相談支援事業をより充実したものとするため、機関の連携を取るためのしくみ

協議会

障害者総合支援法の条文上は「協議会」というが、多くの市町村では「地域自立支援協議会」と呼んでいる。市町村は、協議会を市町村単位で設置する他、複数の市町村において共同で設置することも可能である。

協議会に関する法改正

2024年4月施行の障害者総合支援法改正で、協議会において障害者の個々の事例について情報を共有することが明記された他、協議会の参加者に対する守秘義務や、関係機関による協議会への情報提供に関する努力義務が設けられた。

■ 協議会（地域自立支援協議会）とは

　市町村は、相談支援事業などの実施にあたって、支援体制の整備を図るため、関係機関により構成される協議会（地域自立支援協議会）を設置することが努力義務化されています。相談支援事業などを効率的に実施するには、地域の中で障害者支援について情報交換をすることが必要ですが、関係機関が各々に連絡をとり情報交換をするのは容易ではありません。

　そこで、協議会は、関係機関が情報を共有し、その連携の緊密化を図るという役割を担っています。利用者のニーズに対応するため、関係機関をネットワーク化し、必要な情報をもとに支援を行います。市町村は、必要に応じて他の市町村と連携して相談支援事業を実施することもできます。また、関係機関は、協議会を通じて、保健・医療・福祉・教育・労働などのさまざまな分野が、それぞれどのような専門性を有しているかについて、認識を共有することができます。

■ 基幹相談支援センターとは

　市町村は、相談支援事業をはじめとする事業を総合的に行うため、基幹相談支援センターを設置することが努力義務化されており、地域における相談支援の中核的機関としての役割・機能の強化が図られています（2024年4月施行の障害者総合支援法改正）。おもな業務としては、①総合相談・専門相談、②地域移行・地域定着、③地域の相談支援体制の強化の取組み、④権利擁護・虐待防止の4つが挙げられます。

232

協議会・基幹相談センター

協議会

〔目的〕
事業者などの関係機関の
ネットワーク化

情報交換

保健・医療・福祉・教育・
就労など、各分野の専門
性に関係する認識を共有

運営を委託

基幹相談支援センター

地域における相談支援事業の中で
中核的な役割を担う
（具体的な業務）
- ①総合相談・専門相談
- ②地域移行・地域定着
- ③地域の相談支援体制の強化の取組み
- ④権利擁護・虐待防止

① 総合相談・専門相談は、身体障害、知的障害、精神障害の3障害に対して行われる総合的な相談です。そのため、総合相談・専門相談を行う基幹相談支援センターは3障害に対応できる事業者でなければなりません。

② 地域移行・地域定着は、たとえば、入所施設や精神科病院と連携をとり、障害者の地域での生活を推進する事業を行います。

③ 地域の相談支援体制の強化の取組みには、たとえば、社会福祉士などの有資格者や、障害者の地域での生活を支援する人材の育成などがあります。

④ 権利擁護・虐待防止は、成年後見制度利用支援事業や、障害者虐待防止法に基づき関係機関と連携をとって行う事業を指します。事業の推進にあたって、市町村障害者虐待防止センターを設置することもできます。

なお、障害者支援事業や基幹相談支援センターの業務については、市町村が一般相談支援事業もしくは特定相談支援事業（基本相談支援と計画相談支援の両方を行う事業のこと）を行うことができる事業者に委託することもできます。

PART 6　障害福祉サービスの内容

PART6
24

障害福祉サービスの
内容

成年後見制度利用支援事業

成年後見制度の利用促進に関する支援制度

■ 成年後見制度利用支援事業とは

　知的障害者や精神障害者は、自分で物事を判断する能力を完全に失っていたり、あるいは不十分である場合も少なくありません。民法は、判断能力を失っていたり、不十分な人を支援するために、成年後見制度を用意しています。成年後見制度は、対象者の判断能力の程度に応じて、家庭裁判所の審判を経て、後見人、保佐人、補助人のいずれかが選任されて、対象者の権利を守る制度です。成年後見制度を利用するには、本人や配偶者、一定の範囲内の親族などが家庭裁判所に申し立てる必要があるため、重要な制度であるにもかかわらず、あまり活用されてきませんでした。

　そこで、成年後見制度の利用促進をめざして行われる支援が、成年後見制度利用支援事業です。障害者総合支援法において、市町村が担当する地域生活支援事業として、規定されています。都道府県も市町村と協力の上で、援助に関わっています。

　判断能力が不十分な人が適切な福祉サービスの提供等を受けるためには、必要な契約を結ばなければならないことから、成年後見制度を利用できることが大きな意味を持ちます。成年後見制度利用支援事業が整備されたのは、成年後見制度の利用にかかる費用を補助し、経済的理由などによって、成年後見制度の利用が妨げられないようにすることが最大の目的だといえます。

　成年後見制度利用支援事業は、知的障害者・精神障害者のうち、成年後見制度を利用することが、日常生活などにおいて有用であると考えられる障害者を対象としています。また、成年後見制度の利用に必要な経費について、補助を受けなければ成

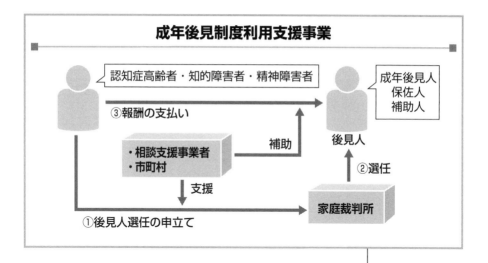

年後見制度の利用が困難であると認められる障害者でなければなりません。たとえば、生活保護を受給している者や、障害者を含む障害者と同じ世帯の者全員が住民税非課税者である場合などが挙げられます。

具体的な支援の内容は、成年後見制度を利用する際に、登記や鑑定にかかる費用などについて、全部あるいは一部が補助されます。具体的な手続きの流れとして、市町村は、障害者の家族や検察官などが、各種後見人の選任を家庭裁判所に申し立てるのに必要な費用を補助します。相談支援事業者や市町村が、成年後見制度利用支援の対象者を発見した場合、市町村が後見人の選任を、家庭裁判所に申し立てることもあります。

家庭裁判所により成年後見制度の利用が認められ、後見人、保佐人、補助人が選任された場合、障害者はこれらの人に対し報酬を支払わなければならないことがあります。成年後見制度利用支援事業は、後見人などに対する報酬についても補助を受けることが可能です。なお、地域生活支援事業として行われている成年後見制度利用支援事業については、国も国庫に基づく補助を行っています。

その他の支援の内容

本文記載以外にも、市町村によっては、後見開始の審判の要件を緩和したり、あるいは、成年後見制度の対象者を拡大するなどの事業が展開されている。

PART6
25

障害福祉サービスの
内容

意思疎通支援事業

障害者とのコミュニケーションを円滑に測るための支援を行う

意思疎通支援事業が必要な理由

障害者総合支援法の前身である、障害者自立支援法の下において、①市区町村と都道府県において、支援者の技量などの専門性が統一されていない、②広範囲の地域に渡って手話通訳者などを派遣できない、などの問題点があり、これらの問題に対処する目的で意思疎通支援事業が開始された。

■ 意思疎通支援事業とは

意思疎通支援事業とは、障害者とその他の者の情報の交換や意思の伝達などの支援を行う者の養成・派遣などを行う事業です。点訳、代筆・代読などの方法により、障害者同士や、健常者との意思疎通をサポートするための事業を内容としています。障害者総合支援法において、地域生活支援事業の必須事業として、市区町村と都道府県の役割分担が明確化されています。

意思疎通支援事業は、聴覚、言語機能、音声機能、視覚機能の障害者だけでなく、失語症、高次脳機能障害、知的・発達障害者、ALSなどの難病患者を対象に含みます。

意思疎通を支援する手段は、手話通訳や要約筆記の他に、盲ろう者への触覚手話や指点字、視覚障害者への代読や代筆、重度身体障害者へのコミュニケーションボードによる意思の伝達など、多様です。なお、手話は、障害者基本法で言語に位置付けられており、障害者とのコミュニケーションにおける手話の重要性が示されています。

■ 市区町村・都道府県における必須事業

市区町村が取り組む必須事業は以下のとおりです。

・意思疎通支援者の養成

具体的には、手話奉仕員の養成を行います。手話奉仕員とは、手話を用いて、障害者とコミュニケーションを図る人を指します。

・手話通訳者と要約筆記者の派遣

市区町村は、手話通訳者と要約筆記者の派遣事務に取り組ま

236

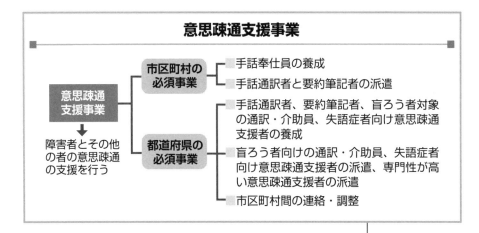

なければなりません。手話通訳者とは、手話を通じて、障害者と障害のない人との間のやり取りを支援する者のことです。そして、要約筆記者とは、おもに聴覚障害者を対象に、手書きやパソコンなどを利用して、「話し」の内容を要約した上で、情報を障害者に伝える者のことです。

都道府県においては、以下の事業について必須事業として取り組まなければなりません。

・**手話通訳者、要約筆記者、盲ろう者対象の通訳や介助員の養成**

手話通訳者・要約筆記者を養成するとともに、盲ろう者・失語症者を対象に、盲ろう者・失語症者が伝えたい内容を的確に把握し、他者と円滑にコミュニケーションを図ることができるよう支援する人を養成します。

・**支援者の派遣**

盲ろう者向けの通訳・介助員、失語症者向け意志疎通支援者の派遣の他、複数の市区町村の住民が参加する講演などにおける、高い専門性が要求される意思疎通支援者の派遣を行います。

・**市区町村相互間の連絡調整**

意思疎通支援者の派遣に関する、市区町村相互間の連絡・調整を図ります。

PART6
26

障害福祉サービスの
内容

日常生活用具給付等事業

障害者の日常生活を円滑にするための用具の支給や貸
与を行う

■ 日常生活用具給付等事業とは

　障害者が日常生活を送るために、障害の種類に応じて用具が
必要になることがあります。このようなニーズに応えて、障害
者が自立した生活を営むために用具を給付する事業のことを日
常生活用具給付等事業といいます。給付する日常生活用具は、
①安全で実用性があり、簡単に使用できる物であること、②障
害者の自立と社会参加を促進する物であること、③用具の制
作・改良・開発に対して、障害に対する専門知識や専門技術が
必要で、日常生活品として普及していない物であること、とい
う条件を満たす用具です。

　給付を受けるためには、障害者が市区町村長に申請し、市区
町村の給付決定を受ける必要があります。もっとも、市区町村
により申請手続の詳細や、給付される用具の上限額・品目・自
己負担額の割合などが異なりますので、あらかじめ市区町村窓
口で、自己負担額等を調べておくことが必要です。

■ 給付・貸与される用具などに関して

　日常生活用具給付等事業により、障害者に給付・貸与される
おもな用具は、次ページ図のようになっています。それぞれの
用具の対象者は、おもに以下のように分類できます。

① 介護・訓練支援用具

　障害者の身体介護を支援する必要がある、下肢あるいは体幹
機能に障害がある人が対象です。

② 自立生活支援用具

障害者に給付・貸与されるおもな用具

介護・訓練を支援する用具	入浴担架・特殊寝台・訓練イス・特殊尿器など
自立生活支援用具	入浴補助用具・頭部保護帽・棒状の杖・聴覚障害者用屋内信号機など
在宅療養等支援用具	電気式たん吸引器・音声式体温計・酸素ボンベ運搬車・透析液加温器など
情報・意思疎通支援用具	点字器・視覚障害者用時計・視覚障害者用携帯レコーダーなど
排泄管理支援用具	ストーマ用装具・紙おむつなど
居住生活動作補助用具	スロープ・手すりなど

　障害の内容に合わせて、下肢あるいは体幹機能の障害、平衡機能あるいは下肢・体幹機能の障害、上肢障害、視覚障害、聴覚障害がある人を対象に、必要な用具などが支給されます。なお、火災警報器などは、障害の種別に関係なく、火災発生を感知したり避難することが困難な人に支給されます。

③　在宅療養棟支援用具

　腎機能障害や呼吸器機能障害がある人や、在宅酸素療法者、視覚障害がある人に必要な用具などが支給されます。

④　情報・意思疎通支援用具

　音声言語機能障害、上肢機能障害・視覚障害、盲ろう、聴覚障害がある人や、喉頭摘出者、外出困難者などを対象に必要な器具が支給・貸与されます。

⑤　排泄管理支援用具

　ストーマ造設者が対象になります。その他の用具などについては、高度の排便機能障害者、脳原性運動機能障害がある意思表示困難者、高度の排尿機能障害者に対して必要な用具が支給されます。

⑥　居宅生活動作補助用具

　下肢、体幹機能障害、乳幼児期非進行性脳病変者が対象です。

ストーマ

ストーマとは、手術により人工的に作られた、便や尿を排せつするための出口をいう。

PART 6　障害福祉サービスの内容　239

PART6
27

障害福祉サービスの
内容

障害者総合支援法の
居住サポート事業

一般住居への入居などを支援する事業

■ 居住サポート事業とは

　賃貸住宅への入居が困難な障害者を対象に、市区町村が主体
になって、居住サポート事業を行っています。通常、賃貸住宅
に入居するときには、保証人を立てたり、保証金や敷金の支払
いを求められることが多いのが現状です。安定した収入や就職
につながる資格を持っている人であれば、賃貸住宅への入居の
際にそれほど困ることはないのですが、精神障害者や知的障害
者など障害を持っている人の場合、「保証人がいない」などの
理由で入居先がなかなか見つからないという問題が起こる可能
性が高くなります。そこで、障害者総合支援法でも障害者の地
域での居住を支援するさまざまなサービスを提供しています。

　居住サポート事業の利用対象者は、賃貸借契約を締結して一
般住宅に入居希望しているものの、身近に保証人になってもら
える人がいない障害者です。ただし、現在、障害者施設や児童
福祉施設などに入所している人は、対象から除かれます。また、
精神障害のために、精神科病院に入院している人も対象外です。

■ 具体的な支援の内容

　居住サポート事業は、地域生活支援事業として、原則として
市区町村が実施します。具体的な支援内容は、おもに以下の2
つに分類することができます。

① 一般住宅への入居支援

　この事業は、賃貸借契約による一般住宅への入居を希望して
いるものの、保証人がいないなどの理由によって入居が困難

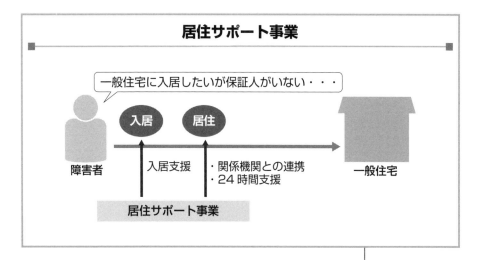

なっている障害者に対して、入居契約の締結に向けた支援を行います。具体的には、市区町村もしくは市区町村から委託を受けた指定相談支援事業者が、不動産業者に対する障害者への物件あっせんの依頼や、入居手続きの支援、家主等に対する相談・助言、入居後の相談窓口を設けるなどの支援を行います。

② 関係機関との連絡体制の整備など

利用者が住居において生活していく上で直面する問題に対応するために、関係機関との連絡体制を整備するなどの支援を行います。たとえば利用者が、ホームヘルパーや訪問看護などの利用が必要になった場合に備えて、直ちに必要なサービスの提供が可能なように、連絡調整を行っておく必要があります。

また、「24時間支援」と呼ばれる支援が特に重要です。これは夜間を含め、緊急対応が必要になる場合に備えて、迅速に必要な治療などが受けられるように医療機関との連携・調整を行う事業です。家族等への必要な連絡体制の整備にも取り組んでいます。

なお、国土交通省は、障害者の他に高齢者、子育て世帯や外国人の賃貸住宅への入居を支援する「あんしん賃貸支援事業」を実施しており、居住サポート事業との連携が図られています。

入居支援

賃貸借契約において、公的な保証人制度が利用可能である場合には、公的保証人制度の利用支援も、入居支援の一環として含まれる。

PART6
28

障害福祉サービスの
内容

障害児に対するサービス

児童に対しても入所・通所の支援サービスが行われる

■ 児童の通所・入所に関するサービス

障害者総合支援法が規定する各種サービスでは、介護給付に含まれる居宅介護、同行援護、行動援護、重度障害者等包括支援、短期入所については、障害児も利用することが可能です。その他にも、自立支援医療や地域生活支援事業なども、障害児が対象に含まれていますが、それら以外のサービスについては、18歳以上の障害者を対象にしており、障害者総合支援法のみでは、障害児に対するサービスが不十分です。そのため、現在では、障害児の通所・入所に関係するサービスについては、児童福祉法に一元化され、サービスが体系化されています。

具体的には、通所サービスは市区町村が実施主体であり、児童発達支援、放課後等デイサービス、居宅訪問型児童発達支援、保育所等訪問支援があります。これに対して、入所サービスについては都道府県が実施主体であり、福祉型障害児入所施設と医療型障害児入所施設があります。

通所サービス・入所サービスともに、サービスの給付決定を受けた場合、障害児の保護者が事業者や施設との間で契約を結び、各種サービスの利用が開始されます。そして、サービスに必要な費用について、各種給付費などが保護者に支給されます。

なお、保護者が急死した場合など、各種給付費などの支給を受け取ることが困難な事情がある場合、市区町村が、措置として障害児に対して通所サービスを提供することが可能です。同様に、入所サービスについても、支給費を受け取ることが困難な場合には、都道府県は、その障害児について、要保護児童で

障害者自立支援法の下での障害児を対象としたサービス

障害者総合支援法の前身である障害者自立支援法の下では、障害児の通所・入所サービスについて、障害者自立支援法に基づく児童デイサービスと、児童福祉法に基づく各種障害児の通園施設などの通所サービスが行われていた。各種障害に応じて設置されていた。

医療型児童発達支援

従来あった医療型児童発達支援については、2024年4月に児童発達支援に一元化された。

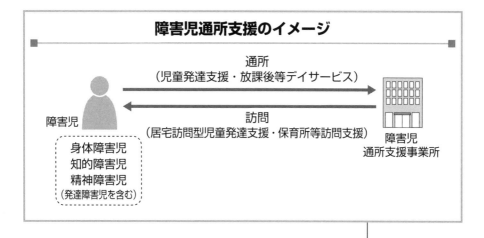

あるとして、保護のための入所措置がとられることになります。

■ 障害児通所支援

障害児通所支援とは、障害児にとって身近な地域で支援を受けられるようにするための支援で、地域の障害児・その家族を対象とした支援や、保育所等の施設に通う障害児の施設に訪問するといった支援があります。

具体的なサービスには以下のものがあります。

① 児童発達支援

身体に障害のある児童、知的障害のある児童、精神に障害のある児童（発達障害児を含む）に対して、日常生活における基本的な動作の指導、知識技能の付与、集団生活への適応訓練などを行います。児童発達支援の対象は、おもに未就学児童が想定されています。

児童発達支援を担当するのは、おもに児童発達支援センターです。ただし、他の事業所が、通所している障害児や家族に対して療育・支援を行うことも可能です。児童発達支援センターは、障害児やその家族に対して、通所サービスを提供するとともに、その地域で生活する他の障害児・家族、障害児の預かり

を業務として行っている事業者に対して、援助やアドバイスも行っています。児童発達支援事業については、従来は児童発達支援および医療型児童発達支援（児童発達支援センターが福祉的支援および肢体不自由児に対する治療の双方を行う）に区別されていました。

しかし、障害の種別に関係なく身近な地域で必要な発達支援を受けられるようにするため、医療型児童発達支援については、2024年4月に児童発達支援に一元化されました。

② 放課後等デイサービス

放課後等デイサービスとは、学校教育との相乗効果により、障害児の自立の促進をめざして、放課後の他、夏休みなどの長期休暇を利用して提供される、各種訓練などの継続的なサービスです。放課後等デイサービスの対象になるのは、幼稚園や大学以外の学校教育法上の学校に就学している障害児です。もっとも、放課後等デイサービスを引き続き受ける必要が認められる場合、満20歳になるまで、放課後等デイサービスを受けることができます。サービスの内容は以下のとおりです。

・自立した日常生活を送る上での必要な訓練の実施

・創作的な活動、各種作業など

・地域との交流の場を持つための機会を提供すること

・余暇の提供

放課後等デイサービスが円滑に利用できるためには、学校との連携や協働が必要です。そこで、学校教育と放課後等デイサービスが一貫して実施されるように、たとえば、学校と事業所との間の送迎サービスなども提供されています。

③ 居宅訪問型児童発達支援

居宅訪問型児童発達支援とは、通所サービスを受けるために外出することが困難な障害児の居宅に訪問する形態で行うサービスです。

対象に含まれる障害児は、重度の障害などにより、障害児通

放課後等デイサービスガイドライン

放課後等デイサービスについては、厚生労働省が「放課後等デイサービスガイドライン」を示し、事業者が従うべき基本事項を提示している。

障害児入所支援のイメージ

障害児入所支援事業所

障害児

福祉型障害児入所施設
⇒保護、日常生活の指導、知識技能の付与

医療型障害児入所施設
⇒福祉型でのサービス＋医療サービス（治療）
（知的障害児、肢体不自由児、重症心身障害児が対象）

身体障害児
知的障害児
精神障害児
（発達障害児を含む）

※各種手帳の有無などは問わず、児童相談所や医師の判断で、支援の対象に含めるべきであると判断された児童も対象者に含まれる

所サービスを利用するために外出することが著しく困難な障害児です。具体的には、人工呼吸器をはじめ、日常生活において特別な医療が必要な障害児や、重大な疾病が原因で、外出により感染症にかかるおそれがある障害児などが挙げられます。

したがって、保護者の送迎が困難であることから通所型のサービスの利用が難しいなど、障害児の心身の状態以外の理由により、居宅訪問型児童発達支援を利用することはできません。居宅訪問型児童発達支援の提供に先立って、障害児相談支援事業所において、個別の障害児が、居宅訪問型児童発達支援の適正な対象者であるのかを確認するしくみがとられています。

具体的に提供されるサービスは、絵・写真を用いた言語に関する活動や日常生活に必要な基本的な動作の訓練など、児童発達支援や放課後等デイサービスと同様のサービスが、障害児の居宅において提供されます。また、居宅訪問型児童発達支援を利用する障害児は、基本的に体調などが一定ではなく、サービスに関わる活動が負担になる場合も少なくないことから、サー

ビスの提供は１週間あたり２日程度が適切だと考えられています。ただし、利用者が、通常の通所型のサービスへの移行の見込みがある場合には、移行に向けた支援として、集中的に居宅訪問型児童発達支援のサービスを提供することも可能です。

④ 保育所等訪問支援

　保育所等訪問支援とは、保育所などの集団生活が必要な施設において、障害児が適応することができるように行う支援です。つまり、障害児が保育所などを安定して利用する上で必要なサービスを提供し、専門的な支援を行います。対象に含まれる障害児は、保育所、幼稚園、認定こども園など集団生活が必要な施設を利用している障害児になります。集団生活への適応という観点から、保護の要否が判断されますので、発達障害児などを対象に提供されることが多いといえます。訪問先については、保育所などの他に、小学校、特別支援学校、乳児院、児童養護施設などが挙げられます。

　具体的なサービスの内容としては、訪問先の施設において、障害児とその他の児童が集団生活を送る上で必要な支援を行います。集団生活を送る上で必要な訓練を、障害児本人に対して行うことの他に、訪問先の職員などに対しても支援を行うことができる点に特徴があります。利用者の心身の状況などにより変わりますが、支援は２週間に１回程度の頻度で提供されます。

■ 障害児入所支援

　障害児入所支援とは、おもに障害児入所施設へ入所している障害児に必要な支援を行うサービスです。施設には、福祉型（福祉型障害児入所施設）と医療型（医療型障害児入所施設）があります。福祉型では、重度・重複障害や被虐待児への対応を図る他、自立（地域生活移行）のための支援を行います。たとえば、食事・入浴・排せつなどの介護サービスや、身体の能力向上をめざして行われる各種訓練、思ったことを適切に相手

2024年4月施行の法改正

障害児入所施設から成人としての生活への移行調整の責任主体が都道府県と指定都市であることが明確化されるとともに、18歳以降の障害児入所施設への入所継続が20歳未満から22歳満了時までに延長されることになった。

に伝えるためのコミュニケーションに必要な言語に関する支援などが挙げられます。医療型では、重度・重複障害への対応とともに、医療サービスの提供があわせて行われます。医療型においても、支援の目的は福祉型と異なるわけではなく、支援の内容に医療行為に相当するような行為が含まれる点に特徴があります。たとえば、食事介護において、経口による食事が困難な障害児に対して、胃や腸に直接的に栄養を注射するなどの介護が挙げられます。

　障害児入所支援の対象に含む障害児は、おもに身体障害児・知的障害児・精神障害児であり、発達障害児も含まれます。ただし、各種手帳の有無などは問わず、児童相談所や医師の判断で、支援の対象に含めるべきだと判断された児童についても対象に含まれます。また、医療型においては、知的障害児、肢体不自由児、重症心身障害児を対象に、サービスが提供されます。

■ その他の障害児に対する支援サービスについて

　2016年の障害者総合支援法改正により、多様化する障害児支援のニーズに対応し、きめ細やかな支援を提供していくため、障害児に関する体制が強化されています。それらの一環として、前述の「居宅訪問型児童発達支援」の新設や「保育所等訪問支援」の対象者の拡大が行われました。さらに、障害児へサービスを提供するための体制が、計画的に構築されていくことを目的として、都道府県や市区町村に障害児福祉計画の策定が義務付けられ、2018年4月から施行されています。

　その他にも、人工呼吸器を装着している障害児など、日常生活を営むために医療を必要とする状態にある、医療的ケアを要する障害児（医療的ケア児）が適切な支援を受けられるよう、自治体が保健・医療・福祉等の連携促進に努めていくことも規定されています。

医療的ケア児

昨今の医療技術は目覚ましい進歩を遂げているが、その一方で、人工呼吸器や胃ろう、たんの吸引、経管栄養などの医療的ケアが日常的に必要になる障害児が年々増加している。

PART 6　障害福祉サービスの内容　247

PART6	障害児の日常生活に関する
29	相談

障害福祉サービスの
内容

指定特定相談支援事業者に相談することができる

■ 障害児の日常生活に関する相談

　障害児（身体障害児、知的障害児、発達障害を含む精神障害児）についても、大人の障害者と同様、指定特定相談支援事業者（市区町村長が指定した相談事業を行っている事業者）が就学・就職・家族関係といった基本的な相談を受け付けています。

■ 障害児の障害福祉サービスに関する相談

　障害児に関する障害福祉サービスに関する相談支援の体系は、大きく居宅サービスに関する相談と通所サービスに関する相談に分けられます。

① 居宅サービスに関する相談支援

　居宅サービスに関する相談支援については、市区町村の指定特定相談支援事業者が担当します。これは、障害者総合支援法に基づいてなされる支援です。具体的には、計画相談支援サービス利用に関する相談を受け付けており、相談するとサービス等利用計画を作成するなどの支援を受けることができます。障害児自身が相談を行うことができます。

② 通所サービスに関する相談支援

　通所サービスに関する相談支援は、障害児支援利用援助と、継続障害児支援利用援助に分類することができます。通所サービスに関する相談支援は、児童福祉法に基づく支援ですので、注意が必要です。

・障害児支援利用援助

　障害児支援利用援助とは、障害児が通所サービスの受給を申

248

障害児の相談支援

障害児

【障害者総合支援法に基づく】
指定特定相談支援事業者
基本的な相談
就学・就職・家族関係など

居宅サービスに関する相談

【児童福祉法に基づく】
障害児相談支援事業者
通所サービスに関する相談
・障害児支援利用援助
・継続障害児支援利用援助

請する時点で受けられる相談支援のことです。具体的には、児童福祉法に基づき設置される障害児相談支援事業者が、児童発達支援（障害児に対して身近な地域で行われる支援）や放課後等デイサービス（小学校・中学校・高校に通う障害児に対する支援）といった通所サービスの利用に関する相談を受け付けています。障害児相談支援事業者は、障害児や保護者の意向を聴きながら、まず、障害児支援利用計画案を作成します。

実際に通所サービスの支給決定がなされると、通所サービスを実施する事業者との間の連絡調整を行い、障害児支援利用計画書を作成することになります。

・**継続障害児支援利用援助**

継続障害児支援利用援助とは、障害児支援利用計画書の見直しに関する相談です（モニタリング）。つまり、ある程度の期間継続して、通所サービスを利用した後に、障害児の利用状況の見直しについて相談し、障害児相談支援事業者から、障害児支援利用計画案の変更などに関するアドバイスを行います。モニタリングは一定期間ごとに行う必要があります。

> **セルフプラン作成者に対する特例**
> 障害児支援利用計画書は保護者などが作成する場合がある（セルフプラン）。セルフプランについては、モニタリングの対象から除かれる。

Column

地域活動支援センターの活動

　地域活動支援センターは、障害者に社会との交流を図る機会や創作的活動や生産活動を行う機会を提供するための施設です。地域活動支援センターを通じて、障害者は自立した日常生活や社会生活を送る上での援助を受け、社会との交流を図り、創作的活動などを行うことができます。また、地域活動支援センターでは、障害者の介護負担などが大きい家族への相談業務なども実施しています。

　利用者については、個々の地域活動支援センターにおいて決められています。必ずしも障害支援区分認定などは必要ありません。そのため、地域社会で暮らす障害者やその家族、知人などが広く対象となり、利用者の幅は障害福祉サービスに比べて広くなります。

　地域活動支援センターにおける活動は、創作的活動、生産活動の機会の提供、社会との交流の促進などの便宜を供与する基礎的事業を行います。この基礎的事業に加え、地域活動支援センター機能強化事業として、Ⅰ型・Ⅱ型・Ⅲ型の3つに分けて事業を実施しています。

　地域活動支援センターⅠ型は、相談支援事業、地域住民ボランティアの育成、専門職員の配置による医療、地域との連携強化のための調整、障害に対する理解を促進するための普及啓発活動を行うことを内容とした事業を行います。精神保健福祉士などの専門職員を配置する必要があります。地域活動支援センターⅡ型は、地域の中での就職が困難な在宅の障害者に対して、機能訓練や社会適応訓練、入浴など自立を促すための事業を行います。地域活動支援センターⅢ型は、地域の障害者が通うことのできる小規模作業所に対する支援を充実させるための事業を行います。具体的には、地域の障害者のための援護対策として、地域の障害者団体などが実施する通所による援護事業の実績が5年以上の作業所に対する支援などを行います。

PART 7

障害福祉サービス事業を
開始するための法律知識

PART7
1

障害福祉サービス事業を
開始するための法律知識

障害福祉サービス事業開始の手続き

事前に担当部署に相談をしてから申請手続きを行う

■ 障害福祉サービス事業を始めるときの手続きの流れ

　障害福祉サービスを提供する事業者となるためには、人員・設備・運営に関する基準等を満たした上で、都道府県知事等（原則として都道府県知事、指定都市や中核市はその市長）の指定を受けなければなりません。指定を受けた事業者は、6年ごとに指定の更新をすることも必要です。この指定を受けている事業者のことを指定障害福祉サービス事業者といいます。

　事業者が障害福祉サービス事業を始めるには、提供するサービスの種類や事業所ごとに、「サービス管理者等を配置する」「必要な設備や備品を備える」「運営規程を定める」などの人員・設備・運営に関する基準等を満たした上で、都道府県知事等に指定の申請をしなければなりません。指定申請書などの必要書類を提出すると、審査が行われます。審査の結果、問題がないと判断されれば、指定を受けることができます。一方、問題があると判断された場合には、申請は却下され、指定は受けられない結果になります。

申請前の相談

いきなり申請するのではなく、事前に申請先の都道府県等（都道府県、指定都市、中核市）の担当部署に相談するのが一般的である。

■ 指定を受けるための要件（指定基準）

　指定障害福祉サービス事業者となるためには、次の要件をすべて満たすことが必要です。

① 申請者が法人格（株式会社、NPO法人など）を有すること

② 事業所の従業者の知識・技術・人員が、省令や申請先の都道府県等の条例で定める基準を満たしていること

③ 省令や申請先の都道府県等の条例で定める基準に従って適

指定を受けられない場合もある

申請の内容が基準等を満たしていれば、指定障害福祉サービス事業者として指定を受けることができるが、従業者の知識が不足している場合や、適正な事業の運営ができないといった問題がある場合は、指定を受けることができないので注意が必要である。

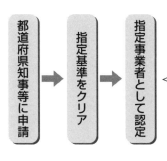

正な事業の運営ができること
④ 欠格事項に該当しないこと

■ 事業者が受け取る報酬のしくみ

障害者総合支援法に基づく障害福祉サービスを提供した事業者は、サービス提供の対価として報酬を受け取ります。この事業者の受け取る報酬を算出する場合、まずは総費用額を計算する必要があります。そして、計算された総費用額のうち、サービスを利用した障害者が負担する能力に応じて自己負担をする分（最大で総費用額の1割）を除いた金額が、介護給付費または訓練等給付費として事業者に支給されます。もっとも、サービスの提供方法によっては、加算や減算が行われます。たとえば、事業所において喀痰吸引の体制を整えている場合は加算の対象となり、事業所の定員が一定以上超過している場合は減算の対象となります。

各サービスの具体的な報酬の算定基準は「障害福祉サービス費等の報酬算定構造」で定められています。この基準は、社会の要請に合わせて、原則3年ごとに改定が行われています。最近では、2024年4月に改定が行われています。

欠格事項

たとえば、禁錮以上の刑に処せられて執行が満了していない場合、指定取消から5年を経過していない場合、指定の申請前5年以内に障害福祉サービスに関し不正な行為や著しく不当な行為をした場合などがある。

PART7

2

障害福祉サービス事業を
開始するための法律知識

サービスを提供する事業者の種類

サービスの提供や相談支援などがあり、法人形態を問わずに実施できる事業もある

■ 事業者にもいろいろある

　障害者や障害児に対してサービスの提供や相談支援などを行う事業者には、主として以下の種類があります。①～⑦のそれぞれについて、名称の最初につく「指定」は、都道府県知事等の指定を受けているという意味です。また、法人形態を問わずに指定を受けることができる場合もあります。

① 指定障害福祉サービス事業者

　居宅介護（184ページ）、重度訪問介護（186ページ）などの障害福祉サービスを提供する事業者のことです。指定障害福祉サービス事業者は、事業の運営が適正に行われる体制を整備する必要があり、責任者の配置、法令遵守規程の作成、外部監査の実施などが求められます。

② 指定障害者支援施設

　障害者に対して、施設入所支援（206ページ）を行うとともに、施設入所支援以外の施設障害福祉サービスを行う施設のことです。ただし、のぞみの園（重度の知的障害者に対して支援を行う国の施設）や児童福祉施設は障害者支援施設には含まれません。

③ 指定障害児通所支援事業者

　児童発達支援、放課後等デイサービス及び保育所等訪問支援（242ページ）を行う事業者のことです。

④ 指定障害児入所施設

　障害児に対して、日常生活の世話や、社会生活で必要な技能・知識の教育を行う施設です。施設には医療型と福祉型があ

法令遵守規程

法令遵守規程とは、事業者が行う事業内容が、障害者総合支援法などの法令に適合することを確保するために作成する規程をいう。日常的な業務運営にあたり、法令の遵守に必要な注意事項やプロセスを記載する。

障害時支援利用計画

障害児の心身の状況、環境、サービスの利用に関する意向などをふまえて、障害時支援利用計画を作成する。

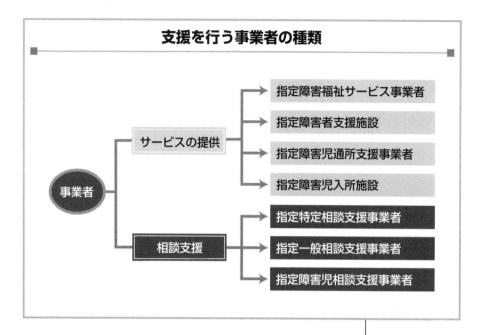

ります。

⑤ 指定障害児相談支援事業者

障害児が障害児通所支援（児童発達支援、放課後等デイサービスなど）を利用する前に障害児支援利用計画を作成し、一定期間ごとにモニタリングを行うなどの支援を行う事業者です。

⑥ 指定特定相談支援事業者

基本相談支援（必要な情報の提供や助言を行う）と、計画相談支援（サービス等利用計画の作成、一定期間ごとのモニタリングなどを行う）の両方を行う事業者です。

⑦ 指定一般相談支援事業者

基本相談支援と地域相談支援の両方を行う事業者です。地域相談支援とは、地域移行支援と地域定着支援の総称です（230ページ）。地域移行支援を行う事業者を指定地域移行支援事業者、地域定着支援を行う事業者を指定地域定着支援事業者といいます。

法人形態に関する規制

①障害福祉サービス事業、③障害児通所支援事業、⑤～⑦の相談支援事業は、株式会社やNPO法人など法人形態を問わずに事業主になることができる。これに対し、②障害者支援施設、④障害児入所施設は、運営主体として国、地方公共団体、社会福祉法人などを想定していることがあるため、事前に確認することが必要である。

PART7
3

障害福祉サービス事業を
開始するための法律知識

事業者になるための基準

指定基準や最低基準を満たす必要がある

■ 指定基準と最低基準が定められている

　事業者が障害福祉サービス事業者の指定を受けるために必要となる基準には、厚生労働省が定めた「指定障害福祉サービスの事業等の人員、設備及び運営に関する基準」（指定基準と呼ばれています）、「障害福祉サービス事業の設備及び運営に関する基準」（最低基準と呼ばれています）などがあります。

　指定基準には、サービス提供の主体となる事業者が遵守すべきさまざまな基準が定められています。指定基準に従って事業者がサービスを提供することで、障害福祉サービスの質が確保されます。その他、申込時における重要事項に関する書面の交付・説明や、支払いを受けた際の領収証の交付など、事業の実施が適切に行われるための基準も定められています。

　最低基準には、施設の規模、事業所の構造設備、職員の人数や資格など、一定のサービスについて、適正な事業運営がされるために最低限必要とされる基準（直接的には支援に関わらない部分についての基準）なども定められています。

　そして、指定基準や最低基準で定められている基準は、障害福祉サービスごとに異なっています。

　なお、事務所などの直接サービスの提供に関わらない設備などについては、明文上の規制は設けられていません。また、居室の床面積などの面積や規模を定める規制は、サービスの質を維持するために必要最小限のものとしています。その理由は、事業に過度の費用負担がかかることや、地域間の不公平になることを避けるためです。事業者の新規参入を促し、従来の基準

256

事業者として指定されるために要求されている基準

基 準	内 容
人員基準	サービス提供に直接必要になる職員の知識、技能、人員配置などに関する基準を規定している
設備基準	サービスを行う事業所についての基準を規定している。サービスの質を維持するために最低限必要なレベルを要求している
運営基準	サービス提供にあたって行うべき事項や留意事項など、事業を実施する上で求められる運営上の基準を規定している

では必要な面積が確保できなかった地域でもサービスを提供できるようにしています。地域によっては、空き教室や空き店舗などを利用するようになれば、設備の有効利用もできますし、地域の活性化につながる可能性もあります。

事業者が廃業などをする場合の義務

事業者が廃業などをする場合は、利用者が継続的にサービスを利用できるように、他の事業者との連絡調整や、他の事業者の紹介・あっせんなどをする義務を負う。

■ 人員基準・設備基準・運営基準の特徴

障害者総合支援法に定められている障害福祉サービスを提供したい事業者は、前述した指定基準や最低基準をクリアして、指定事業者として認められなければなりません。これらの基準は、人員基準・設備基準・運営基準の3つに大きく分けられます。障害福祉サービスには、居宅介護、生活介護、自立訓練、施設入所支援、共同生活援助など、さまざまなサービスがありますが、それぞれで基準の内容は異なります。しかし、下記の考え方は共通しているといえます。

① サービスを提供する際には、障害の種別にかかわらず、共通の基準とすること
② サービスの質を向上させるため、サービス管理責任者などを配置し、虐待防止などの責務を明確化すること
③ 利用者に安全なサービスを提供するために必要な面積の区

PART 7 障害福祉サービス事業を開始するための法律知識 257

報酬の設定

質の高いサービスをより低コストで、一人でも多くの人に提供できるように、区分・内容・定員・達成度に応じて、報酬が設定されている。

画・設備・備品を設けること、また、身近な地域で利用者のニーズに応じたサービスを提供するため、多機能型の施設も設置可能とすること

たとえば、療養介護を行う場合は、管理者・医師・看護職員・生活支援員・サービス管理責任者を置く必要があります。同じように、他の生活介護や短期入所といった支援制度の中でも、それぞれ具体的に人員基準について規定されています。

生活介護を行う場合は、管理者・医師・看護職員・生活支援員・サービス管理責任者を置かなければなりません。事業所の設備については、訓練室・作業室・相談室・洗面所・便所を設ける必要があります。他にも、自立訓練（機能訓練）を行う場合は、管理者・看護職員・理学療法士・作業療法士・生活支援員・サービス管理責任者を置かなければなりません。

このような基準は、最低基準と指定基準の両方に規定されているので、両方の規定を参照することが必要です。

また、施設系事業では、人口規模が小さいところも、地域の特性と利用者の状況に合わせ、複数のサービスが一体となった運営を行う多機能型が認められています。これにより、利用者は自分のニーズに合わせて複数のサービスを受けられます。

なお、事業者の指定は6年ごとの更新が必要な他、指定の取消しがされることもあります。指定が取り消されるのは、人員不足、不正請求、虚偽報告、検査拒否など、一定の不正行為がある場合に限られます（障害者総合支援法50条）。

■ 事業者としての指定を受けることができない場合

指定障害福祉サービス事業者は、障害者が自立した生活を営むことができるように、障害者の意思決定の支援に配慮するとともに、市町村、公共職業安定所、教育機関などの関係機関との連携を図りつつ、常に障害者の立場に立って、障害福祉サービスを効果的に提供するように努めなければなりません。

事業者としての指定を受けられない場合など

指定を受けられない場合
事業者としてふさわしくない場合　ex. 欠格事由に該当する場合

指定の取消しや更新拒否となる場合
事業者に一定の不正行為が認められた場合　ex. 不正受給を行った場合

連座制がとられている
法人の組織的関与 ➡ グループ法人の事業所に連座制の適用

そのため、障害福祉サービスを提供する事業者としてふさわしくないと判断されると、指定障害福祉サービス事業者としての指定を受けられません。たとえば、欠格事由に該当する場合には、指定障害福祉サービス事業者としての指定を受けられないことになっています（障害者総合支援法36条）。

その他にも、指定を受けようとする事業者は、障害者総合支援法や障害者総合支援法に基づく基準等と関連のあるさまざまな規定についても遵守していることが求められます。

なお、指定を受けた後、指定障害福祉サービス事業者が不正受給を行うなど、一定の不正行為が認められた場合は、指定の取消しや更新拒否の対象になります。そして、指定の取消しや更新拒否の判断にあたっては、連座制がとられていることに注意が必要です。連座制とは、指定の取消しや更新拒否の理由になった事業所の不正行為に、その事業所を運営する法人の組織的関与が認められた場合、その法人と同一グループに属する法人であって、密接な関係を有する法人の運営する事業所についても、同様に指定の取消しや更新拒否の他、再登録の拒否が行われることです。立入検査などによって法人の組織的関与の有無を判断した上で、実際に法人の組織的関与が認められる場合にグループ法人の事業所に対して連座制が適用されます。

欠格事由

① 申請者が都道府県の条例で定める者でないとき
② 事業所の従業者の知識・技能・人員が、都道府県の条例で定める基準を満たしていないとき
③ 申請者が、都道府県の条例で定める事業の設備及び運営に関する基準に従って、適正な障害福祉サービス事業を運営することができないと認められるとき

基準等と関連のある規定

たとえば、建築基準法、消防法、障害者虐待防止法、障害者差別解消法、労働基準法などの規定が挙げられる。

PART 7　障害福祉サービス事業を開始するための法律知識　　259

PART7 4

障害福祉サービス事業を
開始するための法律知識

サービス管理責任者

責任の所在を明確にするために配置される

■ サービス管理責任者はどんな仕事をするのか

　サービス管理責任者とは、障害福祉サービスの提供に関する
サービス管理を行う者として厚生労働大臣が定めるもののこと
です。サービス管理責任者は、事業所ごとに配置しなければな
らないとともに、原則として1人以上は常勤の者でなければな
りません。

　サービス管理責任者の配置基準は、事業所が提供する障害福
祉サービスの種別に合わせて設定されています。たとえば、療
養介護・生活介護・自立訓練・就労移行支援・就労継続支援を
行う事業所では、利用者60名ごとに1名以上のサービス管理責
任者の配置が必要です。これに対し、共同生活援助（グループ
ホーム）を行う事業所では、利用者30名ごとに1名以上のサー
ビス管理責任者の配置が必要です。なお、サービス管理責任者
以外の人員配置基準は、提供する障害福祉サービスを維持する
ために必要な職員に限定して、事業所や施設ごとに設定されて
います。

　サービス管理責任者の具体的な仕事としては、①サービス開
始前の考慮事項の把握、②到達目標の設定、③個別支援計画の
作成、④継続的利用、⑤終了時の評価がおもな内容となってい
ます。そして、サービス管理責任者の仕事は、障害の特性や障
害者の生活実態に関して豊富な知識と経験が必要であり、個別
支援計画の作成・評価を行える知識と技術がなければ務まりま
せん。そのため、サービス管理責任者になるためには、実務要
件（実務経験要件）や研修要件を満たす必要があります。

サービス管理責任者になるための要件

実務要件 障害者の保健や医療などの分野における支援業務の実務経験

＋

基礎研修
①相談支援従事者初任者研修（講義部分の一部）
②サービス管理責任者等基礎研修
　（研修講義・演習）を受講
（新規創設）実践研修
　サービス管理責任者等実践研修を受講

＋

（新規創設）
専門コース別研修

※必要に応じて受講
（任意）

サービス管理責任者として配置

（新規創設）更新研修 サービス管理責任者等更新研修を5年毎に受講

■ サービス管理責任者の実務要件と研修要件とは

　2019年4月以降、サービス管理責任者の研修要件が変更され
ています。これまでの相談支援従事者初任者研修やサービス管
理責任者等研修の見直しを行い、基礎研修として位置付けまし
た。さらに、基礎研修の受講後にOJT（実務経験）期間を経て、
実践研修（サービス管理責任者等実践研修）を受講することで、
サービス管理責任者として配置されます。サービス管理責任者
を継続するには、5年毎に更新研修（サービス管理責任者等更
新研修）を受講しなければなりません。基礎研修に加えて実践
研修や更新研修を行うことで、知識や技術の更新を図りながら、
実践を積み重ね、段階的なスキルアップを図ろうとしています。

　一方、サービス管理責任者の実務要件のうち直接支援業務の実
務要件が10年から8年に短縮されました。また、実務要件が2年
満たない段階から基礎研修の受講が可能になりました。たとえば、
直接支援業務は6年、相談支援業務は3年、国家資格等の相談・
直接支援業務は1年の実務経験を経ると基礎研修が受講できます。

経過措置

本文記載の新体系への
変更（実務要件と研修
要件の変更）があった
ため、すでに旧体系の
要件を満たしている者
は、基礎研修受講後に
サービス管理責任者と
して配置を認めるなど
経過措置が実施されて
いる。

実務要件

サービス管理責任者の
実務要件は、直接支援
業務は8年（社会福祉
主事任用資格等がない
場合）、相談支援業務
は5年、国家資格等の
相談・直接支援業務は
3年（相談と直接支援
を通算）、社会福祉主
事任用資格等の直接支
援業務は5年である。

PART 7　障害福祉サービス事業を開始するための法律知識　**261**

PART7
5

障害福祉サービス事業を
開始するための法律知識

事業者の法定代理受領制度

市町村から利用料が事業者に直接支払われるしくみ

■ どんな制度なのか

法定代理受領とは、サービスの利用者が事業者などからサービスを受けたときに、利用者が事業者に支払う費用について、市町村が利用者の代わりに事業者に支払う制度です（障害者総合支援法29条）。

法定代理受領は、利用者・事業者双方にとってメリットの大きな制度といえます。まず、利用者側のメリットを見ていきましょう。利用者が事業者から障害福祉サービスを受けたときには、当然ながら利用者はサービスの利用料を事業者に支払わなければなりません。利用料の全額をサービス提供事業者に支払わなければならない場合、いったん障害者がかかった費用の全額を事業者に支払い、市町村に給付申請を行うことによって、後から返還してもらうことになります。この場合、一時的であるとしても利用者の負担が重くなるため、それを理由にサービスの利用を自ら制限するようになると、自立に向けての障害福祉サービスの役割が果たされなくなる可能性があります。

これに対し、法定代理受領は、市町村が、介護給付費または訓練等給付費に相当する費用（利用料）を、利用者ではなく事業者に支払うことになります。そのため、利用者は、サービスを利用した時点で、自己負担額を超える分の利用料を事業者に支払う必要がありません。事業者の立場からすると、本来の流れに沿った場合、サービス提供時点において重い金銭負担のかかる障害者から、確実に利用料の支払いを受けることができるのかが懸念されます。後から自己負担額を超える金額を障害者

支払上限額

法定代理受領によって市町村から事業者に対して支払われる費用の上限額は、利用者が介護給付費または訓練等給付費として市町村から支給される金額となる。

262

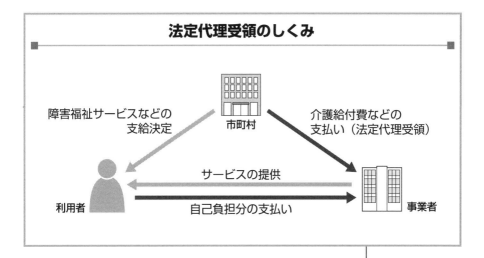

に支給されるといっても、障害者に手渡された金額が確実に事業者へのサービス利用料の支払いに充てられる保証もありません。しかし、法定代理受領を利用すれば、直接事業者に対して給付額が手渡されますので、事業者は確実に利用料を受け取ることができます。

以上のように、法定代理受領は利用者・事業者双方にメリットがありますが、本来は利用者に支払われるべき給付を事業者に支払うしくみになるため、制度を利用する際には利用者の同意が必要です。各市町村で、法定代理受領の手続きや、契約書や同意書の様式について定めている可能性があるため、市町村に確認する必要があります。

障害者総合支援法に基づくサービスに関する法定代理受領の具体的な流れとしては、サービスを提供した事業者が、1か月間に利用者に提供したサービスの請求書を当該月末に作成します。作成した請求書は、翌月初旬の締切日までに市町村に提出します。市町村は、提出された請求内容を精査して、問題がなければ事業者に給付費を支給します。

国保連合会への委託

実際の事業者からの請求や事業者への支払手続きは、国民健康保険団体連合会（国保連合会）が市町村の委託を受けて行っている。また、支給の精査についても、市町村が国民健康保険団体連合会に委託することが認められている。

【監修者紹介】
若林　美佳（わかばやし　みか）

1976年神奈川県生まれ。神奈川県行政書士会所属。平成14年行政書士登録。相武台行政書士事務所（平成22年2月に行政書士事務所わかばに名称を変更）を設立。病院勤務等の経験を生かし開業当初から、福祉業務に専念し、医療法人・社会福祉法人設立等法人設立を主要業務としている。また、福祉法務に関するエキスパートとして地域の介護支援専門員等との交流を深め、福祉ネットワークを組んでいる。介護保険分野では、多くの介護サービス事業所や特別養護老人ホーム設置等を手がけ、創業・運営についてコンサルティングも行っている。

監修書に『介護福祉サービス申請手続きと書式』『障害福祉サービスと申請手続きマニュアル』『図解 福祉の法律と手続きがわかる事典』『図解で早わかり 福祉サービスの法律と手続き』『介護保険施設・有料老人ホーム・高齢者向け住宅 選び方と法律問題』『障害者総合支援法と支援サービスのしくみと手続き』『福祉の法律と手続きがわかる事典』（小社刊）などがある。

行政書士事務所 わかば
https://mikachin.com/

図解で早わかり　改訂新版
介護保険・障害者福祉のしくみ

2024年11月20日　第1刷発行

監修者	若林美佳
発行者	前田俊秀
発行所	株式会社三修社
	〒150-0001　東京都渋谷区神宮前2-2-22
	TEL　03-3405-4511　FAX　03-3405-4522
	振替　00190-9-72758
	https://www.sanshusha.co.jp
印刷所	萩原印刷株式会社
製本所	牧製本印刷株式会社

©2024 M. Wakabayashi Printed in Japan
ISBN978-4-384-04952-7 C2032

JCOPY 〈出版者著作権管理機構 委託出版物〉

本書の無断複製は著作権法上での例外を除き禁じられています。複製される場合は、そのつど事前に、出版者著作権管理機構（電話 03-5244-5088　FAX 03-5244-5089　e-mail: info@jcopy.or.jp）の許諾を得てください。